北京市社会科学理论著作出版基金资助

金融学论丛

全球化背景下金融监管的博弈研究

RESEARCH ON FINANCIAL REGULATION OF THE GAME UNDER GLOBALIZATION

韩忠亮◎著

北京大学出版社
PEKING UNIVERSITY PRESS

图书在版编目(CIP)数据

全球化背景下金融监管的博弈研究/韩忠亮著.—北京:北京大学出版社,2013.7

(金融学论丛)

ISBN 978-7-301-21320-9

Ⅰ.①全… Ⅱ.①韩… Ⅲ.①金融监管-研究 Ⅳ.①F830.2

中国版本图书馆 CIP 数据核字(2012)第 233498 号

书　　名:全球化背景下金融监管的博弈研究

著作责任者:韩忠亮　著

责 任 编 辑:梁庭芝

标 准 书 号:ISBN 978-7-301-21320-9/F·3358

出 版 发 行:北京大学出版社

地　　址:北京市海淀区成府路 205 号　100871

网　　址:http://www.pup.cn

电 子 信 箱:em@pup.cn　　QQ:552063295

新 浪 微 博:@北京大学出版社　@北京大学出版社经管图书

电　　话:邮购部 62752015　发行部 62750672　编辑部 62752926
出版部 62754962

印　刷　者:北京鑫海金澳胶印有限公司

经　销　者:新华书店

730 毫米×1020 毫米　16 开本　16.25 印张　260 千字

2013 年 7 月第 1 版　2013 年 7 月第 1 次印刷

定　　价:45.00 元

序　一

在 2008 年全球金融大危机之前，韩忠亮教授就完成了他《金融全球化背景下金融监管立法的博弈分析》的博士论文，在博士论文网上已发表并可以查阅研读。该论文在理论和研究工具（运用博弈论分析）上均有较高的创新价值，在理论和比较研究的基础上提出了对全球金融监管的博弈均衡。这是未雨绸缪、防范金融危机的“事前”研究、“事前”有效的博弈战略分析。

忠亮教授是我学生所带出来的博士，很优秀。作为北京大学经济学院经济学博士后，忠亮不但在学术研究上勇于创新、治学严谨，而且持礼甚恭。他总是彬彬有礼地称呼我“师祖”，虽然情理上属实，这也着实叫我既欣慰又钦佩。因为忠亮以教授之身，再度求学之初就已经是他自己领域里真材实料的名人，国家用他名字命名的英语教学法——“韩忠亮教学法”（批准号为 JG047）已蜚声全国，用个人名字命名的科研成果在我国是很少见的，不仅如此，其声名远至国际外语教学领域，仅美国就有五所大学研究其教学法。他的成就直至成为中国近百年来外语教学法“八大流派”之一（张正东，2000），实现了当时个人在学术科研成果上的最高成就。我要提这个，正是为了说明忠亮在法学研究领域所表现出来的非凡研究能力并非毫无基础，最重要的是他已经拥有了独特的研究方法论，并凭其开拓精神和近乎与生俱来的创新禀赋，在法与经济学研究领域又成为一名包括法学研究方法论在内的创新改革的先锋。优秀的经济学者用自己建立的模型和创造的理论来分析社会现象，揭示社会问题，进而解决社会问题。优秀的法学家也可以借用这套方法来分析法律现象，求解社会问题，以推动社会健康发展。波斯纳的法的经济学分析就是一个很好的例证。忠亮所做的法的博弈分析，虽不敢断言是一流法学学者的水准，但却完全可以说其所为正是一流法学家所应该努力的方向。

2009 年仲秋时节，忠亮教授在与国务院发展研究中心《新经济导刊》主编朱敏一同来我家采访我时，嘱我为其以博士论文为基础的增删后的专著《全球化背景下金融监管的博弈研究》作序，我欣然应允。翻看这本二十余万字的博士论文，首先引起我兴趣的是作者的选题——金融全球化背景下金融监管立法的博弈分析，这显然表明此书是在金融全球化这样一个历史现象的过程中采取博弈论的视角切入金融监管的研究。联想到当下的中国经济正饱受金融海啸之苦，各路舆论都对美国的金融安全、金融监管不吝贬斥、鞭辟入里，我还以为此书又是一本追逐全球热点的就景之作。然而，一看完成时间，忠亮教授居然在2007年上半年就已经完成了初稿，并以此优秀论文顺利获得了博士学位。只是由于忠亮严谨认真的作风、精益求精的追求，数年来一直在修改完善此文，才使此文延至今年才得以面世，三载苦熬(2004年博士课题开始研究)，再加三载增删，几可谓十年一剑——又顺利地通过了专家评审获得社科基金出版资助，也可谓是一个例证。

我不禁又深为钦佩忠亮敏锐的学术感觉。要知道忠亮虽然在英语教学界早已堪称功成名就，但是转而治法学和经济学却是近些年的事情，可谓是一个不折不扣的新人，但在2008年金融危机，抑或百年一遇的全球金融大危机的今天，让我们不得不佩服忠亮的关于全球化金融监管立法博弈分析的博士论文选题却能在数年前“预言式”地把握住这样一个具有重大理论意义和实践意义的问题，殊为可贵。

忠亮教授所研究的这件“事前诸葛”的学术事实让我也敏锐起来：中国的中青年学者已然同时具有了世界眼光、中国意识，直至全球化战略。

所谓世界眼光，就是随时观察和把握世界的发展步伐，总结和概括新的时代特征，善于吸收世界上一切优秀的文明成果，包括实践经验和理论成果，这不仅体现了学术自由和开放，而且是科学地回答具有时代性、战略性、全局性的重大问题的基本条件。金融全球化是经济全球化的一个典型特征和历史阶段，金融全球化作为一种发展趋势势必又带来资本国际流动的便利化和短期化，信息资源更深层次的交流与共享，产业分布的全球重新洗牌，更重要的是金融全球化已经不仅仅是一个经济问题，而且已经演变成影响世界政治格局的政治问题，以及如何重新定位新时代背景下的政府与市场关系的发展问题。金融全球化在使全球获益的同时，也不知不觉地在积累金融风险，拷问各国乃至世界金融安全网的坚韧与实效。金融监管对于应对金融风险，化解经济危机的极端重要性已经为历史的经验所证明。不要忘了罗斯福总统的“百日新政”就是从整顿金融开始的。在“百日新政”期间颁布的15项重要立法当中金融立法占了三分之一。联邦政府取代美联储担负起金融监管职能，同时实施联邦存款保险制度，恢复银行信用，激活现金流，使经济社会获得赖以生存的血液。金融监管的加强，金融安全网的建立为美国经济的全面复兴奠定了坚实基础。因此，在世界眼光下，谈金融全球化不能不谈金融监管，而谈金融监管不能不放到金融全球化的背景下。以博弈论来分析金融监管立法，是一种研究方法上的创新，无疑是这种世界眼光的又一体现。博弈论是20世纪以后发展最迅速的学科之一，适用于分析在具有对抗和反应特征的社会经济环境下的决策行为。追求安全、和谐和有序的金融监管机构与追求收益最大化的金融机构构成了相互作用的一对博弈主体，而如何使制度有利于实现两者之间的博弈均衡自然就成为本书的核心问题，也就开启了解决问题的方法论通道。我平生治学，深以没有系统地掌握经济学的知识为憾，忠亮以近不惑之身，修法律，读经济，眼下又以经济学入法学，力图为法学研究开一新路，为经济学研究开一新域，其成功与否暂且不论，单此不畏艰难之勇气，数载点灯熬油之毅力就已经让人感佩。

所谓中国意识，对于学者们而言，就是必须跳出满足于理解与领会西方学术脉络的问题意识、概念体系、理论框架和历史传统的拘囿，对中国的现实投以深刻的学术关怀。一是要理解，从世界发展的历史坐标上找到中国的位置，从当下世界与中国的关系中把握中国的现状，深刻地领会中国当下的情境，表达和研讨中国的特质；二是要发现，在理解的基础上发现那些制约中国发展的、关乎社会转型和人民福祉的重大问题，以学术的语言和思维来总结和归纳这些问题；三是要建设，从中国的问题出发，借鉴一切文明的优秀成果，提炼和概括中国经验，提供解决中国问题的思路、观点和方法，特别是在制度供给上提供智慧，从而创造真正的中国理论，丰富和发展世界的文化。本书处处体现的一种意识就是，无论是对国际以及其他国家金融监管的研究，还是对中国金融业现状的博弈分析，最终都是为了提供一种两全齐美的制度选择：在金融全球化发展框架下，照顾到中国金融业的发展现状，以较低的制度变迁成本实现金融创新和金融监管的最优均衡，也即是在金融安全和金融自由之间找到一种平衡。本书所论及的金融监管的改革与完善已经不仅仅是单一的资本市场建设问题，而是关系到社会安全网络完善与否的社会建设问题，关系到是最大限度地促进幸福，还是最大限度地避免不幸的公平正义的价值选择问题，毕竟保证社会存款的安全是民生的基础。在金融海啸席卷全球，民生问题成为首要的问题时，这一点显得格外有意义。我最近在论及《物权法》时曾经说过，现实思维和改革思维的冲突：如果光从稳定出发想问题，维持现状，放弃改革思维，那不仅仅会造成现有法律、制度的失效，以及立法与现实的对立，更重要的是丧失了改革的机会，加重了路径依赖，增大了社会变迁的成本。当此危机时刻，金融安全网的建立更是迫在眉睫。

所谈全球化战略，是指全球金融发展总的战略导向。历史性地看：一是畏惧危机不创新不监管，如中国计划经济时期；二是监管过度，使金融创新难以发挥其促进全球金融发展效率的作用；三是放任创新，监管滞后，结果造成金融秩序混乱，甚至金融危机频而生之。而忠亮所作却提出了新的理念，不是遏制，更不是放纵，而强调对监管的研究要预研在金融创新之前，他所强调的理念是：对于金融监管，"事前"研究的"事前"有效，才能做到真正地支持、鼓励和保护金融创新，而不是"堵"。至此，可以说，忠亮教授事前研究的事前有效的博弈均衡，已为金融监管和法律制度的建立提供了制度效率衡量的参照系，其对立法的价值和贡献极大。这不仅仅是中国的金融发展战略，对于有效对抗全球化金融危机来说，更是全球化战略。

最后的希望是，忠亮教授能够利用自己的多学科优势在这一方面再加研究，再有成就。

江　平*

2012 年 4 月 12 日

---

* 江平教授是我国著名的法学家，被称为法学泰斗。中国政法大学终身教授，民商法专业博士生导师，国务院批准的有突出贡献、享受政府津贴的专家。曾当选第七届全国人民代表大会代表，第七届全国人大常委会委员、法律委员会副主任；曾担任中国政法大学校长、中国法学会副会长等职；现仍担任最高人民法院特邀咨询员、国际仲裁委员会仲裁员、北京仲裁委员会主任、中国法学会比较法研究会会长等职务。

序　二

在经济全球化趋势不断强化、金融全球化进程不断深化的时代，无论是各经济体内部的金融系统还是全球金融体系，都在伴随实体经济活动中随着技术进步等因素的影响和金融体系本身创新等因素的影响，使相关的经济关系不再是趋于简单化、程序化，而是变得越来越具有多样性、嬗变性。金融系统纷繁复杂的变化，在对实体经济发挥正面作用的同时，也阶段性地对实体经济产生着负面的冲击作用。仅仅20世纪30年代以来不到100年的时间内，不论是各经济体内部的经济波动、区域性的经济波动，还是全球性的经济波动，几乎都是由金融体系阶段性累积起来的风险释放所引致的。

近一个世纪以来，在发挥市场机制作用的同时，加强金融监管，防范和化解金融风险，避免金融波动引发经济波动，不仅仅是各经济体在体制和政策层面努力追求的方向，而且几乎是经济和金融学界永恒的重大研究课题。然而遗憾的是，迄今为止，没有得到大家公认的、经过实践检验的正确答案。如果说在经济发展水平上存在发达经济体与欠发达经济体之分，在资源配置方式及其经济运行体制上有优劣之别的话，那么，在这一问题的解决上，不存在发达与欠发达之分。有观点认为，发达经济体早已解决了金融风险问题，形成了有效的市场机制、有效的监管和有机统一的体制，而欠发达经济体在金融监管上则有显著的差距。但令人遗憾的是，事实恰恰相反——越是发达的经济体，越会因金融风险的释放而引发全球性的金融危机或经济的剧烈波动。

基于以上事实和认识，尽管研究金融监管的文献和所谓的“成果”浩如烟海，但对相关命题的研究仍然不属于“过时”，仍然是“新课题”，依然需要从新的角度、开拓新的方法，在更广泛而不失具体的视野上展开研究和探索。

韩忠亮教授的专著《全球化背景下金融监管的博弈研究》，可以说是这方面研究的又一个有益的探索和尝试。无论是所选择的研究视角还是研究方法，对相关问题的研究都起到了重要的推进作用，用博弈论作为金融监管研究工具的创新，所得出的结论和提炼出的政策含义更具有针对性。更可以肯定的是，他的专著对相关问题的揭示和解释起到了推进作用。

忠亮博士做学问善于从实际出发，如本书所述，2004 年他就敏锐地观察到了美国银行业放松信贷标准的金融创新这一现象，并由此出发，寻找问题出在哪里，揭示问题的本质在哪里。为什么美国监管部门在一定程度上纵容了次级贷款？美国《金融服务现代化法案》在多大程度上对美国虚拟经济的信用带来了风险？如何寻找一个能为金融监管提供实证分析的理论框架，并为该领域的经验和实证分析提供可操作的研究基础，这项工作就显得尤为重要（这也是他当时博士论文选题的重要原因）。在这方面，社科基金的匿名审稿人对忠亮博士的研究给予了很高的评价：

> 该成果在分析框架、逻辑思路以及文献整理归纳等方面都符合学术规范，所选择问题有助于加深这个领域的认识；以博弈论的研究方法作为成果的逻辑分析框架，在方法论上有学术新意；建立了博弈均衡模型，利用“公地原则”模型分析银行监管的最优策略，在模型分析方面也有所贡献，为该领域的定量分析和实证分析提供了基础。

更可贵也更令人钦佩的是，韩忠亮博士获得国际经济法（法经济学方向）博士学位后，又到北京大学经济学院转修经济学，攻读经济学硕士学位，正值那时，我作为他的老师，对他在学术上认真钻研的精神印象最深。后来他又师从著名经济学家、北京大学副校长刘伟教授继续从事经济学博士后研究，而且不受其他方面的种种诱惑，潜心学习和研究，现已成果颇丰。

忠亮教授的这种孜孜以求的治学精神至少是值得我学习的榜样！

黄桂田*

2013 年 7 月 1 日

* 黄桂田，北京大学经济学院教授，经济学博士（博士后），博士生导师，北京大学产业与文化研究所所长，长江学者特聘教授，北京大学校长助理。

前　言

金融全球化背景下的金融创新浪潮引发了金融机构和金融监管部门之间更深层次的博弈,不久前的次贷危机乃至全球金融危机正是过度的金融创新与滞后的金融监管之间博弈失衡的产物。因此,在后危机时代,如何实现金融创新与金融监管之间的博弈均衡成为至关重要的课题,这对金融监管部门的监管和国家立法都提出了更高要求。为此,我们需要在理论上深入探讨:推动金融机构规避监管的动力来源何在?金融制度的变迁是由什么导致的?金融监管应如何面对金融创新的挑战?如何使金融机构实现利益最大化目标而金融监管机构的监管成本最低,并实现二者的博弈均衡?等等。对这些问题的深入分析和研究有助于我们把握金融市场的发展趋势,从而为中国金融监管的实践提供缜密思维和逻辑推理上的参考,并为维护中国金融体系的高效、稳健运行提供博弈理论上的借鉴。

一、研究的缘起和背景

与其他经济行业相比,金融业存在着诸多方面的特殊性和不确定性。首先,金融业是具有"公共性"的行业。金融机构经营的商品是不同于其他经济部门的特殊商品——金融资产,资金来源于社会公众,而资金的运用又是面向社会公众,因此金融机构的经营状况、行为、业绩对社会公众都会产生直接影响。其次,金融业(尤其是银行)是高风险行业。金融机构为了追逐高额利润,在金融产品、市场甚至机构方面竞相推进种种创新,而金融创新是一把"双刃剑",在创造巨大利益的同时,也伴随着巨大的风险。再次,金融业是风险强关联性行业。当局部危机发生时,会迅速波及其他金融机构从而形成整个金融业的危机,进而危及社会经济的稳定与健康发展,形成"一损俱损"的局面。因而,为了保证金融市场的有效运作,也为了促进金融业和社会经济的正常发展,需要对金融业进行一定的监管。

纵观世界金融发展史,始终是一个"创新→监管→再创新→再监管"的动态博弈过程。本书关注的焦点是，在金融全球化带来金融创新过度化的背景下，如何把握并实现金融创新与金融监管的博弈均衡？

本书是在笔者博士论文的基础上修改而成的。笔者的博士论文选题于2005年，定稿于2007年春。其时，美国次贷危机尚未显现端倪，但是过度金融衍生产品创新带来的金融市场（尤其是房贷市场）的空前繁荣，足以让包括笔者在内的业内人士深度担忧。如果没有相应的管制措施，创新与监管必将出现大错位，极度繁荣就可能演化为巨大风暴，正所谓“福兮祸之所伏”！

20世纪80年代以来，随着金融自由化和金融全球化的推进，由1933年金融危机时期制定的《格拉斯-斯蒂格尔法案》确立的金融业分业经营模式陷入困境，在金融业混业经营导向的创新与压力之下，其时的里根政府逐步放松了对整个金融机构的监管力度，推动一些小的金融法案调整，使一些分业经营的大型金融机构可涉足其他业务。此后，一直是创新进、监管退的博弈与调整过程。最终，美国于1999年颁布《金融服务现代化法案》，同时废除《格拉斯-斯蒂格尔法案》，这也标志着美国金融业分业制度的终结与混业经营时代的开始。由此，随着衍生金融工具的不断发展，美国金融机构的经营模式也发生巨变。商业银行为了追求高额利润，激进地参与高风险交易；而传统上以赚取佣金为主、对资本金要求很低的投资银行，在高利润的诱惑和激烈竞争的压力下，大量从事复杂产品的投资。另一方面，本世纪初美国网络经济泡沫破灭后，为了挽救经济免于衰退，美国长期实行极度宽松的货币政策，尤其鼓励向房地产和汽车等支柱产业的贷款，对金融业，尤其是房地产抵押信贷市场的扩张起到了推波助澜的作用。如火如荼的次级贷款及其证券化固然促进了市场的繁荣和经济的扩张，但是同时也埋下了危机的种子。

次级贷款是放松房地产抵押贷款标准和推进抵押贷款产品创新进程中的产物。次级贷款通过证券化这一金融创新产品的操作，将住房抵押贷款的违约风险转移给资本市场，这就改变了银行自觉控制贷款风险的原有机制，将其贷款风险扩散到整个金融市场。笔者认为，这种创新及其风险机制已经突破其时的金融监管制度，打破了创新与监管的既有均衡，风险累积到一定程度就可能爆发危机。

要想避免危机就必须调整监管体制，建立与创新之间的新均衡。当时美国逐步放宽的伞式监管模式是否存在随着这种创新而自动调整以有效地对金融风险进行预警和防范的机制呢？实际上，以1999年《金融服务现代化法》为标志，美国已经实现了由机构监管向功能监管的转变，但是多层级的监管体制限制了其有效性。如2005年，美国在联邦和各州共有115个金融监管机构，每家机构都在其监管范围之内颁布法规并实施监管，不可避免会受到部门内利益集团的压力和影响。而监管机构为了争取在监管权限和监管资源上的特定利益，总是倾向于尽力维持自己的监管范围、积极侵入和消减其他监管机构的势力范围。监管竞争中的这种"地盘之争"带来了所谓监管"竞次"(race to the bottom)现象，即监管机构竞相降低监管标准，以取悦本部门利益集团、吸引潜在监管对象或扩展监管势力范围，最终导致美国监管水平整体下降。多重监管的另一大弊病是促进了"监管套利"行为。因为不同监管者在规则、标准和执法实践上不尽一致，金融机构为规避监管将尽可能改变其类属，以便将自己置于监管标准最宽松或者监管手段最平和的监管机构管辖之下，由此可能导致金融风险的扩大化和金融监管的低效率。①

由此可见，美国的金融监管体系并没有自动调整应对各种高杠杆率的金融衍生工具的机制。具体到次级贷款证券化这一金融创新，美国虽然是资产证券化最发达的国家，也是全球最大的资产证券化市场，但对住房抵押贷款证券化这一创新并没有专门的法律，无论是市场准入、运行过程还是风险防范都没有形成一个相应的监管体系。美国政府在监管措施和货币政策宽松化的指引下，也无意主动调整监管体系，以实现创新与监管的再平衡。

因此，笔者认为上述创新与监管的失衡必将引发危机。如何准确地认识与理解金融创新与金融监管这对互动的博弈体，厘清金融风险及金融监管的问题所在，进而有针对性地调整金融监管措施，使二者达到一个新的均衡，必然再次成为历史的聚焦之处。正是考虑到这种紧迫性与现实性，笔者将金融创新与监管的博弈均衡确定为自己博士论文的选题。

本书选题的内源动机还在于解决中国金融业的发展与机制问题。虽然中国因金融市场开放程度低，不会受到太大的金融风暴冲击，但也并不意味着中国金融业的发展和现行的监管模式没有问题。

---

① 罗培新："美国金融监管的法律与政策困局之反思——兼论对我国金融监管之启示"，《中国法学》，2009年第3期。

中国是世界上最大的发展中国家,以开放促进改革是中国的基本国策,也是强国之路,另外,随着中国进入后 WTO 时代,金融服务贸易的开放步伐不断加快。然而,长期的计划经济体制,不仅使中国金融业问题重重,而且使中国金融监管体系远远滞后于发达国家。与此同时,外部的压力就在眼前,按照银行服务业的"入世"承诺,外资银行在中国注册为子公司之后,将被允许经营人民币零售业务、银行卡业务,不受地域限制地全面开展人民币业务。届时,可能出现的居民存款向外资银行大规模分流的局面将使内资银行多年来依靠存款增长掩盖"流动性"不足的模式受到前所未有的挑战。一旦内资银行大面积出现支付危机,以往监管中存在的问题势必将集中地暴露出来。中国金融系统的稳定,将因此受到前所未有的巨大挑战。毫不夸张地说,中国银行监管的严重滞后,现状堪忧!

面对进一步扩大开放和保护本国幼稚金融业的矛盾命题,根本之路应当是增强中国的经济实力,改善经济结构,大力推进现代企业制度,然而从金融业本身的角度出发,加快对中国金融监管改进的步伐则是达到这一双重目标的唯一选择。在这种大背景下,对金融监管体系尤其是金融监管立法问题的研究,必然是十分紧迫而必要的。一方面,只有理解当代金融监管规则体系,中国监管当局才能有充分的准备应对"入世"以后不断发展的开放金融市场,中国的金融监管立法与实践才能顺应全球化国际监管的历史潮流,中国政府也才能在忠实履行条约义务的前提下更好地维护国家权益;另一方面,对跨国金融机构监管的国际法律规则本身的研究,无疑有助于吸收借鉴国际上成熟的金融监管经验和更好地应对金融开放与金融创新的发展趋势,对于完善国内相关立法、提高中国金融监管能力以及有利于化解国内金融业存在的各种风险都有着重大的现实意义。

因此,以金融全球化为背景研究金融监管及其立法的特点、基本原则、发展趋势和各国监管体制发展变化的深层次原因对中国金融业的发展具有重要的意义。

站在今天这一时点上,我们已经看到了次贷危机、金融危机直至经济危机的演进,甚至看到了危机后金融监管的相应调整。如美国已于 2010 年 7 月通过金融监管改革法案,调整了过去 30 年放松管制的金融监管基调,这既是作为对金融危机的政治交代,更是在金融创新导致金融危机之后对金融监管模式的必然反思与修正。也就是说,危机必将驱动全球展开新一轮金融监管改革,中国也不会袖手于这一轮改革浪潮之外。所以,本书的研究不仅有助于人们准确把握危机与创新、监管与危机之间的关系,更先见性地预测了后危机时代金融监管体系调整的必然性和方向。

二、研究对象、视角与宗旨

本书首先研究全球化背景下金融创新与金融监管之间的博弈均衡关系。

金融发展的过程就是金融创新与金融监管的赛跑过程。没有金融市场的充分自由度,经济就难以发展。但是,如果金融创新产品层出不穷并被不断滥用,投资者遭到误导甚至欺诈,则将不可避免地导致金融风险。因此,金融创新不能脱离于金融监管,它们是一对互动的博弈体。美国的金融发展史表明金融监管与金融创新是金融业发展永恒的主题:1933 年的《格拉斯-斯蒂格尔法案》就是针对 1929—1933 年经济大危机出台的,就此确立了商业银行与投资银行分立的原则,导致了后来被称为“分业经营、分业监管”的金融体制。20 世纪 70 年代,美国金融机构分业经营的弊端逐渐显现出来,绕过这一限制的金融创新层出不穷。80 年代以后美国政府逐步推动金融立法变革,放松对整个金融机构的监管力度,使一些分业经营的大型金融机构可涉及其他业务。最终于 1999 年通过的《金融服务现代化法案》,标志着美国金融业分业经营制度的终结以及混业经营和管理制度的开始。

全球化使得金融创新与金融监管之间的博弈更为复杂而多样化,是当下研究金融监管一个必须考虑的时代背景。在经济金融化的今天,世界各国,无论是发达国家,还是发展中国家,无论是主动还是被动,都不可避免地被卷入了经济、金融全球化和一体化的进程。金融全球化使金融创新更为活跃,在为各国经济发展注入了新的活力,进而带来巨大经济利益的同时,也带来巨大的金融风险,加大了金融体系的脆弱性。同样,金融全球化为发展中国家带来了资金、技术及先进的管理经验,但是,更多的还是挑战:金融开放不慎会导致金融风险,从而引发系统性的风险,危及本国经济和政治的稳定,甚至会引发全球性的金融危机。近年来,国际金融领域风暴迭起,根本原因在于各国金融体系的脆弱性,而金融一体化趋势更是将这种脆弱性迅速加以传导、扩散并推向极致。如何理解并解决这一矛盾既是激发本书研究的缘起,更是本书研究的对象与主旨。实际上,在金融全球化的背景下如何防范金融风险、消除危机隐患，已是当前世界各国面临的共同课题。而在本书主体内容定稿之后发生的次贷危机、金融危机及美国于2010年出台的金融监管改革法案已经以鲜活的事实再次证明了金融创新与金融监管之间的动态博弈关系。

本书的另一个研究重点是全球化背景下中国金融业与金融监管体系的协调发展。

对于不断发展与创新的中国金融业而言，改分业经营为混业经营以提高金融市场效率乃大势所趋。而随着金融业混业经营的推进和金融衍生产品的迅猛发展，目前中国的分业监管体制必然遭遇巨大挑战。

20世纪90年代中期，中国在整顿金融市场、消除混乱局面的过程中，确立了分业经营、分业监管的金融体系。1995年颁布的《商业银行法》和《保险法》首次以法律的形式确立了银行业、证券业和保险业分业经营、分业监管的原则。1998年，证券委被撤销，对证券市场的监管职责从中国人民银行分离出来，形成了以证监会为主的集中统一的证券监管体系。1998年，保监会成立，将对保险业的监管从中国人民银行中独立出来。2003年，银监会成立，负责统一监管全国的银行、金融资产管理公司、信托投资公司及其他存款类金融企业。

之后，中国金融业开放程度渐次加深：首先，中国逐步加大了金融市场对外开放的力度。根据中国入世协议，2006年年底，中国政府承诺的5年宽限期到期，外国金融机构根据协议进入中国金融市场。其次，放宽混业经营的政策逐步出台，如有关规定允许符合条件的证券公司和基金管理机构进入银行同业拆解市场，从事同业拆解和证券回购业务；同意证券基金进入股票市场；允许符合条件的证券公司以自营的股票和证券投资基金作为抵押向商业银行借款；等等。银行与保险业务融合、证券与保险业务融合、银行与证券业务融合以及信贷资产证券化等多种形式的交叉经营推进了中国金融业向综合经营稳步发展。组织层次的金融综合经营更是捷足发展，比如早就存在像中国中信集团公司、中国光大集团等金融企业直接控股金融企业的形式，也存在招商局集团等工商企业控股银行、证券、保险等金融企业的形式。

但是,中国金融监管体系与中国金融业运行之间依然存在着问题与矛盾。[①]一方面,金融机构违法运作、风险不断积聚。各类金融机构违规经营现象严重,如银行资金违规进入证券市场,而证券公司用委托理财和自营业务做庄、操纵市场、损害广大投资者利益。另一方面,从监管模式上看,以分业为基础的金融管理模式越来越受到制约:一是中国异于国际通行的自律性管理及法定监管的模式将困扰着国内外金融机构有关业务的开展;二是国内金融机构通过并购重组将不断促生一些多元化金融集团,而且更多的外资金融集团也将可以进入中国的金融市场展开业务,但是,目前中国还没有一个监管机构能够总体评价和监管金融集团内部不同行业之间产生的金融风险,也缺乏对整个金融市场系统风险的应对之策。

另外,从监管机构上看,"一行三会"(即中国人民银行和银监会、证监会、保监会)隶属于国务院,作为中央政府的职能部门,其组织机构与政府的有关部门相互牵制,无论是决策方面,还是人事和财政方面都缺乏独立性,金融监管目标失衡、权责不一致。安全与效率是金融监管立法的两大目标,但中国的金融机构过分"迷信流动性、安全性而忽视效益性"。中国的金融监管法律制度对监管机构的责、权、利、效设置不相统一,监管机构仅享有权力而不承担监管失败的责任。[②]

综上所述,金融业的日益开放、快速发展和全球经济一体化程度的加深对中国金融监管水平提出了更高的要求:不仅要求随机应变,亡羊补牢,更要求未雨绸缪,先动以求之;不仅要求静态监控,还要求动态调整;不仅要求制约和控制,还要求服务和指导。有言道,"没有规矩,不成方圆",这谈的是规范为行动提供科学性和指导性。而现代法治国家讲究"权力若无规则即为禁止",这谈的是规范为权力的活动赋予合法性。无论从哪方面讲,这都是一个颠扑不破的命题:金融监管,立法先行。

一般来说,金融监管的有效实施有赖于法律工具、经济工具和行政工具的紧密配合。其中,法律工具指通过制定金融法规(金融监管立法)、在共同准则的

---

① 巫文勇:"中国金融业监管制度改革研究——基于金融混业经营视角的思索",武汉理工大学2009年博士论文。

② 同上。

前提下体现公平竞争。具体表现为以国家强制力为后盾的法律条文——既是惩罚违规行为的依据,也是引导正确行为的准则,更是规范政府行为的轨道。金融监管立法是金融监管的基石,是金融活动规范化和有序化的基础。金融监管法是调整金融市场主体及其活动过程中经济关系的法律规范的总称。金融监管法具有维护信用、支付体系的稳定,保护存款人和投资者的利益,规范金融机构的经营行为,促进金融市场公平竞争等方面的作用。① 可以说,金融安全、金融效率、金融公平是全球化时代下金融监管法的基本法律价值。② 从较大的范围来看,有学者称,金融监管法属于经济法中宏观调控法的范畴。③ 而根据法理学有关同一法律部门必须符合其调整对象即社会关系单一性之理论,可推知金融监管法并不是独立的法律分支,而是金融主管机关通过监管金融机构等市场主体的金融业务,在规制金融业务过程中产生的,显然属于市场规制关系性质。因此,金融监管法属于经济法范畴的市场规制法体系,其监管行为属于国家市场管理行为,实施在微观经济领域。④

总之,没有金融监管立法水平的提高,金融监管的水平就不可能提高。金融监管的坚冰如何打破,航道如何开通,端赖金融监管立法的行程。可以说,金融监管立法的推进是当今中国金融学与法学研究的一项重大课题。

故而,本书以解决金融创新与金融监管的博弈平衡为宗旨,立足于从金融监管立法的角度深入剖析全球化浪潮下金融监管的目标与环境,探讨中国金融监管体系的新思路和新框架,为国家立法和政策制定提供决策依据,为金融监管行政当局、跨国银行等实务部门提供理论基础。

三、研究方法

研究方法的改革、创新与发展是学科水平的标志。巴甫洛夫说过:"科学是随着研究法所获得的成就而前进的,研究法每前进一步,我们就更提高一步,随之在我们面前也就开辟了一个充满着种种新鲜事物的、更辽阔的远景。因此我

---

① 徐孟洲等:《金融监管法研究》,中国法制出版社 2008 年版,第 17 页。

② 盛学军:"后危机时代下对金融监管法价值的省思",《重庆大学学报(社会科学版)》,2011 年第 1 期。

③ 曾筱清:《金融全球化与金融监管立法研究》,北京大学出版社 2005 年版,第 5 页。

④ 刘志云等:"金融调控法与金融监管法关系论",《西南政法大学学报》,2005 年第 4 期。

们头等重要的任务乃是制定研究法。”[①]《方法学原理》一书更是明确指出：“大凡有远见卓识的科学家、哲学家，都会对方法问题给予高度的重视。当他们要突破一种旧的理论体系时，首先要审查形成这种理论体系的方法有何缺陷，如果不能在方法上有所革新，要想突破旧的理论体系，只不过是一种空洞的愿望而已。”[②]因此，本书在金融全球化对金融监管立法影响的背景下来探讨当代金融监管的国际立法环境，积极研究和开创法学研究中的新方法，从博弈论与法学结合的视角，认真考察了金融监管中不同行为主体间的合作与冲突，并结合历史分析、比较分析和经济分析的研究方法，重新审视了金融监管中相关国际法律规则的国内适用问题。

（一）历史分析法——主体性焦点的历史思考

学术著作之所以有其独见、创新和价值，在于其能以严肃谨慎的态度，从某一科学立场出发，分析问题，切中其要害，进而提出有针对性的解决策略。而任何一个问题的解决，只能是历史性的解决。伽达默尔有言：“其实历史并不属于我们，而是我们隶属于历史。早在自我反思理解我们自己之前，我们就以某种明显的方式在我们所生活的家庭、社会和国家中理解了我们自己。主体性的焦点乃是哈哈镜。个体的自我思考只是历史生命封闭电路中的一次闪光。因此个体的前见比起个人的判断来说，更是个人存在的历史实在。”[③]论者与被论者一样，都不能脱离自己身处的境遇。若不能从当下问题的特殊时代背景出发来分析问题，其所论要么是盲人摸象，要么是屠龙之技。进一步说，若不能清晰地展现自己对于所论问题的本体视域与基本前见，则不但无法表明论者全部观点的基本脉络，还会使论者的认识前结构丧失反思的机会。

金融监管结构及法律制度是历史累积和沉淀的产物。以历史的和发展的眼光研究金融监管，不仅有助于增进对它的整体理解和认识，从而更好地理解和认识当今全球化条件下的金融监管体系，而且可以从对其历史演变的领悟中获得洞察其发展前景的提示。因此，历史分析方法要求我们不仅要揭示现存体系的历史成因，而且要为体系的过渡和变迁寻找有益的线索和途径，即研究现存制度

---

① 《巴甫洛夫选集》，北京：科学出版社 1955 年版，第 49 页。

② 刘蔚华：《方法学原理》，济南：山东人民出版社 1993 年版，第 10 页。

③ 伽达默尔：《真理与方法——哲学诠释学的基本特征》，洪汉鼎译，上海：上海译文出版社 2004 年版，第 357 页。

与目标制度(制度的规范阐释)的差异及其成因,进而研究如何进入应然的制度状况。因此,在研究金融监管体系与立法时,要具备历史眼光,展开适度的历史分析,才更能以全球化的视角为论者提供对金融监管法律制度前结构的自我反思和历史更新的机会。

(二)比较分析法——异体探究的横向扫描

比较是各类科学研究的基本和必要方法。比较分析通常分为纵向比较分析和横向比较分析。纵向比较分析主要应用于研究事物发展的历史和发展的过程,研究的目的主要是为了从前人的实践中获取经验教训。它类同于历史分析法。横向比较分析法是指对不同国家或地区的行业或企业间就同一研究对象进行比较分析,分析其异同和原因,然后进行归纳总结后提出自己的观点和看法。本书运用的是对世界各国金融监管及其立法按同一研究对象进行比较分析的横向比较法。

在金融全球化背景下研究金融监管及其立法问题,必然需要从全球金融活动和金融监管立法的相关性和融合性角度对不同国家进行比较研究。没有比较就没有鉴别,比较的目的不是强硬地照搬某一国家的制度类型或模式,比较的同时也是在区分、分析和研究不同监管模式的一般性和共同性以及在特定背景下形成的各种特殊形态,然后进行归纳总结后提出适合于中国的观点和建议。其实,不同国家面临的问题有许多是共同的,如金融宏观调控问题、金融业的分化与整合及其监管问题、对金融控股公司风险的控制问题等。可以说,本书运用比较分析方法,可以有效阐释各种法律制度环境下金融监管的特征及其对中国的借鉴意义。将历史分析方法与横向比较分析方法相结合,对同领域内他者进行对照比较后,不仅易于掌握先进的经验,更能降低研究成本消耗,提高研究成果对实践的实效性。

(三)博弈分析法——经济法理的探索与实践

只要有利益冲突的地方,就会有博弈的存在,而缺少博弈规则的金融市场竞争所带来的可能后果将是灾难性的。因此,我们在研究金融监管制度、解决金融市场的利益冲突时,需要去关注一门有关“彼此互不信任的人之间的冲突的科学”[①],这门科学即为博弈科学。将其作为金融监管的研究工具,能够在化解金

① 尹传红:“博弈论解决利益冲突的策略”,http://epaper.bjd.com.cn/wb/,2007年3月29日。

融监管立法中多主体利益均衡的困境方面,“为这一自古以来困扰我们的问题带来启迪”①。

博弈论对微观经济学的改造可以说是全面彻底的,博弈论使微观经济学得到了空前发展。博弈论是研究微观经济活动的重要工具。而作为实施在微观经济领域、属于国家市场管理行为的金融立法监管行为,自身就具有博弈的性质。它要求以金融监管市场化的激励方式来替代过去的命令与控制的政府管制性监管,即转变传统的监管部门以管制代替市场,以主管代替监管的无效率困境。在金融市场过度管制的情况下,必然会导致个人与企业活力的全无,整个市场功能的丧失和金融资源配置的无效率。现代金融监管必须顺应市场规律,必须考虑在确保金融安全和公共利益的前提下,如何更有效地满足经济主体偏好和企业利润最大化。政府仅是市场裁判或规则的执行者,而不是市场的参与者,更不是市场完全由政府监管来安排。任何金融监管立法和措施的推出,都得考虑对当事人的影响,都得通过监管的“成本一收益”分析,并证明这种监管方式是有效率的,只有这样才能真正让金融监管转变到依靠市场激励的方式上来。这样的特征,正符合博弈论适用的条件;这样的转变,也必须依靠良性的博弈来实现。由于经济、金融全球化的逐步加深,传统的金融监管理论正面临着一些新的挑战。这些挑战的应对过程实际上是一个在不断调整的规则系统支配下的长期博弈过程。另外,我们在金融监管的实践中还应该考虑和协调如下关系:金融全球化与本国经济法律的关系;绝对国家主权与相对国家主权的关系;金融监管立法与国际金融秩序的关系;金融监管与金融创新的关系;金融安全与金融效率的关系;分业监管与混业监管的关系;政府监管与市场化约束的关系;机构性监管与功能性监管的关系;立法中的独立性与融合性的关系;金融恐慌治理与帕累托改进的关系;国际条约义务与本国立法完善的关系;涉外金融监管立法与本国相关立法的协调;等等。而上述种种关系,无一不可以在博弈论的框架下分析解决。因此,博弈论是研究金融监管及其立法的有效工具。

博弈分析法是本书主要的研究方法。运用博弈分析的“事前有效”(exante efficient)的“事前研究”(exante approach)来分析金融监管领域相关法律的形成、法律的框架和法律的运作以及法律与法律制度所产生的经济影响,可以更好地

① 瑞典皇家科学院对2005年诺贝尔经济学奖得主的评语,2005年10月10日。

展示全球化环境下金融监管体系建立及立法过程中的复杂关系，从而对于理解和变革金融监管的法律规则提供实证依据。

中国改革开放以来，研究金融全球化与金融监管立法的关系、金融全球化背景下的金融监管立法问题的文章和专著并不多。本书就于此处着力用心，意在抛砖引玉。而在研究方法上，博弈论虽然在经济学及法学研究中花开处处，有的甚至硕果飘香，但是就金融监管及其立法而言，尚未闻有以此利器一探法理之幽微者。笔者不揣浅薄，大胆尝试，以博弈论为研究的基本进路，鲁莽直言，或为谬论，聊以备考。胡适先生有言：大胆假设，小心求证。即使是错误的假设，但在学术的发展道路上却往往是导向真理的前奏，依然有创新之功。笔者坚信，博弈论引入金融监管及其立法的研究，不仅是一种方法论上的创新，而且会引导我们在一个全新的视野下发现很多未曾发现的思路与理论价值。本书力图运用博弈思想，而不是强调复杂的数学模型和运算，强调的是博弈思维对金融监管立法的作用。在这一点上，就金融监管立法而言，本书尚属尝试性研究。如果本论文研究在将博弈论引入金融监管立法的研究方面起到了些许推动的话，那足以大快平生了。

四、分析框架与主要结论

（一）分析框架与结构

本书共分三部分。

第一部分分析了金融全球化的趋势及其对国际金融监管的推动，共包括三章。其中第一章“金融监管及其历史演进”介绍了金融监管的概念、历史变迁及主要模式，为后文分析做最基本的知识背景准备；第二章分析了金融全球化、自由化的基本特征及对国际金融监管体系的影响，这是本书研究的现实背景，因为金融全球化趋势改变了金融创新的路径和特点，进而带来新的风险，由此必然对金融监管构成挑战；第三章专门研究金融全球化对金融监管立法的影响，将本书研究的重点落在了金融监管立法的建设与调整上。

第二部分是金融创新与金融监管之博弈均衡的理论分析，包括第四、第五章。第四章是对现有理论的梳理，包括金融监管之所以存在的理论基础、自古典经济学以来有关金融监管的经济理论以及金融创新与金融监管博弈关系的文献综述。第五章是本书理论的基石,详细讨论了金融创新与金融监管之间的相互影响及博弈均衡,是指导后文监管体系与立法分析的理论基础。

第三部分讨论金融监管模式与立法的博弈选择,包括第六、第七和第八章,也是全书的核心内容。第六章是分业经营和综合经营的博弈选择,第七章与之相应,分析机构监管与功能性监管的博弈选择。第八章是个案分析:对具体金融机构(跨国银行)监管立法的研究。通过"公地悲剧"博弈模型分析,研究如何克服由个体的理性导致集体非理性的金融恐慌和如何实现立法监管成本最低,以达到跨国银行经营的收益最大的博弈均衡,以及如何实现激励相容有效监管的帕累托改进和社会自愿性守法的理想状态得以实现的帕累托最优。

(二)主要结论

第一,金融全球化背景下的金融创新导致了金融市场综合经营的发展趋势。金融全球化导致了世界经济的自由化、一体化。其特征表现为金融的自由化、金融机构和市场的全球化、金融机构和业务的全球化、资本流动的全球化和虚拟化,这些都为金融创新创造了条件。在这样的背景下,大量的金融衍生品不断涌现。创新工具的多样化发展使分业经营的界限日益模糊,而跨产品、跨机构、跨市场进行多元化经营逐渐成为一种趋势——金融创新导致了金融市场综合经营的发展趋势。

第二,金融创新和综合经营在功能上要求对其实施功能性监管。综合经营使原有的机构性监管越来越不能适应金融机构为获得新的利润而进行创新的要求。金融体系的功能性使金融机构跨时空经营,增加了市场的不确定性,易于导致系统性危机,使机构性监管陷入困境。而金融体系的基本功能一般不会随时间的推移而变化、很少因国家的不同而不同;金融体系的制度安排只能随功能而变化——功能更有效率的实现方式是金融创新,是金融体系制度安排和立法改革发生变化的主要动力。因此,金融监管的模式选择客观上要求按功能性进行监管,以避免机构性监管格局下重复性监管和监管真空局面的发生。这是金融创新和综合经营在功能上要求对其实施功能性监管的主要原因。

第三,由金融创新导致的综合性经营和功能性监管,构成了全球化背景下促进金融稳健运行的一对均衡,反过来又会推动金融创新的发展。其中,综合经营更适合全球化体系下金融创新的进一步发展,并为其创设了更好的发展空间,而功能性监管又为金融创新提供了立法保障。这样的一个均衡的循环过程正是金融业高效稳健发展的理想状态。

第四，就具体的银行监管立法措施而言，关键是如何从动态上把因守法受到的损失分摊给因非合法性经营而造成损失的银行，通过对非合法性经营而造成损失的银行实施处罚而给予受损失者以补偿，以此警告非合法经营者，鼓励守法经营者继续坚持，不断促进银行监管效率的改善和提高。

目录

第一编　金融全球化与国际金融监管的发展

第二编　金融创新与金融监管的博弈分析

第一编 金融全球化与国际金融监管的发展

Finance

第一章　金融监管及其历史演进

第一节　金融监管的概念

虽然寥寥数语能够交代金融监管兴起的历史背景,但是金融监管概念本身确实是一个需要辨析的概念。从事理上分析,既然金融监管是某一对象对另一对象的监管,那么这种关系至少包括四个要素:(1) 为何监管,(2) 谁监管,(3) 监管谁,(4) 如何监管。

一、为何监管

“为什么要对金融机构进行监管”,解决这一问题是解决“怎样进行监管”的前提。为此,专家和学者们对金融监管理论的研究一直在做不懈的努力。传统上,对金融监管理论的研究可划分为结构监管理论和行为监管理论,两者都着重最优监管规则设计的规范研究。随着新制度经济学和信息经济学的发展及其在金融监管理论研究方面的广泛运用,金融监管的实证研究取得了突破性进展,逐步建立了包括监管者竞争理论、不完全合约监管理论、监管“成本—收益”分析、公共选择监管理论在内的金融监管理论体系(Eichberger 等,1997;弗雷克斯等,2000)。在国内,运用“成本—收益”分析(秦宛顺等,1999)、合约理论对中国金融监管机制作了有益的探索(林海,2000)①;运用不确定条件下同时涵盖外部性、非对称信息以及金融机构与监管机构目标不一致性因素的一般性金融监管理论模型,在创建金融监管机制实证分析理论框架的方面作了初步尝试(郑超愚等,2000)。这些研究都为解决为何监管、如何监管的问题奠定了理论基础。

金融业与其他经济部门相比,存在着多方面的特殊性,使得金融监管尤为必

① 郑超愚等:“外部性、不确定性、非对称信息与金融监管”,《经济研究》,2000 年第 2 期。

要。金融机构经营的是特殊商品——货币，资金来源于社会公众，而资金的运用又是面向社会公众，这就决定了金融业是“公共性”产业，因而金融机构的经营状况、行为、业绩对社会公众产生直接的影响。金融业（尤其是银行）是高负债行业。金融机构为了追逐高额利润，往往盲目扩张资产导致资产状况恶化，因此，在经营过程中金融机构存在诸多风险，每一风险都会对金融机构的经营产生重大影响。金融风险具有传递性，当局部危机发生时，会迅速波及其他金融机构从而形成整个金融业的危机，进而危及社会经济的健康发展。金融监管是遏制金融机构无限趋利特性，降低金融业整体风险的基本手段。因此，金融监管是现代社会一种必不可少的制度设计。在美国，对金融中介制定大量的规则进行监管的原因，普遍认为有以下几点：第一，保护公众投资者：期望为大众提供完善的安全保护——公众投资者需要某种程度的保护，以避免遭受金融中介所带来的风险。第二，消除来自破产终结的外部偶然因素：由于公共财政至少为破产的中介承担部分费用，出于遏制公共支出的目的，政府必须约束金融中介的风险；金融破产的系统费用往往从破产的机构转移到经济中其他不相干的参与者身上，政府必须约束金融机构以免个别机构的过度冒险以及给第三方招致无法补偿的损失。第三，其他的考虑：比如再分配和其他公平准则及政治经济的考虑。①

如今，金融全球化促使金融管制放松，出现了自由化的法律特征，因而现代市场经济出现了更为明显的市场失灵和更高的金融危机的可能性，以及金融体系内部的潜在不稳定性。在这样的背景下，金融监管作为现代市场经济和金融制度的基本要素之一的特性日益凸显。

二、“谁监管”和“监管谁”

金融监管本质上是一种具有特定内涵和特征的政府规制行为。政府通过特定的机构（如中央银行）对金融交易行为主体进行监督和管理。综观世界各国，凡是实行市场经济体制的国家，无不客观地存在着政府对金融体系的监管，以维护金融安全，推动金融业持续、健康、稳定的发展，只不过监管模式不尽相同，各

---

① 霍华德·戴维斯、大卫·格林：《全球金融监管》，北京：中国金融出版社2009年版，第80—81页。

有其特点(见表1-1):

表1-1 七国金融监管结构①

	保险	银行或储蓄机构	证券
美国	州保险监管机构、美国全美保险业监督官协会	美联储、州银行厅	美国证券交易委员会、美国商品期货交易委员会、美国全美证券商协会、州证券监管机构、州总检察长
英国	英国金融服务局	英国金融服务局	金融服务局、财务报告理事会
日本	日本金融服务厅	日本金融服务厅(协同日本中央银行)	日本金融服务厅(协同日本证券交易监察委员会)
德国	德国联邦金融监管局	德国联邦金融监管局(协同德国中央银行及州银行监管机构)	德国联邦金融监管局
意大利	意大利保险监管署	意大利中央银行	意大利全国公司与证券交易所管理委员会
加拿大	加拿大金融机构监管署	加拿大金融机构监管署、加拿大存款保险公司	省证券监管委员会
法国	法国保险监管委员会	法国银行委员会(下属法国中央银行)	法国金融市场管理署

三、如何监管

下面以美国为例,来说明政府对金融机构进行监管的运作。

美国的金融监管经历了一个由多元化的“双线”经营管理到集中统一、综合管理的过程。1999年《金融服务现代化法案》之前,美国的金融体系大致是:(1)联邦体系:货币总监局主管国民银行的注册、合并和分支机构的设定,并对其进行监督;联邦储备体系负责监督会员银行和银行持股公司的经营状况,审批除国民银行以外的其他所有银行的合并以及分支机构的设立,规定法定存款准备金率、定期存款利率最高限,制定和执行货币政策,对商业银行进行货币信用调节;联邦存款保险公司有权对所有投保银行的经营状况进行检查和监督;联邦

① 霍华德·戴维斯、大卫·格林:《全球金融监管》,北京:中国金融出版社2009年版,第80页。

证券交易委员会监督证券发行者、经纪人、交易商和有关证券的交易行为；此外还有一些监管机构及负责某专门领域的联邦金融监管机构。（2）州管理系统：各州都有自己的金融管理机构，负责管理和监督州立商业银行和在州注册的其他金融机构，如储蓄银行、储贷社、信用社和金融公司。美国各州还有一个集中的银行管理机构，即州银行监督联合会，其职能是实行与各州监管的合作。①1999 年 11 月美国国会通过了《金融服务现代化法案》，该法案允许金融控股公司通过设立子公司的形式经营多种金融业务如存贷款、保险承销和经纪以及投资银行等。但金融控股公司本身并不开展业务，其主要职能是向联储申请执照，对集团公司及子公司进行行政管理。对应金融控股公司这种伞状结构，美联储被赋予伞型结构管理者的职能，并且与政府一起认定哪些业务属于允许金融控股公司经营的金融业务。在伞型监管模式下，金融控股公司的银行部分由财政部货币监管总署、美国联邦储备委员会、联邦存款保险公司监管，证券部分由证券交易委员会监管，保险部分由州保险监管署监管，证券交易委员会和州保险监管署被统称为功能监管者。如图 1-1 所示②：

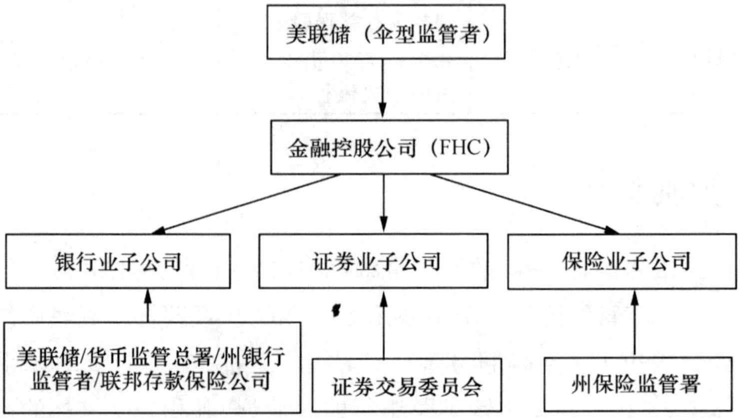

图 1-1　美国伞型监管运作结构图

① 马红霞等：《美国的金融创新与金融监管》，武汉：武汉大学出版社 1998 年版，第 313—316 页。

② 黄庭："从美国伞型监管体制看我国金融监管体制发展方向"，《重庆工商大学学报》，2004 年第 4 期。

四、金融监管的内涵

上述研究表明,对金融监管的定义应基于这样的理解:金融监管是指一国的金融监管当局依据国家法律或法规,利用其职权对监管对象(包括金融机构和金融市场在内)的整个金融业实施监督和管理,以确保一国金融依法有序运行和整个金融体系的稳定。对这一定义可以做如下理解:

第一,金融监管包括金融监督和金融管理两层含义。金融监督是指一个国家或地区金融主管当局对该国或地区的金融市场的运行状况进行系统、及时的信息收集和信息处理,以维护市场秩序和防范金融风险;同时对金融机构实施全面的、经常性的检查和督促,并以此来促进金融机构依法稳健地经营和安全健康地发展。金融管理是指金融主管当局依法对辖区的金融市场所进行的管理,包括市场体系的建构、市场规则的制定和对市场违法行为的处罚等;同时对金融机构及其经营活动实施领导、组织、协调和控制等。[①] 其目的在于使金融业务活动纳入正轨,建立一个安全和健全的金融体系,对金融客户公正、有效地提供服务。总的来说,金融监管着眼于维护金融体系的安全与稳定,限制金融业的过度竞争和不正当竞争,保护存款人、投资者和社会公众的利益,从而促进金融体系公平、有效竞争,以达到维护金融业的合法、稳健、高效运行之目标。从实施手段看,金融监管是通过金融主管机关对金融机构的审批、检查、稽核;对金融机构和金融市场的统计管理;对金融机构的财务会计管理;对金融市场主体的处罚强制等形式来实现。其中对金融经营的资本充足性、流动性与贷款集中度的监管尤为重要。金融监管着眼于金融机构运行,属于国家市场管理行为,实施在微观经济领域。[②]

第二,金融监管是一种政府管制行为。金融监管应从政府管制的意义上去理解,它不同于政府或中央银行运用金融政策进行调控。[③] 金融监管是直接对商业性金融机构主体做出某种限制性规定,并通过这些规定加以监督、管理来减少市场失灵、构建市场秩序、协调金融市场的商业行为,实现金融资源优化配置。

---

① 周英:《金融监管论》,北京:中国金融出版社 2002 年版,第 1 页。

② 刘志云等:“金融调控法与金融监管法关系论”,《西南政法大学学报》,2005 年第 4 期。

③ 马万华:《WTO 与中国金融监管法律制度研究》,北京:中国人民大学出版社 2002 年版,第 3 页。

它不同于通过调整经济变量来影响市场经济中各种变量而进行的政府宏观调控。所以说,金融监管是一种具有特定内涵和特征的政府管制行为,即运用政策和法律手段来实现社会政策和经济政策目标的行为。这里提到的法律手段的特征在于,个人或组织被强制要求服从政府指定的行为模式,违反者将受到法律制裁。从这种意义上说,建立在法律基础上的金融监管成为现代化金融制度结构的一个独立层次,成为补救市场失灵、维护金融体系稳健运行、提高资源配置效率和保护公共利益的重要手段。

第三,金融监管必须依法进行。如前所述,金融监管是一种政府管制行为,而现代法治社会的核心原则之一就是依法行政,因此,金融监管必须依法进行。金融监管法就是规制政府金融监管行为的法律。金融监管法是由国家制定或认可的,调整中央银行以及其他金融监管机构在金融监督管理活动中所形成的各种关系的法律、法规和规章制度的总称。20 世纪 90 年代,英国、美国等发达国家分别对金融监管体系进行了改革,监管法律变革成为推动金融监管体系改革的主要动力。特别是 1999 年美国通过的《金融服务现代化法案》,其许多规定对世界各国金融立法和金融监管发展方向产生了重要影响。改革后的新的金融监管立法反映了金融全球化对金融监管法律制度的要求,强化了政府监管和市场约束不可偏废的观念,实行功能性监管,强调监管和自律并重,高度重视对金融消费者利益的保护,积极推进了金融监管的国际协调与合作。《金融服务现代化法案》在金融业实现综合经营前提下所确立的功能性监管原则给我国金融监管立法带来了有益的启示。金融监管立法主要受本国经济、金融政策的影响,取决于本国统治阶级的意志。但是,由于经济、金融全球化自身特征的原因,传统的金融监管立法理论正面临着一些新的挑战。这些挑战主要源自于全球经济的关联性和依存性。“金融监管立法是指国家机关依据法定的职权和程序进行的制定、修改和废止金融监督和管理法律规范的活动。”①在我国,金融监管立法是由具有法定职权的国家机关依照《中华人民共和国立法法》中规定程序进行立法活动,非国家机关不享有立法权。金融监管立法是一项系统的立法工程,它不仅包括金融监督和管理法律规范,而且还包括修改和废止金融监督和管理法律规范以使其不断增添新内容、不断趋于完善。

---

① 曾筱清:《金融全球化与金融监管立法研究》,北京:北京大学出版社 2005 年版,第 6—7 页。

第四,金融监管符合博弈分析的基本语境。每一国家的金融监管关系实质上都体现了该国金融监管主体和被监管对象之间的一种"博弈"互动。一国金融监管机关的职能就是通过监管维护金融市场公平竞争秩序,保护金融交易中弱势群体的权益,防范金融风险从而促进国民经济的稳健发展。而金融与生俱来的创新性又使得金融机构总是试图千方百计地突破管理者的各种监管措施,从而获得高于社会平均利润的回报。但这种博弈的关系也并非是一种单纯的对抗关系。由于金融业本身所具有的风险性,使得监管者和被监管者之间也有合作的一面,由于监管者的监管行为降低了系统性风险,使得金融市场的经营者能够以较低的经营成本进行融资。

第二节 金融监管的历史演进

一、金融监管的奠基期(12—19 世纪)

金融监管的早期发展与银行业密切相关。传统上银行业务主要集中于"吸收存款"、"提供信贷"和"信用交易",银行由此与其他金融机构或非金融机构相比体现出了三种特征:银行提供交易账户、银行为其他所有机构提供流动资金支持和银行是货币政策的传送纽带。[①]

最早的银行大约出现在 12 世纪,主要功能是货币兑换。此后的数百年间逐渐发展出其他的功能。随着银行在商业交易中发挥的作用日益扩大,风险也日益引起了人们的重视,政府逐渐开始重视银行的行为。早在 1374 年,对意大利商业中心的政府监管就禁止银行从事某些投机生意,如果银行的其他投资超过它们在政府债券上投资的一半,也要被禁止。[②] 1694 年依据英王特许成立的英格兰银行,被认为是中央银行的鼻祖。成立之初,既从事一般商业银行的业务,又享有一定的特权,如不超过资本总额的钞票发行权、对政府财政排他性的管理

---

① 杰克逊、西蒙斯:《金融监管》,吴志攀等译,北京:中国政法大学出版社 2003 年版,第 22 页。

② 同上书,第 26 页。

权、对政府贷款的权利。英格兰银行从成立起,就具有政府的银行以及债务人的双重特性。[①] 1833 年,英国国会通过法案,规定英格兰银行发行的银行券为全国唯一的法偿货币。1844 年,银行特许法颁布,它给予英格兰银行在英格兰和威尔士发行银行券的法定权利。英格兰银行由此成为世界上最早的中央银行,垄断货币发行权并集中其他商业银行的部分现金准备。[②] 该特许法明确规定了两项具有监管性质的措施,即阻止银行在没有增加黄金储备的情况下增发货币的措施和要求银行对它的货币发行情况用分开的平衡表单独统计发布。1847 年、1857 年和 1866 年英国金融界发生了三次挤兑风潮和货币危机,这使理论界认识到银行体系存在内部的不稳定性,因而必须有一个以安全性为基础、作为"最后贷款人"的、用以保护金融中介系统稳定性的机构,提供弹性的货币供给以保护债权人。不管市场条件和债务人债务状况如何,这个承担"最后贷款人"职能的无私利动机的机构都能保证兑换得以履行,从而消除了资产的违约风险。为应对严重的经济危机,英格兰银行开始使用两个工具来调整银行的现金流,一是对需要资金的银行进行贷款,二是调节贷款利率。这就确立了英格兰银行最后贷款人和利率决定者的地位。"最后贷款人"制度虽然不能完全算是金融监管,但却为中央银行在未来顺乎自然地过度演变成为金融活动的监管机构(监管者)埋下了伏笔。中央银行的最后贷款可以颇具威胁地使金融机构服从其指示,成为迫使其他金融机构遵从其指令的重要砝码。可见,中央银行就能够借此对金融机构的经营行为进行干预和检查。[③] 这一地位的确立让英格兰银行向现代中央银行迈出了关键性的一步。英格兰银行的实践一定程度上说明银行业和商业的分离可以有助于获得所希望的安全和稳定,这一经验影响了早期美国银行立法。1782 年,美国第一家公司制银行北美银行成立,其经营权包括发行有息的票据,吸收存款,向政府和公众发放贷款。1787 年重新给予北美银行的特许权明确规定,银行作为中央政府所创设的机构,不得从事商品交易,除必需的经营场所和作为贷款担保以外,不得拥有不动产。在 1814 年,宾夕法尼亚州特许了 41 家银行,并且严格限定,除了票据交换、黄金和白银以及银行和宾夕法尼

① 王燕:"从私人股份银行到中央银行",《上海金融》,1995 年第 10 期。

② 乔海曙:"金融监管体制改革:英国的实践与评价",《欧洲研究》,2003 年第 2 期。

③ 陈全伟、王彤:"金融监管理论的演变",《金融信息参考》,2002 年第 3 期。

亚州内的公共事业公司发行的股票、政府债券外，这些银行不得从事任何交易。这一阶段银行在美国经济中发挥的作用与立法机关对银行的限制是同步增长的。在19世纪早期美国第一银行和第二银行部分地发挥了中央银行的作用，而美国第一、第二银行的终结则标志着州立银行发展新时代的来临。1838年的《纽约银行自由银行法》规定设立银行的组织必须存入一笔法定保证金。1863年，美国银行史上里程碑式的《国家银行法》出台，为国家银行营业权设定了更为严格的限制，如存款准备金、政府债券形式的存款、票据发行总额的限制、特别资本金和贷款限制等。美国财政部设立的货币监理官办公室来监督所有国家银行，检查其日常经营行为，要求银行提供定期财务状况报告。国家银行体制的确立大大推动了美国银行监管的发展。

在银行监管逐步萌芽的同时，其他金融领域的监管也在缓慢发展。早在1608年，伦敦就出现了证券交易。最初的交易在伦敦城内的许多咖啡馆里进行。1773年，当时已享有盛名的新乔纳森咖啡馆正式改为证券交易所，成为伦敦证券交易所的前身。后来为适应证券交易的需要，又陆续设立了一些地方性证券交易所，如利物浦证券交易所（1827年成立）和曼彻斯特证券交易所（1830年成立）等。[①] 18世纪初期，英国由于股票市场的泡沫现象愈演愈烈（如当时的英国南海公司的股票价格从1720年1月的128英镑上涨到3月的330英镑、5月的550英镑、6月的890英镑、7月的1 000英镑[②]），最后政府不得不介入进来，英国议会于1720年通过了著名的《泡沫法案》，这部法案标志着政府开始干涉金融机构的经济行为。1733年英国又通过了《禁止无耻买卖股票恶习条例》。这两部法案，前者侧重于对股票发行主体恶意商业行为的监管，后者侧重于对股票交易主体恶意炒作投机行为的监管，因此，这两部法案建立起了一个监管体系模型。虽然制定了这两部法案，但是当时人们并没能认识到产生金融危机的本质原因，因此不可能预防金融危机的发生。这主要是因为受当时的主流经济学派——古典经济学派观点的影响，人们仍然相信，不受任何干涉的"看不见的手"的模式仍被视为是最好的市场运行机制。伦敦证券交易所从1773年成立之时起就是完全自治的，在立法上也没有单行法律，多是以"君子协定"和道义劝

① 黄运成等：《证券市场监管：理论、实践与创新》，北京：中国金融出版社2001年版，第3页。
② 张荔：《发达国家金融监管比较研究》，北京：中国金融出版社2003年版，第1—2页。

告等方式进行管理。1818 年，英国政府颁布了第一部《证券交易条例》，强调证券交易的“自我管理”和“自我约束”原则。[①] 美国的证券监管可以追溯到 1792 年的“梧桐树约定”，该约定确立了三大基本原则：证券经纪人只从事相互交易；一律排斥外人；规定了最低的委托交易手续费标准。1817 年，纽约经纪人成立了正式的联合会，定名为纽约证券和交易管理委员会，并制定了章程。[②] 美国早期的证券市场管理靠各州的立法进行，1852 年马萨诸塞州对公用事业发行证券做出了限制。

1601 年，由英国枢密院制定的一部英国保险法获得通过，规定了政府特派员负责有关保险争议的制度。英国早期的保险立法，主要是为了避免经营管理上的失误。1720 年，由于一著名的诈骗案而使一项“欺诈法案”获得通过，此项法案专门对保险公司的组织形式做了限制性规定。1824 年这一法案被取消，英国出现了设立保险公司的热潮。1844 年，英国制定公司法，要求公司的成立必须经过注册。但这种规定并没有阻止寿险公司破产的浪潮，因为公司法本身并未涉及寿险公司的实质问题。19 世纪的英国奉行自由放任的经济政策，主张依靠市场的力量来调节经济活动。这种思想同样流行于保险领域，其结果是，许多保险公司力图通过兼并和接管其他公司来巩固自己在市场上的地位。市场的兼并和破产的现象引起了英国政府的重视。1870 年，英国制定了寿险公司法，对寿险公司的保证金、财产账户、兼并、清算都做出了规定，该法案确立了“只要作了说明就有完全自由”的原则，这条保险业监管的原则在英国盛行了很长时期，核心就是强制保险公司向管理当局、保单持有人提供足够的信息以便能合理估计公司的财务状况。[③] 美国内战之前，规范保险业的主要工具是应用公开定期报告。早在 1807 年，马萨诸塞州就要求国内保险公司的总裁和主管向立法机关提供关于公司财务状况的陈述。很多州都颁布了类似的规定。19 世纪 50 年代，出现了独立的保险监管机构。1851 年，新汉普郡成立委员会，对保险业进行监督。1864 年，美国保险监管史上著名的保罗诉弗吉尼亚案，通过并确定了保险并非市场交易对象的原则，确认了该州制定获得保险代理许可的条件的合法

① 黄运成等：《证券市场监管：理论、实践与创新》，北京：中国金融出版社 2001 年版，第 3 页。

② 陈红：“美国证券市场发展的历史演进”，《经济经纬》，2006 年第 1 期。

③ 申曙光：《保险监管》，广州：中山大学出版社 2007 年版，第 326—327 页。

性。19 世纪下半叶,美国保险规范更加丰富和细致。

二、金融监管的形成期(20 世纪初至二战)

20 世纪开始,联邦的银行特许权、联邦对银行的监管日益表现为对州立银行业的补充。1907 年的金融恐慌暴露了银行业的严重缺陷,为此美国国会通过了《Aldrich-Vreeland 法案》,允许有更多的国家银行货币流动,直到依照该法有关规定成立的国家货币委员会可以提出一个关于中央银行的计划。但是美国通过对银行系统的研究,发现美国的金融系统高度分散,具有国民银行和州银行二元分立、银行为数众多、平均规模偏小、准备金集中使用等特点,于是得出结论:产生危机的原因在于通货与银行信用的供给缺乏弹性,而且危机总是由某一家重要的金融机构的经营失败而引发的。1913 年,《联邦储备法》通过,其立法目的是:"规定联邦储备银行的设立事宜,建立灵活的货币流动体系,提供商业票据再贴现的方式,在美国建立更为有效的银行监管,及其他目的。"①依据该法建立的联邦储备体系是一个政府与私人合作的复杂体系,并非一个中央集权式的政府机构。至此,以美国联邦储备体系建立为标志,一个以 12 家联邦储备银行为基础,以中央银行、商业银行为主体,各种非银行金融机构共存的复合式的、完整与发达的美国现代金融体系得以确立。② 但由于金融监管和风险控制系统不成熟,美国在 20 世纪 30 年代出现了严重的货币金融危机。在危机早期阶段,密苏里州、印第安纳州、伊利诺伊州、依阿华州、阿肯色州和北卡罗来纳州相继出现了商业银行倒闭。1930 年 12 月,美国最大的美洲银行宣布倒闭,存款损失达 2 亿美元,在全国掀起了更大金融恐慌。据资料显示,1929—1933 年间,美国商业银行以每年 2 000 家的速度发生倒闭,5 年共计达 10 500 家,占全国银行总数的 49%。③ 真正意义上的金融监管就是此次 20 世纪 30 年代大危机的产物。美国国会为了稳定金融秩序,赋予央行(以及后来设立的证券监管机构)以真正的监管职能,以国会立法的形式最终确立了金融业严格分业经营、分业监管的金融监管法律体系结构——于 1934 年通过了《格拉斯-斯蒂格尔法案》、《证券交易

① 杰克逊、西蒙斯:《金融监管》,吴志攀等译,北京:中国政法大学出版社 2003 年版,第 34 页。
② 马红霞、严红波、陈革:《美国的金融创新与金融监管》,武汉:武汉大学出版社 1998 年版,第 5 页。
③ 樊亢、宋则行:《外国经济史》第 3 册,北京:人民出版社 1980 年版,第 49 页。

法》和《信托契约法》等系列法案来预防和遏制金融危机的爆发。由此开始了对金融体系进行行政监管和法律监督。在这些法律中包含了如下的内容：第一，修订并明确了金融监管目标，强调维持一个安全稳定的金融体系，以防止金融体系的崩溃对宏观经济的严重冲击。第二，确立分业经营原则：任何以吸收存款为主要资金来源的商业银行，不得进行代理证券发行、证券包销、证券分销、证券经纪、证券买卖等属于投资银行的活动，任何从事证券业务的投资银行不得同时开展支票存款、存单存款等商业银行活动，任何商业银行不得设立从事投资银行业务的附属机构等。第三，监管主体的专业分工与多元化体制得以形成。在这些立法中，除了联邦储备委员会作为传统的金融监管主体的地位得到进一步的明确和加强之外，通货监理署、联邦存款保险公司等机构也分担了相应的监管职责。此外，根据1934年《证券交易法》的规定，联邦设立证券交易委员会，专司证券市场的监管，加之州保险监理官对各自辖区内保险业的监管，至此，一个双层（联邦和州）多头、分业监管的体制终于形成。第四，大量直接干预的监管方式在立法上得以确立。除了分业原则，各项金融法律还确立了金融机构审慎经营规则、信息披露规则以及打击不当交易行为等各项制度。①

在美国经历经济大繁荣和大动荡相伴的时期，欧洲各国却陷入了战争的苦果中。在英国，一次大战爆发后，金本位制度崩溃，银行法暂停执行，没有黄金保证的货币大量发行。其中，大部分由财政部发行，也有一部分由英格兰银行发行。1928年，银行通货法重新规定英格兰银行享有发行银行券的特权，但人们试图恢复金本位制度的努力没有成功。② 总体上，战争导致欧洲各国恶性通货膨胀普遍发生，货币迅速贬值，经济萧条引起外汇行市下跌，各主要工业化国家的金融中心的交易相继停市，货币制度极端混乱，商业银行大量倒闭，世界金融业首次大规模陷入危机。面对这种金融形势，各国政府当局和金融界人士深切感到必须加强中央银行的地位和对货币信用的管制及对商业银行的监管。于是各国中央银行或其他监管当局纷纷得以设立和开展工作，金融监管制度得以构建和完善。③ 1920年在比利时首都布鲁塞尔召开国际金融会议，会上提出：凡未

---

① 盛学军：《金融监管法制的源与流》，《社会科学研究》，2009年第2期。

② 王燕："从私人股份银行到中央银行"，《上海金融》，1995年第10期。

③ 梁宝柱：《金融监管论》，成都：西南财经大学出版社1999年版，第193页。

设立中央银行的国家应尽快建立中央银行，中央银行应摆脱各国政府政治上的控制，实行稳定的金融政策。布鲁塞尔会议大大推进了各国中央银行的建设和发展。自布鲁塞尔会议之后的十年中，新成立的中央银行达到 31 家，如澳大利亚联邦银行、希腊银行、土耳其中央银行等。[①] 布鲁塞尔国际金融会议之前已经成立中央银行的国家也采取措施强化和完善中央银行的功能。德意志联邦银行面对席卷全国的金融危机，于 1931 年发布了商业银行监管的紧急法令，对银行业务活动实行严格监控。比利时和瑞士于 1935 年通过了银行立法，旨在加强银行监督管理。法国于 1941 年通过了关于建立银行监管机构法令，其目的是树立中央银行金融监管法律权威。到 1942 年止，已有 43 家中央银行得以设立或组改。中央银行制度尤其金融监管制度体系得以迅速发展和普遍实施。[②]

三、金融监管的发展期（二战后）

二战之后，世界政治经济形势发生了巨大变化，资本主义经济发生了一些新的变化，如国家垄断资本主义的产生、福利国家的兴起等，这些情况要求金融监管也必须做出相应的调整。二战后，金融监管的规范性、系统性大大加强：中央银行作为“银行的银行”的特征日益明显；专门金融监管机构越来越健全；由单一的金融监管向综合型、多元化、国际化的金融监管转化。

在美国，根据 1933 年《银行法》建立的联邦存款保险公司开始对联邦储备体系成员银行中的存款提供保险（后扩展到非联邦储备体系成员的州立银行）。联邦存款保险制度在 20 世纪下半叶的几十年中逐渐得到细化和丰富，实际上建立起了对于参与联邦存款保险的银行的控制和监管体系，因此联邦存款保险公司的建立与发展，大大强化了联邦储备体系。为进一步防止银行和商业之间的不恰当的联系，银行控股公司法得以制定和完善，针对银行控股公司导致的银行业的集中化趋势，赋予了联邦储备体系理事会相应的监管权力。80 年代的美国银行立法却表现出了放松监管的倾向。1980 年，美国国会撤销对利率的限制；允许储蓄协会向客户提供有一定数额的贷款，并可以在商业不动产领域投资；将联邦储蓄保险的最高限额从 4 万美元提高到 10 万美元。1982 年的《Garn-St.

① 李玉书、吴慎之：《中央银行概论》，北京：中央广播电视大学出版社 1990 年版，第 8 页。

② 梁宝柱：《金融监管论》，成都：西南财经大学出版社 1999 年版，第 193 页。

Germain 储蓄机构法》进一步消除了不同类型金融机构之间的藩篱。放松管制的结果是大量金融机构的倒闭。为解决这一问题，1989 年美国国会通过了《金融机构改革、复兴和实施法》，重组了监管框架和储蓄机构的权力：以受财政部长领导的储蓄机构监督办公室取代联邦家庭贷款银行委员会行使对联邦及州储蓄协会的检查和监管，将储蓄保险基金转由联邦存款保险公司管理，并强化联邦存款保险公司实施监管的权力。1991 年通过的《联邦储蓄保险公司改革法》主要解决某些储蓄机构的过度冒险问题：规定了资本金要求，促使机构采取纠正措施；规定了以风险为基础的存款保险费；规定了破产机构的最低成本解决方案。1994 年的《Riegle-Neal 州际银行和分支机构效益法》针对州际银行或跨州分支机构的兼并，规定了限制。

20 世纪 40 年代之前，美国的保险法坚持了由各州自己规定的原则，但之后，这种体制受到了挑战。在东南部保险业者协会的案件中，最高法院认为跨州的火灾保险业务构成了州际的商业交易，而州际商业交易应当置于国会的立法调整之下。这一判例为反垄断法在保险业中的适用铺平道路，因此引起了保险业者的不安，要求将保险业从联邦法律中豁免的呼声不断。为明确这一问题，1944 年《麦卡伦-福尔格森法案》通过，明确规定保险业务应由州法规范，包括反垄断法在内的联邦法律不能替代州法的规范，除非这一法律是专门针对保险业务的。此后，国家保险督察官协会和保险业界的代表起草了规范保险费率制定的示范法，被广为采用。20 世纪五六十年代之后，限定保险费的做法招致了越来越多的批评。某些州开始放松管制，允许竞争在保险费率上发挥更大作用。

依据 1934 年《证券交易法》成立的证券交易委员会是作为一个联邦代理机构来实行对证券交易所的监管。而马隆法案颁布后，证券交易委员会对经纪人—交易商及交易市场的权力逐渐得到推行和巩固。证券交易委员会通过 1964 年对《证券交易法》的修正，扩大了委员会对经济人-交易商进行监管的权力，强制实行了经纪人-交易商资格与资本标准；同时要求在柜台交易市场的公司必须履行定期披露义务。1970 年国会颁布法律，创设证券投资人保护公司，以保障证券投资人的证券和资金。1975 年，国会再次修改《证券交易法》，扩大了证券交易委员会对地方证券交易的监管。美国的证券交易监管呈现明显的严格化趋势,证券交易委员会的权利不断扩大。①

在英国,从 20 世纪 40 年代开始,英格兰银行对银行业的监管职能进一步强化了。1946 年,英格兰银行国有化法案通过,英格兰银行不再为私人股东所拥有,而归属于国家。英格兰银行三个方面的监管职能得到了完善:第一,帮助政府制定货币政策,并执行货币政策。第二,管理和监督商业银行的权力。第三,成为政府的银行。② 其相关的历史事件如下:1973 年至 1975 年,英国发生银行业危机,为应对危机《1979 年银行法》出台。1984 年 10 月,英国发生引起国际轰动的约翰逊·马休银行(Johnson Matthew Bankers Limited)倒闭事件(简称 JMB 事件)。对此,英国枢密院于 1984 年 11 月成立了由英格兰银行行长任主席的雷·皮姆·巴顿委员会,专门研究金融监管改革问题,并于 1985 年由英国政府出面发表了改善和加强银行监督的白皮书。1987 年 5 月 15 日,英国通过了《1987 年银行法》。英国金融监管得到了全面的完善。③

以法国为代表的国家从 20 世纪 40 年代以来,逐步建立起了由中央银行、国家信贷委员会、国家货币委员和银行委员会共同行使金融监管职能的多元化金融监管体系,建立健全了金融监管法律制度,对监管对象实施了有效的金融监管;以加拿大为代表的以中央银行为核心的混合监管体系在 20 世纪 40 年代形成,到 20 世纪 80 年代后得到完善和发展;德国、瑞士、新加坡、意大利、墨西哥等国家的金融监管制度都在 20 世纪 80 年代之后得到发展。④

第三节 金融监管体制的基本构架

金融监管的基本架构大体上可以分为美国模式、三支柱模式、双支柱模式、双峰模式以及综合监管模式。

---

① 杰克逊、西蒙斯:《金融监管》,吴志攀等译,北京:中国政法大学出版社 2003 年版,第二、六、九章。

② 王燕:"从私人股份银行到中央银行",《上海金融》,1995 年第 10 期。

③ 乔海曙:"金融监管体制改革:英国的实践与评价",《欧洲研究》,2003 年第 2 期。

④ 梁宝柱:《金融监管论》,成都:西南财经大学出版社 1999 年版,第 194—195 页。

一、美国的监管架构

美国因其独特的金融监管体制、复杂的金融监管机构以及庞大的金融市场规模而自成一类。美国有100多家联邦或州立机构、规模庞大的监管人员实行细致入微的金融监管行为，甚至发放单笔贷款都要受到监管当局的审查。

（一）银行和存款机构监管

在联邦层次的监管，主要由美联储、货币监理署、联邦存款保险公司、储蓄机构监理署、国家信用社管理局等机构实施监管。

美联储主要负责监管银行控股公司（包括1999年《金融服务现代化法案》出台后成立的金融控股公司）、在美运营的外资银行、选择成为美联储会员的州注册银行、会员银行的外国分行以及其他机构。美国货币监理署主要负责监管近2000家联邦注册银行及其子行，以及在联邦注册的外资银行分行和子行。联邦存款保险公司为美资银行及储贷机构10万美元以下的存款提供全额保险，其直接监管的机构超过5000家，大多数是非美联储会员的州注册银行。储蓄机构监理署主要负责监管联邦储蓄机构，包括联邦储蓄银行和联邦存贷款公司。国家信用社管理局负责监管联邦注册的信用社，并通过全国信用社保险基金对信用社存款进行担保。

在州层次的监管，主要由各州银行厅监管，这些银行厅的规模及事务各不相同。如纽约州银行厅的规模较大，并参与一些国际事务，而规模较小的银行厅则只关注当地监管事务。

（二）证券业监管

美国证监会是美国证券业最重要的监管机构，主要设有：公司财务部，负责监管上市公司的披露行为；市场监管部，负责监管证券交易所和其他自律性组织；投资管理部，负责监管投资公司及其员工的行为；执法部，负责调查违规行为并实施处罚。在《金融服务现代化法案》之后，投资银行也接受美国证监会的监管。美国于1974年成立的商品期货交易委员会是监管期货与期权市场的机构，其结构设置与美国证监会相似，下设清算和中介监管部、市场监管部和执法部。《2002年公众公司会计改革和投资者保护法》通过之后，美国创立了一家新的监管机构，即上市公司会计监管委员会，接受美国证监会授权，对审计质量进行评估,并发布对主要审计公司的年度评估报告。美国许多州仍然保留着自己的证券监管委员会,或是在其他机构中保留证券监管职能。

(三)保险业监管

美国存在着联邦和州的双重保险监管。每个州负责监管其辖内的保险公司。50 个州、1 个特区和 5 个准州各设一名保险专员,具体负责对州内经营的保险公司的偿付能力、费率和市场行为进行监管。成立于 1971 年的美国保险监督官协会(NAIC)主要负责监测保险公司的财务状况,向州保险监管部门提交分析报告和建议,并协调跨州保险监管事务。“在现行监管模式下,大部分保险公司要同时符合各个州不同的监管要求是非常困难的。只有少数的监管规则是被各州监管都采纳,而即便是这些相同的制度,也可能面临着 50 多种不同的监管解释和运用方式。除了经营许可要在各州重复申请外,新保险产品的销售许可也需要重复申请。”①

二、“三支柱”模式

传统的“三支柱”模式是由中央银行负责银行业监管;证券业由一个独立的委员会负责监管;另设保险业监管机构。

法国主要监管模式仍然未摆脱三支柱的监管模式。到 20 世纪末,专门针对证券市场的监管机构就有依《货币与金融法典》成立的证券交易委员会(COB)、金融市场理事会(CMF)和金融管理纪律理事会(CDGF)。2003 年颁布的《金融安全法》授权设立了金融市场监管局(AMF),取代了上述三大委员(理事)会的相关监管职能,成为证券市场的统一监管机构。银行业的监管此前主要依据《银行法》。1984 年出台的《银行法》对银行监管机构进行了较大调整,授权建立了四个监管机构:银行规章委员会(CRB)、银行委员会(CB)、信贷机构委员会(CEC)和全国信贷理事会(CNC)。此后,依据法律的修改,监管和相关咨询机构有些小的调整,如信贷机构委员会调整为信贷机构与投资企业委员会(CE-CEI)等,银行规章委员会调整为银行与金融规章委员会(CRBF),2003 年的《金融安全法》又授权将银行与金融规章委员会(CRBF)和全国保险规章咨询委员

① 牛播坤:“美国保险监管体系改革主基调:整合而非取代”,《中国金融》,2010 年第 1 期。

会(CNA)重组为金融管理与立法咨询委员会(CCLRF),但监管的总体框架未变。作为中央银行,法兰西银行(la Banque deFrance)也参与银行监管,并在监管中与上述四个机构合作。经济、工业和就业部(简称经济部)是政府的相关主管部门。[①] 保险业的审慎监管由保险公司和互助监督署(ACAM)负责,而保险审批则由另一家委员会负责。法国也存在由银行、证券、保险监管部门"一把手"组成的金融业监管理事会,但是该理事会没有正式权力。[②] 意大利也归属三支柱模式,其银行业监管由意大利中央银行负责,保险业监管由意大利保险监管署负责,证券业监管则由全国公司与证券交易所管理委员会负责。

三、"双支柱"模式

这种金融监管模式主要包括那些将某两个金融行业进行合并监管的国家,一些国家(主要是拉丁美洲国家)将证券业与保险业合并监管,而另一些国家将银行业和证券业合并监管,如墨西哥。墨西哥金融体系由商业银行、国民开发银行、证券公司、发展信托基金和其他非银行金融机构组成。非银行金融机构主要由报销公司、信贷协会、代理公司、互助基金、债券抵押公司、租赁公司等构成。财政与公共信贷部、墨西哥银行(中央银行)、国家银行监管委员会、国家保险与债券抵押委员会、国家证券委员会这五个机构为金融主管部门。[③] 对证券业的监管在1995年以后被移交到国家银行监管委员会。在哥伦比亚,银行业监管者也负责监管保险业。

四、"双峰"模式

双峰模式主要是指审慎监管与行为监管分离的监管方式,即一峰为审慎监管机构,负责监管所有金融机构的资本储备;另一峰为市场行为监管机构,负责信息披露以及其他与市场和客户交易相关的监管。这种模式的独特之处在于,按照金融市场运行的不同环节,而不是不同的金融行业来建立金融监管体系。澳大利亚的金融监管是"双峰"模式的典型代表。澳大利亚储备银行(Reserve

① 孙爱林、尹振涛:"法国的金融监管改革",《中国金融》,2009年第17期。
② 霍华德·戴维斯、大卫·格林:《全球金融监管》,北京:中国金融出版社2009年版,第90—91页。
③ 黄红珠:"拉美国家的金融体系(下)",《拉丁美洲研究》,2001年第4期。

Bank of Australia, RBA)负责整个金融体系的稳定,防范系统性风险,除决定货币政策、制定利率、监督汇率以及澳大利亚参加国际金融体系等方面的责任外,还负责稳定整个支付体系。澳大利亚审慎监管局(Australian Prudential Regulation Authority, APRA)取代了以前由澳联储和州政府实施监管的职能,负责外国银行代表处(Foreign Bank Representative Office)和授权存款机构(Authorised Deposit-taking Institutions, ADI)的市场准入和经营监管。即除了监督银行外,还对证券、保险、投资、信托等进行统一监管,从而可以综合考虑金融业可能出现的问题,避免因某一行业的风险而导致整个金融业陷入混乱。澳大利亚证券与投资委员会(Australian Securities and Investment Commission, ASIC)的职责范围包括:对外国企业公司(Corporate Company)、证券公司、期货公司的市场准入和业务进行监管;对涉及退休金(Superannuation)、管理基金(Managed Funds)、股票和公司债券(Shares and Company Securities)、衍生产品(Derivatives)、保险(Insurance)等方面的业务进行市场指导,从维护消费者利益出发,对从事以上业务活动的投资者提供保护。自 1998 年 10 月起,在互签谅解备忘录(MOU)的基础上,澳大利亚主要货币和金融监管当局逐步开始在金融监管理事会(Council of Financial Regulators)的框架之下开展合作。金融监管理事会的成员包括澳大利亚财政部、澳大利亚储备银行、澳大利亚审慎监管局和澳大利亚证券与投资委员会,澳大利亚储备银行行长任该理事会主席。上述机构的负责人每季碰面一次进行沟通与协调,必要时则随时会商,协调解决重大危机。①

五、综合监管模式

综合监管模式是指由一家机构负责对所有或者大多数金融部门进行监管。这种模式近年来成为很多国家首选的金融监管体制。单一监管主体在实践中可能形成不同的表现形式。有的国家由中央银行或货币当局来扮演这一角色,有的国家则由另外的机构来担当;有的国家不再保留按照行业设置的监管部门,而有的国家则仍然保留着相对独立的行业监管部门;此外,单一监管主体仍然可能和其他的机构共同担当起监管职责。当代英国是综合监管模式的一个代表。20

① 郑楚琳:"澳大利亚金融改革与启示",《华南金融电脑》,2009 年第 7 期。

世纪90年代末,英国国际商业银行和巴林银行倒闭之后,英国开始了建立统一监管主体的改革之路。1997年5月20日,英国财政大臣宣布,政府将对英国的金融机构制度进行重大调整。调整的核心内容是将主管银行监管的机构与主管投资服务监管的机构合并成证券与投资委员会(Securities and Investments Board,SIB)。1997年10月,证券与投资委员会改名为金融服务局(Financial Services Authority,FSA)。1998年6月,英格兰银行主管的银行监管被转移到金融服务局。2000年5月,金融服务局接管了伦敦证券交易所的英国上市局(UK Listing Authority)。2001年12月1日,《2000年金融服务与市场法》(Financial Services and Markets Act 2000,FSMA)生效,取代了《1986年金融服务法》。根据这一法律,其他六个金融监管机构的职能也被转移到金融服务局。此外,根据财政部的决定,金融服务局还在2004年10月接管了对抵押贷款业务的监管,在2005年1月接管了对保险业务的监管。金融服务局的职能包括以下四个方面:(1)维护市场对英国金融体系的信心;(2)促进公众对英国金融体系的了解;(3)保护存款人和投资者的利益;(4)防范和打击金融犯罪。为了实现上述目标,金融服务监管局既有制定规则的权力,也有开展调查和执法的义务。至此,英国的金融监管模式已从此前的多个监管机构并存(即分业监管)初步完成了向单一监管模式的过渡。[①] 2007年国际金融危机爆发后,金融监管的重要性日益凸显。作为国际金融中心,英国积极进一步强化金融监管,其方向是进一步集中金融监管的权力、高度重视金融行业系统性风险控制。

德国则代表了综合监管模式的另一种方式。1961年,联邦德国通过的《联邦银行法》(BBankG)授权建立了联邦银行监管局,作为一个独立的联邦监管机构直接隶属于财政部。根据《银行法》的规定,银监局的首要任务是保护投资者和存款人的合法权益,负责制定和颁布联邦政府有关金融监管的规章制度,并采取措施消除各种风险因素;联邦银行具有对金融机构进行日常监管的职能。由此,联邦银行监管局和联邦银行分别侧重于微观金融机构的具体监管和宏观金融市场的监管,共同负责监管德国银行业。2002年4月22日,德国通过了《统一金融服务监管法》(FinDAG),4月30日颁布了新的《德意志联邦银行法》,5月1日原银行监督局、保险监督局、证券监督局三家机构合并,并成立了统一监

① 江时学:"论英国的金融监管",《欧洲研究》,2009年第6期。

管组织——联邦金融监管局，负责监管约2 080家银行、730家金融服务机构和630家保险公司。至此，德国综合金融监管的体制基本形成。2007年9月19日，德国政府批准了财政部提出的金融监管局管理层架构新方案，这是近年来德国自我完善统一监管体制的一次重要活动。2008年4月，金融监管局成立了内部管理委员会，除局长外，另设了三名执行理事，分别监管银行业、保险业、证券业。目前来看，联邦金融监管局是德国金融监管的主体，而其他的一些机构也承担了部分金融监管职责。金融监管局的主要职责是参与相关法律、政策的制定，向联邦财政部提出金融监管的法律建议；负责市场准入，对境内新成立金融机构及增设机构进行资格审查，并发放经营许可证；检查金融机构的日常经营，对金融机构风险大的经营环节等进行审查，这种审查通常是在社会审计机构审计的基础上进行。根据审查结果，联邦金融监管局可直接对违规行为做出相应处罚。其他一些金融机构也依法履行一定的监管职责。根据《信用制度法》(KWG)规定，联邦银行虽不直接参与监管工作，也不具有行政处罚权，但必须参与对银行的日常监管，如收集信息、分析财务报表、分析月度资产负债表、分析大型贷款报告等，每天向金融监管局传送各银行汇集的数据，为金融监管局更好地行使监管职能提供依据。联邦审计院是最高政府审计机关，依法对金融机构经营状况的合法性、经济性和效益性进行审计。社会审计机构作为独立的监督机构，依法对各类金融机构的经营和核算的真实性、合规性进行全面审计，并将审计报告提交给被审计的金融机构，同时立即向金融监管局和联邦银行提交。此外，德国财政部门也在金融监管中负有一定职责。①

① 吴淑君、徐小庆："金融危机背景下德国的金融监管体制及其启示"，《中国行政管理》，2009年第2期。

第二章　金融全球化及其对金融监管的冲击

本章明晰了在全球金融发展趋于一体化的大环境下，金融全球化的特征及其所带来的金融业的变革与发展，并通过透视金融全球化的表现形式，分析了金融全球化对经济及国内国际金融监管立法的影响，以及巴塞尔协议对国内法制定所产生的影响。进而，分析了国际金融监管立法的现状与发展趋势，为全书展开分析和研究设定了前提和背景。

第一节　金融全球化及其特征

一、金融全球化与经济金融化解析

由于国家或地区间的经济关系日益紧密，相同目标越来越明确，共同利益日趋增长。在世界经济的发展已由民族经济国际化阶段步入到经济全球化阶段的今天，经济全球化无疑是当今国际经济生活中的主旋律。何谓国际化、全球化和金融全球化（Financial Globalization）？经济全球化（Globalization of Economy）与金融全球化之间是何种关系？在深入探讨金融全球化时，加强这些问题的分析将有助于我们对金融监管以及国际金融监管立法的研究。

（一）国际化和全球化

国际化和全球化都是一种过程，这是两者相通的方面。但“国际化”的立足点是“国”，行动主体是民族国家，“际”则是“之间”的意思。因此，金融国际化是指由国家和国际组织推动了国际合作的加强，使国际金融活动（特别是资本流动日益迅速、频繁）和金融市场日趋互动相关的过程，其主体主要是国家和国际金融组织。[①] “全球化”则表述为更深的一个层次，它跨越了民族国家的藩篱，而使整个地球成为一体。按流行的说法，整个世界已成为了一个“地球村”。在此，行动的主体既可能是民族国家，也可能是企业和居民，他们跨越民族国家的疆界，深入到民族国家内部，将各国的企业和居民席卷在内。[②]

（二）经济全球化

从概念上说，金融全球化和经济全球化二者之间不仅是后者包括前者的关系，更重要的是金融全球化是经济全球化的重要组成部分，并体现了经济全球化的最新特点——金融全球化是经济全球化的核心。经济全球化作为全球化浪潮在经济方面的表现，它经历了贸易一体化、生产一体化和金融全球化三个发展阶段。经济全球化主要由生产全球化、贸易全球化、投资全球化和金融全球化等组成，金融全球化是经济全球化的核心内容和高级发展阶段。这是由世界经济发展的又一鲜明特征——经济的金融化所决定的。国际货币基金组织曾提出："经济全球化是指跨国商品与服务交易及国际资本流动规模和形式的增加，以及技术的广泛传播使世界各国经济的相互依赖性增强。"[③]经济全球化是一种各国经济都走向开放、走向市场化、世界经济趋于一体化和各国经济相互依赖程度不断提高的运动过程，它使各国经济发生了巨大变化，同时也给世界经济带来了难以预估的影响。

（三）金融全球化

经济全球化直接体现于对金融全球化的理解。有学者认为，金融全球化是指因金融放松管制和自由化，世界各国金融市场相互依赖程度日益提高、国际金融市场日趋互动相关、国际金融活动特别是国际资本流动日益超过国际商品生产和贸易的一种现象。[④] 有的学者认为，金融全球化是指各国货币体系和金融市场之间日益紧密的联系，这种联系是金融自由化和放宽管制的结果。[⑤] 还有的学者认为，金融全球化是国际金融中的一种现象和趋势，其最基本特征是，随着国际资本大量迅速流动，各国相互开放金融领域，多数国家的金融机构和金融

---

① 曾筱清：《金融全球化与金融监管立法研究》，北京：北京大学出版社 2005 年版，第 2 页。

② “经济和金融全球化的概念及其内涵”，http://www.xinzhitax.com，2005 年 4 月 7 日。

③ 国际货币基金组织：《世界经济展望》，北京：中国金融出版社 1997 年版，第 45 页。

④ 王子先：《论金融全球化》，北京：经济科学出版社 2000 年版，第 7 页。

⑤ 弗朗索瓦·沙奈：《金融全球化》，北京：中央编译出版社 2001 年版，第 2 页。

业务跨国发展,巨额国际资本通过国际金融中心按照国际通行规则在全球范围内迅速运转。① 有的学者更是直言,金融全球化是金融自由化和放宽金融管制的必然结果。它由以美国为首的发达国家所主导,由跨国金融机构担任运行主角,其发展建立在金融各类市场融合的基础上,并紧密依托于多种科技化的创新。② 由此可以看出,金融全球化迄今为止尚未有约定俗成的定义。尽管如此,对金融全球化的理解仍有共同点:金融全球化是历史发展的必然,也是一把双刃剑。金融全球化不仅仅是一个金融活动跨越民族与国界、使社会经济更加开放并充满活力的过程,还是一个使国际资本的流动越来越脱离实体经济运行、导致资本大规模无序流动、丧失宏观经济决策的独立性和控制能力、蕴藏着引发金融危机风险发生机制相互联系的过程,因而是一个不断深化的有着明显阶段性的自然历史过程。③

综上所述,把金融全球化的定义理解为:因放松金融管制和自由化使各国和地区的金融主体所从事的金融活动在全球范围内相互依赖程度日益提高、不断扩展和深化的过程,也是各国在金融业务、金融市场、金融政策和金融监管立法等方面越过民族国家藩篱而相互依赖、相互影响和相互融合的动态过程。因此,金融全球化定义中应强调三个重点:一是风险属性。作为构成经济全球化的应有之义的概念,金融全球化不仅是生产、贸易和投资全球化交互作用、交互影响、金融活动越过民族国家藩篱的过程,同时还是风险发生机制相互联系而且趋同的过程。这里强调的是金融活动的风险属性,亦即风险的不可避免性。二是牟利属性,如同经济全球化一样,从主体上来说,这一过程虽带有浓厚的发达国家和若干国际经济组织刻意塑造的色彩(它们过去和现在都在不遗余力地鼓吹全球化),但从金融全球化的进程来看,金融全球化是通过全球金融市场的逐步一体化得以推动、并由无数微观经济组织为攫取更大利益的自发活动;三是历史属性,它是一个不断深化的有着明显阶段性的自然历史过程。

金融全球化的进程大大提高了整个世界金融市场的效率,对有效地配置资源、提高全人类的生活水平有着积极的意义。正如经济全球化源自利益最大化

① 倪健民:《国家金融安全报告》,北京:中共中央党校出版社 1999 年版,第 86 页。

② 万翔:"对经济金融全球化的思考",《消费导刊》,2010 年第 4 期。

③ 陈玲:"发展中国家参与金融全球化的对策探讨",《经济工作导刊》,2002 年第 15 期。

一样，金融全球化的产生和发展主要源自于无数微观经济组织基于牟取利益的自发活动，这一活动是按全球同一规则运行，同质的金融产品的价格趋于等同，并且是通过全球金融市场逐步统一的途径而推动的。因此，金融全球化又使金融的特质和发展状况具有自身独特的规定性和运行规律。①

金融全球化是经济全球化的核心内容和高级发展阶段，是经济全球化的核心和鲜明特征，亦即金融关系在经济关系中不断地扩散和渗透——作为经济资源的金融在经济发展中的重要性不断提高，金融政策逐步成为经济政策核心的一种趋势和过程。正是这一特征和趋势将经济全球化推向了经济的金融化。因此，从金融的特殊性质和作用来看，金融是现代经济的核心，在现代经济中处于核心地位；从世界经济发展的趋势来看，经济全球化的重要特征必将是经济金融化。

二、金融全球化的表现形式与特征

（一）金融全球化的主要表现形式

世界各国和地区放松金融管制、开放金融业务、放开资本项目管制以使资本在全球各地区、各国家的金融市场自由流动时，金融全球化的主要表现为：资本流动全球化、货币体系全球化、金融机构全球化、金融业务全球化、金融市场全球化和金融协调与监管全球化。

1. 资本流动全球化

资本为了获得比国内投资更多的利润或者为了分散风险而进行跨国流动。20 世纪 70 年代，美国跨国公司把利润投资于伦敦离岸市场，导致欧洲美元市场的产生与发展，并由此拉开了资本国际流动的序幕。发达国家相继解除了对资本国际流动的限制：1979 年英国解除了妨碍国际资本流入和流出的全部限制；1980 年 6 月日本修订《外汇与外贸管理法》，取消外汇管制；法国于 1986 年废除全部外汇管制措施；到 90 年代初期，随着爱尔兰、挪威等一批国家最终取消对资本项目的汇兑限制，发达国家已全部实现资本流动的自由化。从金融自由化所引发的金融投机方面来看，20 世纪七八十年代后各主要资本主义国家放松了外

① 洪宁："金融全球化下的中国资本市场"，《广西金融研究》，2002 年第 10 期。

汇管制,加之浮动汇率制的出现和衍生金融工具的发明,金融投机活动日益加剧,游资炒作也引发了大量国际资本流动。[①] 根据国际清算银行对全球外汇市场调查,资本跨国界流动呈现出加速的势头。

2. 货币体系全球化

全球贸易和资本流动需要国际货币体系。目前,美元、欧元和日元在国际货币体系中占据了主导地位。美元长期以来在国际贸易结算、外汇交易、国际银行存款、发展中国家债务和官方外汇储备中均占40%以上,有的甚至超过60%。[②]美元占国际储备的比例在1999年6月达到了创纪录的72%。[③] 美元在国际货币体系中的这种特殊地位被称为美元特权。这种特权充分显现出金融垄断的本质。发展至今,美元占国际储备比重仍超过60%,美国国债占全球国债比重近40%,50%的外汇交易以美元为标的,全球大多数国家都是美元储备持有国、美国国债持有国和美元交易需求国。[④] 欧元诞生以后,逐步成为与美元相抗衡的国际货币,对美元在国际货币体系中的地位构成了挑战,这样,欧元势必要抢占美元的一些份额,成为国际货币体系中的重要一员。"欧元目前成为了世界第二大货币,改变了世界货币的格局,同时也使欧元的货币区域与美元区相当,冲击了美元区美元的影响力。欧元的创立将世界经济分割成了两部分。欧洲货币体系的强大势力仅仅稍逊于美元。"[⑤]从全球国债未偿余额币种分布看,截至2011年6月末,美元和欧元占比分别为38%和45%,欧元已超过美元。[⑥] 日元是仅次于美元、欧元的国际货币,但地位无法与美元、欧元相抗衡。因此,现在的国际货币体系是两强(美元、欧元)一弱(日元)的格局。欧元的诞生、拉美国家货币的"美元化"、对亚元乃至华元的探讨等,使对国际货币体系的研究必将随着国际经济、金融的发展而不断深入,从而进入新的研究高潮。[⑦] 近年来,随着国际经济一体化的发展和国际金融贸易的日益密切,对国际货币体系的研究也

---

① 刘艺欣:"国际资本流动与金融全球化",《当代经济研究》,2000年第6期。

② 朱芳:"金融全球化对国际关系的影响",《暨南学报(人文科学与社会科学版)》,2001年第4期。

③ 杨琳:"美国债务结构、'国际货币'地位及其未来潜质",《改革》,2012年第1期。

④ 同上。

⑤ 罗伯特·蒙代尔:"论国际货币体系的重建",《厦门大学学报(哲学社会科学版)》,2012年第1期。

⑥ 杨琳:"美国债务结构、'国际货币'地位及其未来潜质",《改革》,2012年第1期。

⑦ 聂利君:"金融全球化背景下的国际货币体系改革研究",《金融教学与研究》,2003年第6期。

一直在加强，国际货币体系的改革也不断向各国政府或国际金融机构提出新的要求。因此，国际货币领域又出现了一些新动向。

3．金融机构全球化

伴随着金融机构国际化步伐的加快、全球竞争的加剧和金融风险的增加，国际上大批跨国银行和跨国金融公司不断涌现，它们把扩大银行规模，扩展金融业务，以提高效益、增强抗风险能力作为全球发展战略。在境外设立分支机构，通过间接投资将当地金融机构变为自己的附属机构；参股控制当地原有的银行或金融公司，使其成为总行的分支机构；设立代表处，入股参加多国金融机构联合体。这是20世纪70年代以来，金融机构国际化途径的表现。直至90年代以后，跨国金融机构纷纷从事跨国兼并收购活动，不仅包括同业的联合，还包括跨业务范围的兼并。兼并收购活动使金融机构向着巨型化、复合化、国际化发展，进而加速了金融机构全球化的进程。

4．金融业务全球化

金融机构可以不受国界的制约，在全球范围内调动资金来经营各种业务。为了适应国际性融资的需要，银行、证券、信托和保险业等都拓展国际业务。银行业务的发展不仅由传统的存、贷款及结算业务逐步向多样化、综合化方向发展，而且跨越国界开展业务，大幅度增加国际性存、贷、汇业务的比重，同时还开拓了购买其他国家的工商企业股票、充当国际性大公司财务顾问、经营国际信托、国际租赁业务等国际业务。世界各国不断放松了资本流动的限制和外汇管制，取消了非居民购买本国国债和货币市场票据的限制，开放了国际银团贷款，使期权、货币互换、利率互换和票据发行便利等金融衍生工具等金融创新从业务一开始就具备国际性。

5．金融市场全球化

金融市场的全球化首先表现为金融市场的一体化。主要发达国家金融市场的开放，资本流动限制和外汇管制的放松，促进了全球市场一体化的发展。从货币市场看，以伦敦为中心的世界上最大的国际货币市场——欧洲货币市场的形成为国际资本流动提供了载体。从外汇市场看，全球外汇日交易量逐年攀升。从证券市场看，全球证券市场各种证券（包括股票、债券）的市场总值加大，股票市场指数受到全世界关注。美国纽约、英国伦敦、日本东京、德国法兰克福、法国巴黎、瑞士苏黎世、中国香港、新加坡等已经成为全球证券交易中心。金融市场全球化主要指国内金融市场与国际金融市场相互贯通,使同一金融资产在不同国家或地区的同一时点上能够获得大致相近的收益率。近些年来,全球主要股市和主要国家利率水平在呈上升势头,这也能显示出金融市场在全球范围内一体化程度在逐步提高。由于电子信息技术的高速发展,全球金融网络基本形成了一体化。国内金融市场与国际金融市场相互贯通,没有国际与国内区分,可以无限制地从事着各种金融业务。金融网络一体化使得整个世界金融机构业务的相互联系更加紧密。世界各国银行可以在全球范围内调度资金,促使不同币种之间的流动、不同金融市场上不同金融产品之间的流动显得更为容易和迅速。全球范围内的资金调拨和融通在几秒钟内就可以完成,这也使"现货交易"(韩忠亮教授所说的"类期货交易")的概念已然需要重新定义了。就这样,通过信息网络和金融网络形成了全球统一的、不受时间、地域限制的全球金融市场。因此,使遍布全世界的金融中心和金融机构逐渐形成了同时区、同区域、全方位的一个统一的金融运作市场。传统的欧美国际金融中心和新型崛起的国际金融中心已形成一体,银行业务和国际证券市场越来越趋于全球一体化,还有外汇市场在全球的便捷运营等,这些都成为了金融市场全球化的显著标志。

6. 金融协调和监管全球化

金融全球化客观上要求有相应的国际金融协调和监管机制,于是国际货币基金组织、世界银行、国际清算银行等应运而生。"对政策和方针达成长期协议,叫规则协调;对某个特定的政策组合达成临时协议,叫随机协调。国际货币基金组织、世界银行和国际清算银行等国际金融组织承担规则协调职责。"[①]在金融全球化条件下,由于金融机构、业务和市场的全球化,各国际性金融机构,尤其是国际性商业银行在获得了更大收益的同时也要面临和承担着更大的金融风险。一国金融监管当局已无力独立地控制这种高速发展的国际化局面。这时,国际性金融组织以及国际性银行业组织对金融监管和协调的作用就显得尤为重要。金融国际组织对国际银行业和国际证券业的监管力求统一标准,对维护国际金融活动的安全与稳定发挥了巨大作用。例如国际货币基金组织是典型的国际金融协调机构,负责调节成员国的国际收支差额,提供短期资金,维持汇率稳

① 戴相龙:"全球化趋势下的国际金融形势及我国的金融政策",《中央财经大学学报》,1999 年第 12 期,第 2 页。

定。其宗旨是:监督成员国的外汇安排和外汇管制;促进国际贸易平衡发展和国际货币合作;向成员国提供暂时性资金融通,纠正国际收支失衡;为成员国之间就国际货币问题进行磋商提供一个国际论坛。在国际清算银行支持下成立于1930年的巴塞尔银行监管委员会已被广泛视为国际银行业监管发展的重要组织。由这一作为"各国中央银行的中央银行"的国际清算银行发起拟订的系列《巴塞尔协议》及《有效银行监管的核心原则》等文件被越来越多的国家所接受,成为银行监管的国际性准则。其宗旨是促进各国中央银行之间的合作,为国际金融活动提供更多的便利,在国际金融清算中充当受托人或代理人。这标志着全球统一的金融协调和监管标准趋于形成。

(二)金融全球化的特征

可以看出,金融全球化是一种运动过程,是一种趋势。如果从法律的角度来看,金融领域的不断延伸和发展实际上就是一种制度的不断发展,也就是世界各国或地区金融法律理念的逐步趋同化的过程,这种法律理念的趋同化使得金融全球化这一经济现象具有稳定性和不可逆性。这一质的特性使我们可以从经济和法律两个层面来考察金融全球化的主要特征:

1. 金融自由化

金融自由化是指在比较健全的市场机制下,一国国内金融管制法律的放松或解除,主要是相对一个单独的国家而言的。金融自由化亦即金融业遵循趋利避害原则,在金融市场上充分经营、充分竞争、自由地选择业务范围和活动内容。金融自由化主要表现为:(1)放开汇率、取消利率限制的价格自由化,让金融价格在金融市场中充分发挥其市场调节作用;(2)从金融分业经营向综合经营转变,利于金融机构交叉经营和横向经营、利于公平竞争的金融业务自由化;(3)取消进入各类市场的限制,丰富金融市场的融资渠道——融资工具和融资技术的金融市场自由化;(4)允许外国金融机构、外国资本进入本国金融市场,同时放宽本国金融机构进入外国金融市场限制的资本流动自由化。自20世纪70年代以来,以放松金融监管立法管制为特征的金融自由化改革在主要发达国家不断深化,并不断地带动了拉美国家以及亚洲等新兴发展中国家在方式上先后走上了不尽相同的金融自由化之路。[①] 金融自由化来源于新自由主义理论的重要政策主张——经济自由化、私有化、市场化和全球一体化,反对国家干预。[②] 这也敦促了各国金融管理当局在立法上要加强改革,促进金融市场的自由化发展,从而掀起了金融自由化的浪潮,使金融机构在更自由的基础上展开竞争。在20世纪80年代末和90年代期间,许多拉美以及东亚国家也开始了金融自由化进程。在此之前,同样在发达国家金融自由化的影响与推动下,不少发达国家和已经实现或正在进行工业化的发展中国家也先后不断地实施金融开放和自由化政策,纷纷进行以放松管制为特征的金融自由化立法改革,为金融全球化提供了制度保证。美国20世纪八九十年代的金融立法改革主要包括:1980年《存款机构放松管制和货币控制法》、1980年《存款机构法》、1987年《银行平等竞争法》、1994年《里格-尼尔银行跨州营业和跨州设立分行之效率法》和1999年11月12日由美国总统克林顿签署的《金融服务现代化法案》。[③] 放松管制的内容主要包括:放松对存款利率的管制;银行业务地域限制的逐步解除。《金融服务现代化法案》允许银行、保险和证券公司等可以互相渗透并参与彼此的竞争,从而废除了66年来一直捆绑美国金融界手脚的《格拉斯-斯蒂格尔法案》。《金融服务现代化法案》的颁布与实施是美国以分业经营为基础制度向综合经营制度发生根本转变的里程碑。美国金融放松管制的不断升级,带动了其他发达国家为促进金融自由化的立法。英国于1986年和1987年颁布了《金融服务法》和修改后的《银行法》。日本于1996年11月开始"大爆炸"式的金融制度改革,修改了外汇法、银行法、证券交易法,通过了银行控股公司法等。其核心内容就是要放宽金融管制,取消金融市场壁垒,允许银行、证券和保险业相互准入。在发达国家金融自由化不断深化发展的过程中,拉美和亚洲实行市场经济的主要新兴发展中国家,也先后以不尽相同的方式逐步走上了自己的金融自由化改革之路,这些改革既促进了发展中国家金融的发展,也与发达国家的金融变革一道促进了金融

---

① 邓立立:"浅谈国际金融服务贸易自由化与中国的参与",《市场与发展》,2003年第10期,第37页。

② 周小亮:"当代制度经济学发展中的两条主线与其新自由主义本质之剖析",《学术月刊》,2004年第2期,第29—36页。

③ 贺小勇:《金融全球化趋势下金融监管的法律问题》,北京:法律出版社2002年版,第4页。

自由化的发展。[①] 与此同时，要求发展中国家实行利率自由化。国际组织（如国际货币基金组织）的这一要求，对推动金融全球化制度的确立起到了保障作用。金融自由化在新自由主义中尤为重要，也产生了相当大的影响，它在国际垄断资本控制全球经济的过程中起到了巨大的杠杆作用。“华盛顿共识”主张利率市场化，采用有竞争力的汇率制度，开放市场，放松对外资限制，放松政府管制。金融自由化提出实现完全利率自由化；金融机构业务多元化；改变境内外金融市场分离状况；对外开放金融市场；实行外汇交易自由化等。“华盛顿共识”成为美国及其同盟国家迅速敲开发展中国家金融市场的“敲门砖”。

本质上，金融自由化与金融国际化之间的相互联系是非常紧密的，在金融活动中相互推进发展。在金融逐渐成为经济核心，甚至是经济金融化的情况下，金融自由化和金融国际化成为了国际垄断资本用来控制全球经济的最重要杠杆，从而通过金融这一命脉来操控整个世界的经济体系，并将世界经济更牢固地掌握自己的手中。[②] 金融自由化使相当数量经济弱势国家的经济主权弱化，国际垄断资本随时可以操控其金融机构，使其金融安全得不到保障，金融恐慌、经济危机都难以自我控制。

总而言之，“在过去的几年中，无论经济结构发展是否完善的国家都开始了金融自由化的进程。事实上，金融自由化可以促进经济的增长，但同时它也是风险增加的一个信号。”[③]

2. 金融国际化

金融国际化是指金融活动跨出国界，日益与国际间各国金融融合在一起以及金融立法和交易习惯与国际惯例趋于一致的过程，直接体现为资本流动、金融机构和金融市场的国际化。首先是资本流动的国际化，资本的全球流动是当今金融国际化的一个重要方面。目前对外投资额占世界总投资额的比重加大，增长迅速，而且对某些行业、某些国家已经产生较大影响。资本流动的自由化、全球化带来了对外直接投资的大幅度增加。不论是对发达国家还是对发展中国

① 许多奇：“金融全球化背景下金融国际调节的三性分析”，《上海交通大学学报》，2006 年第 3 期，第 53 页。

② 吴文劲：“金融自由化对中国金融国际化影响分析”，《社会主义研究》，2006 年第 2 期，第 110 页。

③ 杜婧：“金融自由化对经济影响的研究综述”，《太原师范学院学报（社会科学版）》，2011 年第 6 期，第 78 页。

家,都是利大于弊。其次是金融机构和金融市场国际化。随着国际资金融通的日益扩大,各国金融机构和金融市场的国际化趋势愈加明显。20 世纪 50 年代,由于在美国境内从事银行业务要受"Q 条款"[①]的限制,美国银行为规避该条款,纷纷在欧洲设立分支机构即所谓"离岸银行",开始了金融业务的跨境发展。20 世纪 70 年代以后,特别是 80 年代开始的全球金融体制的变革浪潮,使世界各国对别国金融机构在本国从事金融业务或设立分支机构的准入准出限制有了不同程度的放松。美国 1978 年的《国际银行法》、1991 年的《外国银行监管改进法案》和 1999 年的《金融服务现代化法案》都规定,外国银行和美国银行在注册登记、业务经营等方面均处于平等地位,享有同等权利和义务;欧盟《第二银行指令》规定,在欧盟国家中只要得到一国允许注册的外国银行,到其他欧盟国家开设分行,无须新的准入审批;关贸总协定乌拉圭回合谈判所达成的《服务贸易总协定》及其金融附件是全球金融服务业开放趋向制度化安排的一个重要标志;1997 年参加世界贸易组织协议的成员方同意对外开放银行、保险、证券和金融信息市场,协议涉及全球 95% 的金融服务贸易领域,使得金融领域的开放成为大多数成员国的一项义务,大大促进了各国金融业务和金融机构的跨国发展[②],所达成的《全球金融服务贸易协议》则是金融国际化的重要里程碑。

3. 金融政策协调国际化

金融国际化可能给金融体系带来剧烈震荡,破坏金融与经济的协调性,从而引起实质经济活动的更大混乱。资本市场国际化增加了利率、汇率与金融资产价格的波动性。国际金融波动对各国金融乃至整个世界经济的冲击是不可避免的,各国金融政策的协调问题也由此而产生了。各国所执行的货币政策与汇率政策、国际收支的调节和国际储备的管理营运,都将对其他国家产生较大的影响。[③] 这已成为各国中央银行必须共同处理的问题。对于我国来说,应进一步加强国际金融政策协调与沟通。进出口贸易的快速增长与外贸依存度不断地上

① 美国联邦储备委员会于 20 世纪 30 年代初制订,美国国会 1933 年通过的"格拉斯·斯蒂格尔法"中的一个条例。因其在法案中的条目按字母顺序刚好是 Q,故名"Q 条款"。该条款的主要内容是:禁止联邦储备委员会的会员银行对他们吸收的活期存款支付利息(30 天以下),并对上述银行所吸收的储蓄存款和定期存款规定了利率上限。

② 许多奇:"金融全球化背景下金融国际调节的三性分析",《上海交通大学学报》,2006 年第 3 期,第 53 页。

③ 贺小勇:《金融全球化趋势下金融监管的法律问题》,北京:法律出版社 2002 年版,第 8 页。

升,使人民币汇率的调整已经不仅仅是一个中国自身的国家经济决策问题,而是与相关国家或地区的经济金融政策的协调沟通和游说能力的问题。虽然中国的汇率体制改革近年来一直在推进之中,但与之相关的国际社会一直在呼吁人民币尽快升值,特别是美国近期对人民币的汇率改革所作出的反应尤为强烈。尽管我国人民币汇率形成机制的改革准备工作也在稳步进行(如利率市场化、国有银行体系的重组上市、外汇市场的发展和外汇管理政策的调整等),但是贸易和汇率摩擦仍亟待解决。其中凸显出的重大问题,就是随着中国参与经济全球化程度的不断加深,中国参与国际经济金融政策的沟通协调能力亟须加强。[①]人民币国际化的道路应该是"在摩擦中妥协,在妥协中协调,在协调中寻求合作"。[②]

4. 金融监管规则统一化

金融监管规则统一化的标志是巴塞尔协议体系的建立。跨国银行的大规模发展,给金融监管带来许多新的问题,并且跨国银行的金融创新更加大了各国金融监管的难度。在这样的情况下,金融监管的国际协调与合作已成为新的趋势,其中,巴塞尔银行监管委员会在推动国际间金融监管的协调与合作方面起到了重要作用。针对各国对跨国银行监管标准不一、松紧不同的情况,巴塞尔委员会制定了一系列协议。1988 年,巴塞尔委员会推行的规定银行资本充足率的《统一资本计量与资本标准的国际协议》(International Convergence of Capital Measurement and Capital Standards)确立了全球统一的银行风险管理标准[③];20 世纪 90 年代巴塞尔委员会针对全球金融界的大案(如巴林银行事件)和国际性金融危机,及时推出了《关于市场风险的补充规定》和《有效银行监管的核心原则》,这些协议强调在国际范围内对跨国银行实施统一监管;2004 年的巴塞尔新资本协议更显示出巴塞尔委员会对金融监管的国际间合作的重视。尽管巴塞尔银行监管委员会所制定的各项准则并不具有强制的约束力,但是,由于事实上这些规则已经被国际银行界广泛认同和采用,因而不遵守这些规则就可能会在国际金

① 巴曙松:"金融改革:国际化亟需解决五大新问题",《中国经济周刊》,2005 年第 51 期。

② "国内外经济学家纵论中国当前经济形势",《证券时报》,2004 年 5 月 31 日(黄达,"人民币将跻身国际重要货币")。

③ 巴曙松、毛晓威:"巴塞尔委员会资本协议的演变与国际银行业风险管理的新进展",《国际金融研究》,2001 年第 4 期。

融活动中处于被动地位。[①]

5. 金融信息全球化

信息传递技术的现代化,加速了金融信息全球化的发展,金融信息传递的全球化也是金融全球化的表现形式。从全球化金融信息的需求来看,跨国银行、各种金融中介机构和越来越多的国际投资者(尤其是机构性投资者)正在日益广泛地在全球范围内收集和传递信息。它们不仅是金融信息全球化的重要推动者,也是重要传递者。同时,各国政府和金融管理当局,既是金融信息的发布者,也是全球性金融信息的重要需求者。[②] 从全球化金融信息的供应者来看有三个层次:一是国际性经济组织和区域性组织在主权国家政府配合下所进行的信息发布和信息共享化;二是各个国家或地区政府以各种形式(如白皮书、蓝皮书等)提供的国内金融信息和分析报告;三是一些大型的跨国金融机构为其全球范围内的客户提供的调查报告以及为金融服务的中介机构对全球范围内金融机构、金融工具、金融市场所做的评估报告。[③] 因此,金融信息全球化要求金融市场的监管者与参与者在进行决策时必须考虑其他国家或地区的金融信息。

6. 金融资本虚拟化

在现代信用制度下,金融符号性和虚拟性的发展速度大大超过实体经济发展速度。考察金融全球化的运行情况可以发现,金融运行不再是简单地从属、外生、决定于实体经济,而是在相融、适应和内生于实体经济的同时,独立、超越和背离于实体经济,显示出强烈的符号性和虚拟性。以投机牟利的货币资本脱离产业资本和商业资本运作,同样可获得增值机会,甚至比商品生产和流通领域所获利润更高。据国际货币基金组织估计,目前在巨额的国际资本流动中用于实体交易率很低,而用于各种非实体形式的金融资产交易的资金逐年上升。全球外汇日交易量成倍增长,年外汇量远超出出口额,年外汇交易量为当年世界出口额的几十倍,甚至上百倍。这已表明,外汇市场交易在脱离国际贸易运作。与实体经济运动无关的国际资本流动更多属于投机性资本流动,而其全球游荡和肆意攻击成为威胁世界金融稳定的重要因素。特别是外汇与金融衍生产品的交

---

① 巴曙松:"金融监管框架的演变趋势与商业银行的发展空间",《当代财经》,2004 年第 1 期。

② 姜新娜:"经济全球化的表象形式", http://hlyanshou.gov.cn/,2006 年 6 月 6 日。

③ 曾筱清:《金融全球化与金融监管立法研究》,北京:北京大学出版社 2005 年版,第 5 页。

易，这些活跃在股票、债券、外汇和黄金市场上数以万亿美元的巨额资金，有时在一定程度上能促进经济发展，把某些矛盾和问题转移到金融领域，暂时表现为经济金融领域的"虚假繁荣"，有人称之为经济金融"泡沫"。因此，金融资本虚拟化是指在当代发达市场经济体制之下，与实体资本相对应的虚拟资本数量不断膨胀，种类不断演化，并与个别实体资本逐渐脱离关系的过程和趋势。[①] 然而，金融商品价格、国际资本移动，不仅受经济因素的影响，还受非经济因素、短期投机因素和心理预期等因素的影响。这种交易和转移带有很大的盲目性、投机性和破坏性。[②] 货币资本运作、扩张严重脱离商品生产过程，虚拟经济的扩张速度大大超过实体经济发展速度，从而使风险加剧。因此，金融稳定与安全日益被国际社会所关注。

7. 金融市场一体化

全球金融市场一体化主要指国内金融市场与国际金融市场相互贯通，使同一金融资产在不同国家或地区的同一时点上能够获得大致相近的收益率。由于信息技术的发展，全球金融网络的形成，国内金融市场与国际金融市场相互贯通，连为一体，使得不同币种之间的流动、不同金融市场上不同金融产品之间的流动显得更为容易和迅速。通过信息网络和金融网络形成全球统一的、不受时间、地域限制的全球金融市场。其发展趋势是：

进入20世纪70年代中期以来，发达国家相继放松了资本流动限制和外汇管制，开放金融市场，取消了非居民购买国债和货币市场票据的限制。银行在全球范围内调度资金，经营各种业务，并无国际国内的区分与限制，并通过其国外的分支银行办理总行所在地不能经营的证券业务，使国内业务国际化，从而使国内外市场更趋一体化，逐步形成银行业务全球一体化。国际证券市场的发展使国内证券市场与国际证券市场日益联成一体。大多数发达国家，已经消除大量隔离国内和国际证券交易的机构性障碍。利率趋同现象进一步促使发行成本一致化，使国际债券与国内债券同质化，并促使证券市场更趋于一体化。金融创新市场从一开始就是一个全球性的一体市场。而创新广泛应用的结果是使银行业务和国际证券市场越来越趋于全球一体化。金融市场全球一体化的趋势，还体

---

① 李强："货币虚拟化、资本虚拟化及泡沫经济"，《商业研究》，2010年第6期，第23页。

② 吴念鲁："期待金融安全立法"，《中国企业家》，2006年第11期，第48页。

现在一些发展中国家（地区）国际金融中心的崛起和趋于一体化上。并且发达国家的传统国际金融中心一起，构成了全球性的金融市场网络——新型国际金融中心一体化，可以和传统的欧美国际金融中心相提并论。[①] 近期的一项研究表明，东亚国家金融市场一体化程度正在加深，从而推动了世界金融市场一体化。[②]

8. 金融投资主体私人化

私人资本取代官方资本，成为全球资本流动的主体，是金融全球化新的特征。

20 世纪 90 年代以来，私人资本已经在全球的资本流动中占据了绝对的主导地位。对于发展中国家来说，情况也是这样。据 IMF 的最新统计，在 1990 年，全部流向发展中国家的资金中，从官方来源的净借入尚占 42%，到了 1997 年，私人资本便已经占到 90% 左右了。在全球资本流动私人化的浪潮中，最为引人注目的现象是机构投资者地位的急剧上升（特别是亚洲金融危机发生之后）。机构投资者，又称为“资产管理者”，即从事大规模证券交易的机构。机构投资者对于全球金融体系的重要性，可以从其管理资产规模的不断扩大中明显看出来。在工业化国家中（美国、日本、德国、法国、英国等），机构投资者持有和管理的资产总额已经超过了 GDP 的规模。

伴随着业务向全球金融市场延伸，机构投资者已经成为全球金融市场的积极参与者，在有些国家，外国资产在机构投资者总资产中的比重，已经达到了相当高的水平。另外，从具体市场来看，机构投资者也已经发挥了主导作用。例如，1996 年，在亚洲新兴市场经济国家，机构投资者持有的份额占其资本化价值的 27%，在拉丁美洲国家，则要占 66% 以上。私人资本占统治地位已成为金融全球化新的特征。[③]

---

① 姜新娜：“经济全球化的表现形式”，http://finance.sina.com.cn，2006 年 6 月 16 日。

② 周丽莉、丁东洋：“东亚金融市场一体化程度实证分析”，《经济与管理》，2009 年第 6 期。

③ 李扬：“金融全球化的三大特征”，《国际金融报》，2002 年 7 月 4 日，第 4 版。

第二节　金融全球化对世界经济的影响

金融全球化是经济全球化在金融领域的表现,也具有“双刃剑”作用,能够产生积极和消极两方面的效应。

一、金融全球化对经济的积极影响

(一) 推动世界经济增长

在全球化金融活动中,国际范围内有形资本形成的增加、人力资源的开发、技术知识的转移、生产能力的利用、市场的开拓和对外贸易的扩大,有力地促进了国际贸易的发展,推动了世界经济的增长。① 金融全球化推动了国际投资的发展,增加了金融资本的流动性和国际投资的全球化发展。资本的流动性使原有受制于国内储蓄和资金积累的限制被打破。国际直接投资促进了国际经济的发展,提高了各国的投资水平,其具有的示范作用对全球经济的发展具有学习和促进作用。多元化的资本流动,为全球资源的效率配置,促进国际贸易增长和各国经济的发展产生了积极的作用。在国际资本流动中,金融全球化使各国资金可以在全球范围内调剂余缺。发展中国家的经济发展,更因在国际金融市场上筹集资金的相对容易,而得到宝贵的境外资金的支持②,从而可以实现资本等生产要素在全球范围的优化配置,提高了配置和利用效率,促进了世界经济的发展。

(二) 促进全球金融业自身效率的提高

一是金融全球化通过金融机构之间的竞争使流通费用减少,降低了交易成本。二是为使金融资本的有效配置和运行效率得以提高,投资者可以在全球范围内寻找高利润的项目和资源配置,从而可以实现在全球范围内选择成本最低

---

① 李健:“金融全球化进程中的风险防范”,《国际金融研究》,2000 年第 2 期。

② 张松涛:“当前在对外经济领域应当给予关注和研究的两个问题”,《国际贸易论坛》,2001 年第 1 期,第 26—31 页。

的最佳投资组合以实现高收益的投资目标。如 Kalemli Ozcan 等(2003)的研究发现,金融一体化程度(风险分担)与专业化生产有显著的正相关性。换言之,通过增强国际金融联系,一国可以实现更多样化的投资组合,并能够保证自身免于特殊冲击。[①] 三是金融全球化可以使金融机构先进的经营理念、经验、服务、竞争机制以及金融创新成果在全球范围内得到传播和普及,促进了全球各国金融业的服务质量、金融的体制改革、结构的合理调整和管理水平的提高,增强了金融机构的竞争能力和金融发展能力。

(三) 金融全球化促进了资本的自由流动、汇率和利率的市场化

资本的自由流动、汇率和利率的市场化对世界各国金融监管提出了更高的要求。金融全球化使各国经济利益息息相关,合作产生双赢已成为各国的共识,这势必将促进世界各国在金融监管领域的深入合作。未来的全球金融监管将在多边和双边机制的基础上发展起来。强化了金融监管领域的国际协调与合作。

二、金融全球化对经济的消极影响

第一,金融全球化使世界经济具有不确定性。金融全球化的发展向世界各国和国际经济组织都提出了严峻的挑战。伴随金融全球化的发展,国际金融动荡已成为常态,这使世界各国都生活在不确定中,这也是金融全球化最不利的影响。[②] 国际金融的动荡,还将因资本流动产生巨大的波及效应和放大效应。国际金融动荡及其迅速产生的波及效应使得任何单个国家,甚至国际金融组织,在市场抗衡中均处于弱势地位。

第二,虚拟金融的扩张速度大大超过实体经济发展速度,从而使风险加剧。金融资本逐利的投机性导致虚拟资本和交易的膨胀。通常表现为暂时金融领域的"虚假繁荣"——金融"泡沫",从而易于导致经济和金融的动荡。

第三,削弱各国宏观经济政策的有效性。随着金融全球化的发展,外部因素对一国经济金融发展的影响越来越大,因此,在浮动利率体制下,资本的流动性使一国货币政策在执行中的有效性大为降低。当一国国内为抑制通货膨胀而采

① 张丽、陈漓高:"近期国外金融全球化与世界经济周期研究评述",《中国城市经济》,2011 年第 9 期,第 75 页。

② 张松涛:"主动应对——经济全球化再认识及中国'入世'",《国际贸易》,2001 年第 2 期。

取紧缩货币政策而提高国内利率时，国内的银行和企业可方便地从国际货币市场获得低成本的资金。同时，国际游资也会因一国利率提高而大量涌进该国，从而使该国紧缩通货的效力受到削弱①，也使财政政策的作用受到一定的制约。

第四，金融机构的全球化使得经营风险大为增加。跨国经营的金融机构处于很高的风险经营环境中，往往要承担来自于外部不确定环境所造成的经营风险，这是由动荡的国际、国内复杂的政治、经济、军事和社会环境引发的。同时，由于加大了的内部经营风险管理的难度，任何一个国外分支机构出问题，母行和其他分支机构都会遭受牵连。②

第五，在金融业务和金融市场的全球化进程中，由于金融市场信息不对称和道德风险的存在，金融风险更加随市场的全球化扩展而增强，加大了原有的利率风险、市场风险、信用风险、流动性风险和经营风险。金融风险随着市场的扩大而增加，金融业务和金融市场全球化还会形成新的国际电子风险和连带风险。

第六，金融全球化增大了金融危机的范围，并加快其在全球的传递速度，使国际金融体系的脆弱性大大增加。金融全球化使世界各国的金融机构跨时空、跨国界的经营运作不断加强，经济联系更加紧密，使各国经济相互融合，趋于一体化。这不仅使一国经济和金融形势不稳定，同时，当一国金融体系失衡时，会迅速波及的所有关联国家，这样，一国的金融危机可以迅速造成系统性、区域性甚至是全球性的金融危机。有学者更是指出，金融全球化的非对称性意味着发展中国家比发达国家要承担更高的成本和更大的风险，它是次贷危机和全球新型金融危机产生的深层次全球制度性原因。③

金融全球化是一个自然的、历史的过程，尽管它在给全球各国带来巨大经济利益的同时也会带来极大的不安定因素，尽管它的发展历程可能存在曲折，但它是一个不可逆的过程。④ 由于金融体系的成熟程度不同，所以，金融调控经验、

---

① 王霞："金融自由化与金融监管的关系探讨"，《兰州商学院学报》，2002 年第 6 期，第 106—108 页。

② 李健："金融全球化进程中的风险防范"，《国际金融研究》，2000 年第 2 期。

③ 金雪军、王义中："非对称金融全球化、次贷危机与全球新型金融危机"，《浙江大学学报(人文社会科学版)》，2010 年第 5 期，第 135 页。

④ 张显吉："金融全球化及中国的应对措施"，《吉林金融研究》，2001 年第 6 期，第 41 页。

应对金融动荡的能力存在着差别,金融全球化的不利因素对发展中国家的影响可能更大。因此,对于发展中国家来说,积极推动国内各个领域的市场化进程,具有至关重要的意义。

第三节　金融全球化对金融监管的影响

一、全球化对金融监管体系的冲击

(一) 金融监管对象的变化对分业监管体系造成冲击

金融全球化对金融监管最直接的影响是使金融监管的对象本身发生了变化。金融监管的对象主要是指提供金融服务的金融机构。在金融全球化过程中,通过日益频繁的并购活动,金融机构呈现出大型化、业务交叉、国际化等特征。20 世纪 90 年代,金融机构的并购规模不断扩大,世界上的大型金融集团不断涌现。从 1991 年至 1998 年年底,全球银行业的并购交易值增加了 5—6 倍。在以美国为首的实行分业经营的国家纷纷放松金融管制的同时,金融机构之间的并购活动不再局限于同行业,银行、证券和保险机构之间的并购成为其扩大竞争力的重要途径。

(二) 金融风险的国际传递对金融监管的有效性提出挑战

在金融全球化过程中,国际资本流动的迅速增加、国际金融市场的日益融合,使国际金融体系的脆弱性大大增加,因而加大国际金融监管的难度,给金融监管带来了挑战,其表现为:金融监管远远跟不上金融业务的发展,特别是金融创新的发展;金融综合经营业务的渗透与扩张向分业监管(机构性监管)体系提出了挑战;金融控股公司资本充足率的计算难度加大,甚至难以计算;由于网络技术和虚拟经济,跨国监管难以实施。而由于国家经济主权原则给真正实施国际金融监管带来了重重困难。对于经济体系薄弱的发展中国家,要对外国银行进行有效地监管并取得外国金融监管当局的支持与合作,难度很大。

（三）国际金融市场日益融合对国别金融监管提出挑战

全球化向传统的国别金融监管提出了挑战。[①] 所谓“国别金融监管”是指金融监管体制和政策的决定权完全在一国金融当局手中，以及一国金融监管当局只对境内发生的金融活动进行监管。随着金融全球化，各国监管当局越来越多地受到国际制约。有些制约是隐性的，比如金融当局在自主地选择一种货币、汇率和监管制度时不得不同时考虑来自国际因素的影响，并适应国际和国内环境的变化，调整自己的监管行为和政策。有些制约是显性的，比如各国监管当局通过国际条约明确承担和履行监管义务并遵循预先确定的监管行为规范。“今天各国的金融市场已经连为一体，息息相关，而全面了解、掌握跨国银行或投资公司详情，有效地进行监管，对于任何一国金融监管当局而言，都是力所不能及的。稳定本国金融体系，尤其是防止跨国金融犯罪，越来越仰仗于各国金融监管当局之间的合作。因此，从全球层面加强金融监管协作，是全球金融体制改革的关键所在。”[②]

为此，各国监管当局必须向开放监管体制转变，推进国际金融监管合作。

二、全球化背景下金融监管模式的调整

（一）从分业监管向综合监管转变

金融全球化的过程中，全球的金融业务日益向综合经营的方向转变，以1999年美国废除《格拉斯-斯蒂格尔法案》为标志，各国金融监管模式也日益朝着综合监管的方向演变。

此前美国金融监管体系采取按不同金融机构的类别进行纵向分别立法、分别监管的分立模式。如银行领域有《格拉斯-斯蒂格尔法案》（由美联储等机构实施对货币存款机构的监管），保险领域有《州保险法》（由州保险理事会对保险公司实施监管），证券领域有《证券法》、《证券交易法》和《投资公司法》等（由证券交易委员会实施监管）。1999年美国实施《金融服务法案》，采取了联邦政府、州政府与专门机构分层的金融监管模式，综合监管与分立监管相结合。

英国在20世纪80年代以前，与银行、证券和保险分业经营相对应，实行分

① 贺力平：“全球化和金融监管理论的创新”，《中国经济信息》，2001年第19期。

② 宿景祥：“金融全球化呼唤全球化监管”，《人民日报》，2010年2月23日，第022版。

立的金融监管模式,即英格兰银行、证券投资委员会和一些自律组织分别对三者实施监管。20 世纪 80 年代以后,随着金融业综合经营的发展,分业监管已逐渐不能适应金融管理的需要。1997 年,英国推行“金融大爆炸”改革,将众多的监管机构合并,成立了新的综合性金融监管机构——“金融服务局”(FSA)。并于 2000 年颁布《金融服务与市场法案》(Financial Services and Markets Act),将其余监管机构的职能也都转移到金融监管局。经改革,FSA 成为真正的综合监管者。在监管方面,FSA 下设五个处:大金融集团处、吸收存款处、保险公司处、投资公司处、市场与交易所处。被监管的机构根据经营的规模和业务范围被分配到各处,这并不表明被监管机构只受所属处的监管。具体而言,FSA 实施专人监管制度,向被监管金融集团指定一个管理者,负责协调对集团下属所有法人实体的监管。对小型金融集团的监管采取工作组监管方式,一个工作组可能监管多家集团;对大型金融集团,FSA 采用集团监管方式,监管人员可能来自多个部门。为应对金融全球化,2007 年,英国金融服务局主席特纳发表金融监管体制改革报告,从全球银行的资本能力、金融监管体系具备的能力、金融服务监管与风险控制等提出全球金融监管系统重建建议。英国财政部长达林发布《改革金融市场》报告,提出金融机构提前制定应对倒闭风险预案、改善金融衍生品市场架构等改革方案。①

德国于 2002 年将原来的信贷监管局、保险监管局以及证券监管局三个局合并,成立联邦金融监管局。金融监管局内部按照监管对象的不同划分为不同的部室:大银行监控部、区域银行监控部、合作银行监控部、人寿保险公司监控部、私人医疗保险监控部、财产保险公司监控部等,延续原有的监管格局,分别对各自负责的行业进行监管。

(二) 从机构性监管向功能性监管转变

这一模式的调整与上述从分业监管向综合监管的转变是相一致的。机构监管是按照金融机构的类型分别设立不同的监管机构,不同监管机构拥有各自职责范围,无权干预其他类别金融机构的业务活动。这一模式显然不适应对日益综合经营的金融业务的监管需要。功能性监管指依据金融体系基本功能而设计的监管。功能性监管关注的是金融产品所实现的基本功能,以金融业务而非金

① 董彦岭、陈琳:“金融危机下美英金融监管的改革与比较”,《海南金融》,2010 年 01 期。

融机构来确定相应的监管机构和监管规则，减少监管职能的冲突、交叉重叠和监管盲区。同时，功能性监管针对综合经营下金融业务交叉现象层出不穷的趋势，强调跨机构、跨市场的监管，因而可以实现对金融体系的全面监管。

（三）从单向监管向全面监管转变

从监管内容上看，由于金融工具的不断创新，各国监管当局相应地扩大了金融监管的范围，从单纯的表内、表外业务扩展到所有业务。从监管重点来看，以往的金融风险监管侧重于信用监管，但银行还可能因为其他风险而陷入经营困境，因此当前国际金融业的监管除信用监管外，还重视市场风险、经营风险等风险的监管。从监管范围上看，国际金融监管也从单纯的资本充足率的监管转向以最低资本标准、监管当局检查及市场自律三个层次的全面监管。2001 年巴塞尔委员会颁布《新资本协议》咨询文件，继承了 1988 年老协议中以资本充足率为核心的监管思路，同时吸取《有效银行监管的核心原则》中提出的银行监管的“三大支柱”原则，即改进最低资本要求框架、发展监管评价程序以及强化市场自律。

（四）从封闭性监管向开放性监管转变

国际资本的大规模流动、金融业务与机构的跨境发展和国际金融市场的发展使各国监管当局认识到各国的信息沟通对于加强国际银行及其经营活动监管的重要性。国际金融危机的频频爆发，更使得全球范围、地区范围及双边范围内各个层次上的国际银行监管合作得到了长足发展。一国的金融安全及经济安全与国际金融市场波诡云谲的变化息息相关，金融全球化使各国的监管发生重大变化，金融监管从国内单边监管转向国内国际的多边监管，从封闭性监管转向开放性监管。

英国对外国分支机构和本国海外分支机构的监管方式在欧盟成员和非成员之间有所区别。在欧盟成员内部，对分支机构实行母国监管制度，即英国在欧盟其他成员的分支机构由英国 FSA 负责监管，欧盟其他成员在英国的分支机构也由其母国的监管机构负责监管。对已经进入英国的非成员分支机构的监管实行国民待遇。英国本国金融机构在非成员国家设立分支机构原则上不需要经过 FSA 的批准。但实际运作中，金融机构通常会通知 FSA，以维持与 FSA 的良好关系。对已经设立的海外分支机构，FSA 的监管相当宽松，只是通过本国金融机构的合并报表进行审查。

作为东道国，德国监管当局对外国分支机构的监管基本上与英国相同。作为母国，德国监管当局对欧盟以外海外分支机构的监管要严于英国，但松于美国。德国银行监管局要对本国银行的海外分支机构进行不定期的现场监管，但并不要求其定期报送财务报表。

三、全球化背景下金融监管立法的调整

金融全球化的发展趋势为金融监管的法律制度带来诸多影响，促使各国相应调整金融政策法律。纵观金融全球化对金融监管法诸方面的影响可以归纳为对金融监管法制定的影响和对金融监管法实施的影响。因为对金融监管立法本身研究不是目的，而所制定的法律能够得以实施才是其有效立法的目的。因此，在分析研究金融全球化对法律制定的影响时，也要特别注重分析和研究金融全球化对法律实施的影响。

（一）国际条约制定的调整

金融全球化刺激了国际金融监管制度的创新，而国际金融监管制度的创新首先表现在相关国际条约的制定。金融全球化使金融市场运作不再受国境限制，金融活动的实施也跨越了国境。这意味着国际金融监管外部条件在发生变化：全球金融运行日益成为一个整体，全球金融市场高度统一，相互依存度显著提高，金融市场容量迅速扩大。[①] 全球金融资源配置机制高度成熟，生产要素全球充分流动，并呈现出全球金融的运行规则日益制度化，国际金融活动越来越规范化。为促进这些外部条件的早日到来和持久实现，国际条约曾经发挥过并且仍在发挥着重要作用。乌拉圭回合谈判所签署的《服务贸易总协定》及其附录，第一次将金融服务贸易纳入议题。而后，WTO 成员方围绕金融服务贸易经过一系列磋商和谈判达成了《全球金融服务贸易协议》等重要法律文件，从国际贸易与国际金融之间关系的角度切入国际金融法律的重大问题，将货物贸易的基本原则制度适用到金融服务贸易领域[②]，形成了国际金融服务贸易的多边法律框架。

---

① 张幼文："通过全球化改变我地位（WTO 与中国'入世'）"，《国际金融报》，2000 年 8 月 2 日，第 1 版。

② 李仁真、何焰："金融全球化与国际金融法的晚近发展"，《武大国际法评论》，2003 年第 1 卷。

（二）国际惯例形成的调整

金融全球化使金融市场运作不再受国界约束，金融活动的实施也跨越了国境。但是，国际社会诸成员在法律制度上存在的较大差异影响了金融市场全球化的发展。20 世纪 70 年代以来，全球经济一体化使世界各国金融领域相互联系日趋紧密，金融领域的创新趋势日渐加强，迫使各国金融当局对银行业的监管政策不断做出调整。在此形势下，各国国内过严的金融管制立法为促使本国金融业的发展而逐步被放松，以适应日趋激烈的国际银行业竞争；国际上，跨国银行的角色越来越重要，其跨国金融活动要受到来自有关东道国和母国两方面的监管，这就造成了客观上需要有调整跨国银行的母国和东道国共同对其实施监管的国际统一监管规则来进行解决监管冲突，开展监管合作，无疑是最为直接的协调方式。在这样的背景下，全球统一监管的巴塞尔委员会的重要作用得到了发挥，所发布的众多文件被统称为系列“巴塞尔文件”。对于系列“巴塞尔文件”的性质，虽然不是真正意义上的“国际协议”，但是，由于巴塞尔委员会代表着世界最强大的经济集团，其影响是巨大的，因此各国监管机构亦参照“巴塞尔文件”对本国金融机构实施监管，逐渐形成一种国际惯例。

巴塞尔委员会是银行业风险防范和管制的专门机构。1974 年，德国赫斯塔特银行和美国富兰克林银行倒闭引发的金融危机，促使各国认识到金融监管国际合作的必要性。于是，在英格兰银行的倡议下，1975 年 2 月，国际清算银行主持成立了“巴塞尔银行监管与实务委员会”。该委员会由十二国（美国、英国、法国、德国、意大利、日本、加拿大、荷兰、比利时、瑞典、瑞士和卢森堡）的中央银行行长与监管机构代表组成，目的是建立适当有效的银行国际监管机制。自该委员会成立以来，制定了诸如《银行外国机构的监管原则》、《银行国际业务的并表监管》、《巴塞尔核心原则》、《利率风险管理原则》、《银行表外业务管理风险》等一系列银行监管的文件。虽然，巴塞尔委员会仅是民间组织，通过的文件缺乏法律约束力，但是由于其半官方的背景，许多国家在制定有关金融监管的法律法规时，往往会借鉴巴塞尔委员会的规定。例如，我国 1995 年颁布的《商业银行法》第三十九条规定商业银行的资本充足率不得低于 8%①，实际上就是《巴塞尔协议》的要求。由此可见，“巴塞尔体制”已经为各国金融监管当局所广泛认同和

① 赵耀：“对防范我国商业银行金融风险的法律思考”，《武汉金融》，2002 年第 2 期，第 51—54 页。

接受，成为跨国银行监管领域中最为重要的国际惯例。

国际证券监管委员会组织（International Organization of Securities Commissions）是国际证券联合监管领域重要的国际组织。该组织简称“国际证监会组织”（IOSCO），其宗旨在于通过成员机构的合作，保证在本国及国际范围的有效监管，以维持公正和高效的市场；通过交换信息和交流经验，发展各国的国内市场；共同努力建立国际证券发行与交易的规范和有效监控；互相帮助，通过严格执法和有效稽查来保证市场的公正性。[①] 证监会组织成立之后，先后通过了《国际商业行为准则》、《国际审计标准》、《金融合并监管》、《清算和结算》等一系列的正式协议，并对证券市场风险、证券商资本充足率、金融衍生商品、场外交易等国际证券市场热点问题进行了富有成效的研究和讨论。这些协议的达成，不仅有利于在全球范围内减少国家之间在证券清算和结算方式、会计标准、信息披露等方面的差异，消除各国对于外国证券进入本国证券市场的多重壁垒以及促进有关证券的国际统一法律制度的形成，而且还为各国证券监督机构统一监管标准，为国家之间合作和协调监管跨国证券活动提供了法律依据和途径。

（三）国内法制定的调整

金融全球化对各国国内法的制定有巨大的影响。金融法在各国法律体系中的地位和作用日显重要，一国的金融监管体系比较健全，金融法制比较完备，就标志着该国抗风险能力较强，国际资金的流入就会加大。这就强化一国立法机关要按照《国际货币基金协定》、《服务贸易总协定》和《金融服务贸易协定》等国际条约义务的有关内容对国内立法予以清理、修改和制定相关的金融监管法律、法规，使其适应金融全球化的发展要求。金融全球化使金融法成为各国法律体系中最富特色和衡量各国经济环境优劣的重要标志。金融监管立法较之其他部门法，更能反映不同国家法律之间的融合性特点，这一特点使金融监管法律制度在当前各国法律体系中发展最快也最活跃。在一定程度上影响和改变着传统的法律观念和制度进程。除了要学习和借鉴国外的立法经验，更要结合本国参与金融全球化的能力和条件，坚持立法中的民族性和本土性，以使金融全球化立法的实施效果更符合本国的国情。金融全球化使国内监管立法更多地体现了鼓励

---

① 邱永红：“证券跨国发行与交易中的法律监管问题刍议”，《河北经贸大学学报》，1998 年第 5 期，第 52—56 页。

创新、放松管制以逐步实现金融自由化的立法趋势。面对激烈的国际竞争，自20世纪80年代以来，许多国家纷纷进行金融改革，制定了一系列放松管制、为迎接金融全球化挑战的新的金融监管法。例如，1994—1996年间，日本通过立法允许银行参与证券业和信托业；美国通过了《跨州银行法》，允许本国和外国银行通过兼并和其他方式跨州设立分支机构；欧盟实施了投资服务指令，允许欧盟国家的证券公司和经纪公司在不另外申请营业执照的情况下，在任何一个欧盟国家从事经营业务，并且允许证券交易所和期权、期货市场跨欧盟交易。然而，需要指出的是，放松监管并不意味着放任自流和任其发展。1994—1996年间，美国基德投资银行、英国巴林银行、日本大和银行被收购或损失惨重的事实，以及1994—1995年的墨西哥金融危机、1997年的亚洲金融危机均表明金融监管的必要性。金融全球化所带来的日益严重的金融风险，要求国际社会做出迅速而有效法律回应的同时，要求各国进行金融监管立法改进，以及时缓解金融危机、恢复国际金融秩序。[①] 再如，日本1992年通过的《金融改革法案》、美国1999年通过的《金融服务现代化法案》、英国2000年通过的《金融改革法案》和《金融服务和市场法》等国内立法[②]，都是为实现金融全球化发展而产生的结果。金融全球化还促进了各国金融政策和法制的国际化和趋同化，主要表现在各国加快金融体制改革和金融法制建设的步伐，积极促成涉外金融法日益与国际金融统一法接轨，提高两者的协调度。

① 刘亚军："金融全球化对金融监管法律制度的影响"，《世界经济与政治》，2005年第8期，第72—73页。

② 李仁真、何焰："金融全球化与国际金融法的晚近发展"，《武大国际法评论》，2003年第1卷。

第三章　金融全球化对金融监管立法的冲击

第一节　金融全球化亟待有效的国际金融立法

国际金融秩序作为国际社会金融发展有规律运转的一种状态,体现了各国经济行为在一定程度上的规则性、连续性、可预测性,以及由此带来的全球金融关系的相对稳定性和安全性。在金融全球化的背景下,为保障国际金融活动的稳健运行,推动建立稳定而和谐的金融秩序成为国际金融监管立法所追求的基本目标。

一、金融全球化需要国际金融新秩序

金融秩序是一国经济秩序的核心,要保障国家的经济安全,必然就要保障金融秩序的稳定。

国际金融监管立法的发展对促进国际金融秩序的平稳健康发展具有重大影响,它促使国际金融秩序朝着两个方向发展:一个是国际金融贸易的渐进自由化,也称审慎自由化;另一个是国际金融权力运行的多边化。两者相互影响、相互渗透、相互作用。例如,历时8年的"乌拉圭回合"贸易谈判就服务贸易达成的《服务贸易总协定》(GATS)及其金融服务附件等条约或协议对公司和个人所从事的跨国金融交易具有直接影响,其将"金融服务"界定为任何金融性质的服务都是成员金融服务提供者以跨境交付、境外消费、商业存在和自然人流动四种方式提供的,它包括保险以及其相关服务、银行和其他金融服务(保险除外)等在内的活动。这一定义无疑确定了能够享受WTO金融服务贸易制度利益的国际金融的交易主体和交易工具范围,使WTO成员在金融服务市场的权力选择和运行中,将权力实施对象具体化。据统计,截至1999年,已有106个成员对1997年达成的《全球金融服务协议》做出了具体减让承诺,使该协议涵盖了全球90%

以上的金融服务贸易市场。[①] 协议提出的有关金融服务自由化的规则与具体当事人的具体金融交易之间具有必然的利害关系。又例如，包括巴塞尔银行资本充足监管原则在内的国际金融监管惯例，其主要目的虽然是规范银行主管当局的行为，指导和约束其银行监管权力的运行，具有较强的公法性，但一旦被该国银行主管当局接受或认可，那么受监管的银行除了被动接受和努力达标外，一般不得排除其适用。也就是说，国际金融监管惯例对参与国际金融活动的当事人及其从事的金融活动在某种程度上施加了一定的影响。当前，金融全球化的浪潮已经逼近中国金融服务行业的基础领域。2011 年 2 月 15 日，德意志交易所集团(DeutscheBoerse)和纽约泛欧交易所集团(NYX)宣布，双方已经签署了合并协议，组成一家全球性的巨型交易所运营集团，规模排名世界第一。而此项交易的关键推动之一就是进军亚洲和新兴市场。而中国既是关键的亚洲国家，又是最具潜力的新兴市场。由于证券及期货(期权)交易所是现代金融体系的重要基础设施，是资本市场的核心交易平台，是联结各类金融机构的公共中介，所以，毫无疑问，此举将给需要提升国际竞争力的香港联交所和迫切需要加快国际化的上海证交所、深圳证交所带来了严峻的挑战，更将给我国金融监管的国际化机制带来新的挑战。[②]

金融全球化呼唤金融治理的全球化和法制化，因此，对于国际金融监管立法发展的研究，是为了更加深入地了解国际金融秩序的现实状况，探索其发展规律，发现其不足，进而提出改革方案，为构建公正合理、平稳有序的国际金融新秩序进行理论准备和法律准备。与此同时，对于现行的国际金融秩序，虽然其仍具有相当程度的恃强凌弱的原始性和不公平性，但我们仍然需要一分为二地来看：

一方面，在国际金融环境的影响和推动下，国际金融监管立法的发展也与时俱进，灵敏地回应着国际金融环境，并对国际金融环境施以积极的影响，以法律的形式最大限度地利用它给全球各国带来巨大的经济利益。如国际货币基金组织、世界银行集团、各类开发银行制定的贷款援助发展中国家的发展计划，世界贸易组织主持制定和实施的旨在促进金融服务贸易渐进自由化的国际金融服务

---

① 李仁真等："金融全球化与国际金融法的晚近发展"，《武大国际法评论》，2003 年第 1 卷，第 240 页。

② 卓尚进："金融全球化加速：我们如何积极应对"，《金融时报》，2011 年 2 月 17 日，第 5 版。

贸易制度的实施，在国际货币、国际银行、国际证券等领域避免滥用权力限制外汇兑换、限制金融竞争的制度或规则等，它们都有助于金融资源在全球范围内的配置、鼓励了金融创新、促进了国际金融合作的国际金融秩序，也为国际金融在一定时期、一定范围内的平稳运行提供了良好的环境。

另一方面，自20世纪70年代布雷顿森林体系崩溃以来，金融危机此起彼伏，国际金融秩序不断地被各种金融危机所打乱，国际汇率频繁波动，国际收支严重失衡，全球金融的发展进程因金融危机的爆发和破坏而频频受阻。如1982年的墨西哥金融危机，它是第三世界债务危机爆发的起点，同时还有20世纪80年代前半期美国银行接连倒闭的风波，然后是1987年华尔街股市崩溃、90年代初日本泡沫经济破裂、1992年的欧洲货币体系危机、1994—1995年的墨西哥危机以及1997—1998年的亚洲金融危机。[①] 在这样的背景下，国际社会的各界人士开始探索应对良策，从不同角度提出建立国际金融新秩序的主张。其中最具代表性的是国际货币基金组织总裁康德苏在1998年10月提出的关于建立国际金融新秩序的五大原则：其一，高度透明原则，即各国政府、金融机构和金融市场有责任经常性地、准确地向公众披露政策、法令、措施以及业务与财务状况；其二，有序的自由化原则，即提出金融自由化，特别是资本流动的自由化，必须在宏观调控与金融监管已经相当完善的前提下按部就班地进行；其三，改进银行与金融制度原则，它要求各国改善并加强金融监管制度，采用国际认可的会计、审计、保险、支付系统等方面的一贯性原则；其四，国际金融市场的现代化原则，要求各会员国的金融部门尽快地采取国际公认的财政与货币管理、会计审计、企业管治及破产法的准则；其五，私有机构的更多参与原则，要求基金组织、世界银行和各国金融当局加强与私营机构的沟通与合作，鼓励私营机构参与到金融危机的预防、债务的重整、国际债券条款与巴塞尔资本充足比率的修改、应急信贷额度的提供等活动中来。而次贷危机爆发以来，国际金融监管组织针对危机中爆发的问题展开了大刀阔斧变革，其中以巴塞尔银行监管委员会对其倡导的巴塞尔资本系列协议的改进最为受到关注。巴塞尔资本协议Ⅲ正式推出。巴塞尔Ⅲ作为国际金融监管的代表性交流平台，在一定程度上代表了国际金融监管改革的大趋势。巴塞尔Ⅲ旨在从银行个体和金融系统两方面加强全球金融风险监管。

---

① 姜磊、杨娟："金融体系的脆弱性与国际金融体制的创新"，《财政研究》，2001年第11期。

在单个银行实体(微观审慎)层面,意图提高银行及其他金融机构在市场波动时期的恢复能力,使银行能够更好地抵挡经济金融风险的压力。主要内容包括对原有资本监管要求的完善和流动性标准的建立。在整个金融体系(宏观审慎)层面,力求减少具有潜在系统性风险的银行对整个金融业的影响,以对全球长期金融稳定和经济增长起到支持作用。①

还有一些经济学家,如美国的拉诺什,他从取代国际金融旧秩序即布雷顿森林体系的角度提出了对于建立国际金融新秩序的构想,认为建立汇率稳定的国际货币新秩序才是建立国际金融秩序的关键。在学者们提出的构建国际金融新秩序的方案中,汇率目标区控制法和外汇交易征税法引起了人们的普遍关注。前者的构想是将主要国家的汇率政策进行协调,确定一个中心汇率,在中心汇率轴线的一定限度内允许汇率上下浮动,当汇率超过浮动控制范围时,主要国家的中央银行就要出面干预。这种方法实际上不过是布雷顿森林体系的一个变形而已,其可行性和效果值得怀疑,因为汇率目标的中心仍以美元为主。无论是理论上的特里芬难题,还是在现实经济生活中美国不断摧毁汇率稳定机制的表现,二者都得不到根本解决。后者即外汇交易征税法,是由美国经济学家托宾提出,他建议对外汇交易收取一定比例的交易税,通过提高外汇交易成本来降低汇率波动的频度,其主旨也是降低汇率波动。在 1988 年中国香港特别行政区的汇率保卫战中,该理论经尝试获得了成功。

在建立国际金融新秩序的过程中,资本流动和全球金融市场的波动将继续存在,维持全球金融市场的相对稳定和维护金融市场的公平竞争秩序将成为国际金融监管立法所面临的主要任务和发展方向。在金融全球化的今天,发展中国家和发达国家的联系日益密切,但与此同时,其地位和获利事实上也越来越悬殊,金融霸权与金融主权之间的控制与反控制、金融全球化和反全球化的矛盾比以往任何时期都更加尖锐。因此,如果不改革现行国际金融体制的利益分配机制,不修订国际金融法制中不合理的部分,不改革由少数发达国家主宰的国际金融旧秩序,不积极建立公平合理、发展中国家更多参与的国际金融新秩序,国际金融合作就难以真正实现。

目前,国际货币基金组织正积极尝试国际货币制度的改革。如 2006 年 9 月

---

① 巴曙松:"巴塞尔Ⅲ代表国际金融监管改革大趋势",《中国经济时报》,2012 年 1 月 4 日,第 3 版。

17日至19日，在新加坡举行了国际金融组织世界银行和国际货币基金组织(IMF)一年一度的联合会，在多边贸易谈判濒临崩溃、全球经济面临巨大失衡以及贫困问题愈演愈烈的背景下，围绕份额权进行的IMF改革引起了人们的极大关注。由于世界各国的经济实力不断变化使IMF的投票权总是滞后于各国真实的经济实力，因此路透社在2006年9月18日的一篇文章中分析说："这次改革正是为了纠正一些国家在IMF中代表份额的不足，比如中国的投票份额少于荷兰和比利时，尽管这个世界上第四大的经济体的经济总量几乎是这两个国家总和的两倍。这次改革之后，中国的投票权由过去的第9位上升到第6位。但它也暴露了新兴国家与传统的主导国家之间的巨大分歧。"正如《华盛顿邮报》所认为的那样："从拉美到东亚，再到俄罗斯，在过去十多年的几次大规模金融救援中，IMF开出的诸多无效药方令人失望。"实际上，它依然是代表了发达国家的利益，折射出的依然是浓厚的发达国家的金融监管意识与意志，而这些只有通过修订《国际货币基金协定》或者另行制订规则方可得到缓解和协调。① 当前，为应对后危机时代的种种困境，国际货币基金组织正从两方面开展改革：一是份额改革。2010年11月，G20首尔峰会正式确认了此前在G20财长和央行行长会上通过的国际货币基金组织(IMF)份额改革方案，发达国家同意向新兴市场和发展中国家转移超过6%的份额。此次改革使IMF的内部治理结构更加贴近各国在世界经济格局中的相对地位，更好地体现出IMF的合法性、可信性和有效性。二是职能改革。包括新增国际协调职能，监督职能应向更好地防范金融危机、稳定全球金融秩序上转变，金融援助职能应向更好地缓解金融危机、扩大对国际贸易收支失衡的援助上转变，技术援助职能应向优化资金使用、增强援助效果上转变等。②

总之，国际金融监管立法的发展与完善是建构公平合理、有利发展的国际金融新秩序的基础性和主导因素。建立国际政治经济新秩序的基本原则应是相互尊重经济金融主权，尊重经济金融发展模式，并建立利于发达国家和发展中国家共同发展的国际法律秩序，使发展中国家利益得到法律的维护和保障，这将有利

① 李巍："国际货币基金改革在即 二十三国反对改变投票额"，《21世纪经济报道》，2006年9月21日。

② 谢世清："后危机时代国际货币基金组织的职能改革"，《国际贸易》，2011年第11期，第46—51页。

于促进国际金融新秩序的可持续发展。因此,在建立国际金融新秩序的努力中,各国应当秉持平等、协调和合作原则,通过平等协商、对话的方式加强彼此间金融利益的协调与合作,促进世界经济金融的可持续发展。①

二、国际金融监管立法是国际金融秩序的基础与保障

国际金融监管立法是国际金融秩序的基础和保障,它所具有的法的规范性、确定性特点使国际金融关系的运动、变化和发展均呈现出一定的稳定性和规律性。同时,它作为法律规范系统所具有的普遍性、强制性特征,使得其自身成为实现国际金融新秩序目标的有效手段。通过国际金融监管立法维护国际金融交易秩序和国际金融权力运行秩序,这是建立国际金融秩序的关键之所在。国际金融秩序的两个层次当是公私法这一古老区分在当今国际层面上的体现。在罗马法中,规定国家之公务者为公法,规定个人私益者为私法。② 乌尔比安首创此种观念,他在《学说汇纂》中举例说明:"它们有的造福于公共利益,有的造福于私人。公法见之于宗教事务、宗教机构和国家管理机构之中。"③而后世对公私法之区分意见颇多,相互之间互有抵牾。本书采用权力关系说:规定不平等关系即权力服从关系的法律为公法;规定平等关系即权利义务关系的法律为私法。④因此受公法调整的社会关系一般体现为权力服从关系,受私法调整的社会关系一般体现为平等主体之间的关系。由此出发,可以分析国际金融秩序中的两种类型的秩序。

(一)"权利—权利"关系的国际金融交易秩序

国际金融交易秩序是指对国际金融的交易主体、交易工具、交易市场进行法律确认和调整而形成的秩序。这包括二层意义:它是平等主体之间在意思自治、契约自由基础上进行国际金融交易活动的结果。它是国际金融私法规范对平等主体之间的国际金融交易活动进行调整的结果。这两层意义之间是合取的关系。因此,我们可以说国际金融交易秩序是以"权利—权利"关系为特征的。作

---

① 李仁真、何焰:"金融全球化与国际金融法的晚近发展",《武大国际法评论》,2003 年第 1 卷。

② 陈朝璧:《罗马法原理》,北京:法律出版社 2006 年版,第 21—22 页。

③ 彭梵得:《罗马法教科书》,北京:中国政法大学出版社 1992 年版,第 9 页。

④ 史尚宽:《民法总论》,台北:台湾正大印书馆 1980 年版,第 2 页。

为国际金融交易正常开展和延续的前提条件，国际金融交易秩序在协调金融交易各方的利益关系、促进金融资源的全球配置上具有重要意义，而国际金融监管立法正是维护和实现这一秩序的保障。国际金融监管立法通过对金融交易主体的权利与义务加以确认、对金融交易工具加以规范与调整、对金融交易规则加以规定或维护，在利益关系上使冲突得以缓解并趋于协调，使偶然和随意的金融交易变得稳定和连续，使不确定性的跨国金融交易因素具有了可预测性，从而使金融资源的全球取得与配置成为可能。①

（二）“权力—权利”关系的国际金融监管秩序

在国际金融活动中，除了国际金融交易这种平等主体之间的活动之外，还有各种类型的金融监管主体监管金融交易的活动。在后一种活动中，一方是拥有公共监管权力的金融监管机关，一方是被监管的实施金融交易活动的金融交易主体。它们之间的关系是一种监管与被监管的关系，是一种行政主体与行政相对人之间的关系。如果这种权力主体与权利主体之间的关系为国际金融公法所调整，确认了国家金融监管机构的权力界限、权力配置、权力运作程序、相互之间的组织和协调等，就会形成国际金融监管的一种稳定有序的状态，我们将这种状态称为“国际金融监管秩序”。很显然这种秩序是以“权力—权利”之间的关系为特征的。它依据国际金融公法规范而建立，体现了有关国际金融的公法规范对国际金融监管关系的调整、国家对金融的宏观调控和对涉外金融活动的积极参与，是实现金融权力运行规则化和制度化的基本保证。

在国际金融监管立法所确认和维护的金融权力中，最重要的当属国家的金融主权，金融主权是一个国家经济主权的核心。按照国家的主权原则，每个国家都有权对本国的金融资源进行宏观调配与安排，都有权对本国境内的金融活动及其参与人进行监督和管理。各个国家的金融监管立法都是顺应国内国际金融实践的产物，必然也越来越需要遵循国际通行的规则，最终实现监管下的自由和自律基础上的监管。因此，基于主权平等、公平互利及合作发展的原则，各个国家的金融主权正部分让渡于国际社会，在事实上和法律上进行着一定的自我限制。例如，各国政府如今在制定本国货币金融政策时，必须考虑其在《国际货币基金协定》中承担的相关义务；在采取金融监管措施时，必须顾及《服务贸易协

① 李仁真、何焰：“金融全球化与国际金融法的晚近发展”，《武大国际法评论》，2003 年第 1 卷。

定》所规定的一般义务和具体承诺的特定义务，以此来增加金融监管立法的透明度。当然，维护一国的金融主权仍然是必须坚持的原则。这一点对于金融业尚处于学习和发展中的中国而言尤为重要。如2010年4月，由国际经济交流中心、财政部、中央财经领导小组等几家权威部门组织的课题组发布的《美国渗控我国信用评级业严重威胁国家经济金融安全的研究报告》，揭露了美国穆迪、标准普尔、惠誉等利用我国在信用评级管理方面的薄弱环节，在几乎没有任何障碍情况下，长驱直入掌握了我国信用评级市场，已严重威胁我国金融主权和经济安全。①

第二节 国际金融监管立法的发展

金融全球化意味着全球金融市场高度统一，全球金融的运行规则日益制度化，它通过促进国际金融监管立法的发展来推进国际金融新秩序的建立。

一、当前国际金融监管立法概述

（一）亚洲金融危机的推动

亚洲金融危机是一种新型的金融危机，难以用传统的国际收支平衡危机模型来解释。第一代国际收支平衡危机模型认为，当一国货币供应量持续超过货币需求时，外汇储备会持续下降，货币投机者将发起攻击使固定汇率制瓦解。第二代国际收支平衡危机模型认为，当宏观经济处于薄弱期时，货币投机者的行为可以迫使政府即使在外汇储备比较高的情况下，为了不拖累其他宏观经济指标而放弃固定汇率。事实上，当亚洲金融危机来临之前，东亚地区的通货膨胀和政府财政预算都控制得较好，外汇储备稳中有升。因此亚洲金融危机实际上是第三种国际收支平衡危机模式的典型，这种模式是以"金融部门"为中心的，称为"资本项目危机模型"。即使没有宏观经济的缺陷，仅仅金融部门的单独行为就

① 《美国渗控我国信用评级业严重威胁国家金融经济安全的研究报告》课题组："美国控制我2/3信用评级市场严重威胁国家金融主权和经济安全"，《经济参考报》，2010年4月12日，第8版。

可能引致国际收支失衡和货币危机。这促使各国认识到，金融危机不是一个单纯的金融问题，而是一个经济、社会、法律甚至政治等的综合问题。各国应积极运用行政、经济和法律等手段来防范金融风险，保障金融安全，建立监管金融活动的综合体系。

（二）亚洲各国的金融监管立法

1997年以来，日本政府先后向国会提交了《外汇法修改法案》、《金融监督厅设置法》、《银行法》、《禁止垄断法》、《存款保单法》、《稳定金融机构紧急措施法》、《引入过渡银行制度法案》、《设置不动产相关权利调整委员会法案》、《债权管理回首业法案》、《简化竞买手续法案》、《特定竞争手续特里法案》、《金融机构等的债权转让通畅化法案》等。这些法案旨在解决不良债权，促进金融体系稳定；恢复公众对金融机构的信心，加强对银行的审慎监管与强化金融信息的透明度等。韩国积极致力于西方式的金融监管法律体系，包括存款保险体系、会计准则法规、信息披露法规、强有力的金融监管机构体系等。印尼政府也力图改革银行监管体系，提高外资进入的比例，建立存款保险法律体系，增加银行信息透明度。

（三）欧美国家的金融监管立法

1991年国际商业信贷银行事件后，美国政府颁布了《外国银行监管改进法案》，规定美国联邦储备委员会在外资银行监管中处于核心地位。1999年美国国会通过了《金融服务现代化法案》，允许金融控股公司混业经营，同时建立了美联储负责总体监管的"伞型监管模式"。2001年，美联储通过对"K条款"①的修订，一方面扩大了美国银行机构在海外的金融活动并力求减轻监管负担；另一方面通过简化申请和通知程序，以减轻对外国银行进入美国市场的监管负担②，进一步完善了外国银行在美设立机构的审核标准。

英国的金融监管法规主要有《1979年信用协会法》、《1982年保险公司法》、《1986年金融服务法》、《1986年建筑协会法》、《1992年友好协会法》。自20世

① 指的是美国1978年《国内税收法》第"401条K项"的规定。它为雇主和雇员的养老金存款提供了税收方面的优惠，也称为"401K"计划。2001年，布什政府主持通过的减税法案中，再次修改了税法，把"个退账户"的最高年存款限额提高到3000美元，并将在2008年达到5000美元。届时，个退账户将能基本满足雇员退休养老需要，401K计划的吸引力将大大降低。

② 恽伟荣：《简化程序放宽规定》，《国际金融研究》，2002年第1期，第38页。

纪80年代起英国放松了某些金融领域的限制,进入综合经营的新阶段。2000年英国通过《2000年金融服务与市场法》,确立了金融服务监管局为唯一的、独立的、对金融业实施全面监管的执法机构。此外还扩大了监管范围,如金融机构与其客户协议中的不公平条款、金融市场行业准则等。

次贷危机以后,欧美国家都进行了一系列金融监管立法活动。如奥巴马政府于2009年6月17日公布了名为《金融监管改革——新基础:重建金融监管》的改革方案。[①] 2010年7月21日奥巴马总统签署《多德-弗兰克华尔街改革和消费者保护法》,标志着美国金融监管改革法案进入实施阶段。[②] 根据通过的法案,美国将全面加强金融监管机构的职权,清除导致目前危机的各种"系统性风险"。[③] 英国《2009年银行法案》明确了英格兰银行维护金融稳定的法定职责,改革方案进一步决定通过立法明确金融服务局(FSA)维护金融稳定的职责,强化金融服务局在监控、评估和缓解由于金融体系中的相互关联所导致的系统性风险方面的职能。[④] 法国金融监管改革方案主要体现在相关监管机构从2008年开始陆续推出的一些政令以及议会通过的相关法律和政府向议会提交的法律草案中,后者主要包括《经济现代化法》(2008)、《消费信贷改革法草案》(2009)等。[⑤]

二、金融全球化与国际金融监管立法的发展

金融全球化促进了世界各国金融体制的调整、改革与合作,加大了金融业的风险和金融市场的监管难度,对国际金融监管提出了严峻的挑战,并促使其在立法方面不断调整和发展,以克服传统金融监管方式的缺陷,顺应国际金融环境的变化。金融危机的爆发促使国际金融监管不断变革,以适应金融市场创新的需要。为了克服传统金融监管方式的种种缺陷以顺应国际金融发展的潮流,国际金融监管的立法一直呈现不断调整和发展的新趋势。

---

① 全先银、闫小娜:"美国的金融监管改革",《中国金融》,2009年第17期,第17页。

② 张军、杜征征、殷裕品:"美国金融监管改革能够成功吗",《财经科学》,2012年第1期。

③ 常健:"美国金融监管的法律变革与特点评析",《中国矿业大学学报》,2011年第4期,第34页。

④ 李文泓、陈璐:"美国、欧盟和英国金融监管改革方案比较:措施、展望与启示",《中国金融》,2009年第20期,第31页。

⑤ 孙爱林、尹振涛:"法国的金融监管改革",《中国金融》,2009年第17期,第27页。

(一) 强调中央银行在监管中的独立性

在金融监管立法中,必须解决金融监管机构的独立性问题,使中央银行能够在法律授权的范围内独立地行使监管权,不受来自于其他部门、组织、个人和利益集团超越法律的干扰,以保证货币政策及其他金融政策在制定与实施上的独立性。① 发达国家和发展中国家金融监管体制之间差别较大,这源于世界各国对金融监管所要实现目标的不同选择:是否有助于防范金融危机、降低监管成本、提高监管效率和是否会影响货币政策的制定和实施以及各国国情尤其是政治历史的因素。学术界最新的研究成果表明:中央银行的独立指数与通货膨胀率之间的关系负相关——中央银行的独立性越小,通货膨胀率就越高;反之,中央银行的独立性越大,通货膨胀率就越低。但是,一国经济增长率的高低并没有受到中央银行独立性大小的明显影响。从各国实践看,在经历了巨大的金融冲击或金融危机以后,过去最为保守、中央银行独立性最差的发达国家以及东南亚国家,都纷纷加快推进金融改革,其中加强中央银行的独立性被视为关键,并放在首位。据来自国际货币基金组织和世界银行的调查资料显示,截至 2001 年 9 月,在 159 个国家和地区中,中央银行参与银行监管的国家有 117 个,占总数的 74%;在 29 个 OECD 国家中,中央银行参与银行监管的有 13 个,占总数的 45%;在 130 个非 OECD 国家中,中央银行参与银行监管的国家为 104 个,占总数的 80%②,即多数国家是由中央银行参与银行监管的。例如,日本的金融监管体系在 1998 年以前是在大藏省的控制之下,大藏省负责金融政策、法规的制定,批准金融机构的准入并对其进行监管。但由于日本政府面对 20 世纪 80 年代末“泡沫经济”的惨痛教训,亚洲金融危机之后,特别强调“要确保日本银行的独立性不亚于国际水平。”③因此日本率先推出并取得进展的重大举措便是加强中央银行(日本银行)的独立性。

(二) 强调中央银行独立性有利于发挥银行监管的优势

中央银行承担银行监管职能具有明显的优势。一是银行监管与货币政策具有较强的相关性,便于协调货币政策,便于平衡货币政策对银行业的影响。维护

① 季立刚:“金融监管与金融安全”,《文汇报》,2006 年 6 月 19 日,第 14 版。

② 孙涛:“国际金融监管的新进展”,《世界经济》,2002 年第 4 期。

③ Defei Chen, Acute Symptoms of Chronic Problems: Japan's Procrastination In Its Banking Crisis, The Current Situation and A Future Perspective, 9 MNJGT 274(2000).

银行体系的安全与稳健发展是银行监管的主要目标，而维持币值的稳定是货币政策的主要目标，在监管目标上二者密不可分。[①] 由于中央银行较强的独立性，当银行监管机构制定的监管政策与社会其他利益集团的利益发生冲突，或可能会对经济产生影响时，其负责银行监管便于进一步增强中央银行贯彻执行货币政策的权威性，也有利于发挥最后贷款人职能。确保中央银行独立性，有利于银行系统的安全和稳定。二是世界各国中央银行之间在国际交往中能够获得全球市场的信息和最新动态，有利于银行监管，如国际清算银行的每月例会有助于及时获悉国际银行界与新兴市场的新变化；由于中央银行与国际清算银行和巴塞尔委员会有着紧密的合作关系，由中央银行负责银行监管，有利于及时交流执行银行监管国际准则的新情况，便于银行业国际间的合作与交流。[②] 三是便于收集财务数据，能够满足最终贷款人的信息需要。货币政策的决策和银行监管政策的制定，都需要从银行收集大量数据和信息，两项职能设在同一机构，可保证数据和信息的及时性、可靠性和一致性，也可避免增加银行的负担。货币政策有时与银行监管要求并不完全一致，中央银行同时执行两种职能，便于协调二者之间的相互关系。四是为了便于监管机构摆脱财政压力，银行监管的资金来源独立于财政预算，增强了银行监管的独立性。关于次贷危机中中央银行作用的一个评论指出："有证据显示美国的中央银行在制定货币政策过程中所掌握的宏观经济信息和大多数银行监管活动中的核心信息之间具有显著的交叉关系。特别是美国银行业骆驼（CAMEL）评级中所包含的信息对于货币政策方面的一些关键宏观经济变量（例如产出增长或者失业水平）具有显著的边际预测价值，而美联储内部的宏观经济预测（绿皮书）所包含的信息对于总体的银行评级及结果也同样具有显著的边际预测价值。"[③]

（三）强调机构性监管向功能性监管的转化

金融综合经营已是国际金融发展的必然趋势。随着全球金融自由化、一体化趋势的不断推进，银行、证券、保险业等机构的业务互相渗透、交叉，都可以相

① "金融监管有关问题研究综述"，《济南金融》，2002 年第 9 期，第 42—46 页。

② 陈奕杉："论我国银行业监管模式重新选择的必要性及构建金融业监管体制的总体思路"，《甘肃金融》，2003 年第 8 期。

③ 本杰明·弗里德曼："从危机中学习：中央银行能做什么？"，《金融评论》，2011 年第 6 期，第 29 页。

互经营对方业务领域甚至非金融领域,进行多元化经营——综合经营。相对于银行、保险、证券、信托机构等限定在各自的传统业务领域内经营、不得超过既定业务范围的分业经营,综合经营已成为金融体制改革的最终选择和历史的必然选择。金融综合经营有利于金融创新,有利于金融企业开拓市场,优化金融企业的资产负债结构,还能够提高金融机构的自身效率,更有效地防范风险,增强其国际综合竞争力。针对综合经营下金融业务交叉的趋势,对金融监管提出的本质要求是实行功能性监管(functional regulation),即在一个统一的监管机构内,由专业分工的管理专家和相应的管理程序对综合化下金融机构的不同业务实行监管。① 功能性监管是指基于金融体系基本功能而设计的具有连续性和一致性的监管,并能实施跨产品、跨机构、跨市场协调的监管。在这一监管框架下,监管当局关注的是金融机构的业务活动及其所能发挥的功能,寻找最有效地实现既定功能的制度结构和政策组合。这一概念主要是来自于有关金融系统的“功能观点”理论,是指一个给定的金融活动或一类金融业务由同一个监管者进行监管,而无论这项活动或业务由谁来从事。

功能性监管是以机构性监管(entity regulation)为基础和前提的。机构性监管是按照金融机构的类型分别设立监管机构,不同监管机构分别管理各自的金融机构,但某一类金融机构的监管主体无权干预其他类别金融机构的业务活动②,如银行机构、证券公司和保险公司各自归属不同监管机构,对银行实施监管的监管机构就无权干预保险公司或金融公司的银行业务活动。机构性监管只适用于金融分业经营的格局,一旦金融机构出现危机,各监管机构会因责任不清而互相推卸责任。从发展趋势看,功能性监管是综合经营环境下金融监管体制变化的一个新趋势。功能性监管的优点在于管理的协调性高,容易明确金融产品的监管归属,管理中的盲点容易被发现并能得到及时处理,避免了监管真空;功能性监管还可以对金融机构资产组合、总体风险做出判断,可以克服多个监管机构所造成的重复和交叉管理,避免了多重监管的发生。

随着经济的发展、金融改革的深化,尤其是我国加入 WTO 后,直接面对国际

---

① 范旭斌:“加入 WTO 后我国金融监管体制创新”,《现代经济探讨》,2002 年第 11 期,第 58 页。

② 贾宁:“对加入 WTO 后我国金融监管体系的探讨”,《山西财经大学学报》,2001 年第 2 期,第 85 页。

金融业综合经营的挑战,在金融机构业务界限日趋模糊的情况下,我国目前的金融监管模式的不适应性决定了必须首先对其进行改革,而功能性金融监管体制则是这一改革的必然选择。

(四)强调市场约束机制在金融监管中的作用

20 世纪 80 年代以前,金融市场机制与政府监管之间的关系是一种平行替代关系,在平行替代中,金融监管力量的强化意味着市场机制力量的弱化。[①] 80 年代以后,这种局面逐渐得以改变,新的市场导向型的监管体制开始构建。人们越来越认识到,在金融全球化、金融业务综合化和网络化的今天,要想达到更好的监管效果,单靠监管当局本身的努力是不够的。市场约束,作为金融监管的三大支柱(规则、监督和市场约束)之一,在金融监管活动中,其作用越来越被世界各国所强调。这是进入 21 世纪以来国际金融监管出现的新动向。市场约束是指通过向存款人、投资者和监管者披露信息,借市场机制的功能,迫使金融机构规范其行为,监督金融机构经营者、所有者和监管者的外部约束。其本质是由金融机构的市场和客户来约束其经营行为。金融监管当局强有力的外部监管是无法替代市场约束作用的,因为市场约束机制是在所有时间和所有地点对金融机构进行监督的,从不间断、无时不在。市场约束对金融机构监督的压力远比监管当局的调控作用大得多。2001 年发布的《新资本协议》是巴塞尔协议体系中首次正式将市场约束(第三支柱)作为银行监管的一项手段。巴塞尔委员会充分肯定了市场约束具有迫使银行有效而合理地分配资金和控制风险的作用,市场约束可以促使银行保持充足的资本水平,创建安全和理想的银行业环境;同时富有成效的市场约束机制也是配合监管当局强化监督工作、有效弥补“监管真空”和“监管失灵”的有效工具。在市场约束条件下,经营状况优良、信用水平高的金融机构很容易吸引和拥有更多的客户,其融资成本也较低。相反,资产状况差、信用水平低的金融机构则难以控制原有的市场份额,出现融资困难甚至面临难以生存的压力,在资不抵债条件下退出市场。[②] 理论研究表明,对于运行良好的经济而言,市场约束机制已成为不可或缺的因素,它有助于弥补政府监管的不

① 贺小勇:《金融全球化趋势下金融监管的法律问题》,北京:法律出版社 2002 年版,第 38 页。

② 张自力:“论我国金融监管体制中市场约束机制的建立与强化”,《中国市场》,2006 年第 17 期,第 52 页。

足,引导资金在风险状况下实现合理的配置。巴塞尔委员会指出,市场约束机制主要是通过影响市场参与者的决策以及行为而实现的。当市场参与者可以及时获得银行的财务状况、经营前景、风险管理水平等有效信息时,市场参与者可以有效地甄别经营良好的银行和经营不良的银行,并采取相应的行动,从而有效地促使银行实行审慎的经营管理。巴塞尔委员会针对银行监管,特别强调了银行信息披露,并列出了六条强烈推荐的信息披露要求,起到了增加市场透明度的作用。[①] 一个有效的监管体系必须能够正确评价金融机构经营状况并在必要时能迅速采取惩戒措施,最佳选择是将市场惩戒与政府监管有效地结合起来。世界各国也日益意识到,加强市场约束是金融监管的一个新趋势。[②]

(五)强调市场激励相容约束机制实现对金融机构的监管

激励与约束的关系是相辅相成的,而不是对立的。激励的目的是为了调动个人或集体的积极性,而约束是管束与限制,但绝不是一下就管死。激励通常是在一定约束条件下的激励,而约束往往又是建立在激励基础上的。同时,从一定意义上讲,激励本身也是一种约束。激励相容是依信息经济学中"委托—代理"理论提出的。代理人掌握私人信息,而委托人信息不足或没有私人信息,这是由于只有代理人参与业务活动而委托人不参与所造成的。委托人与代理人之间的这种信息不对称便产生了激励问题。因此,激励相容约束(incentive compatibility constraint)就是要设计出一个激励合同,诱使代理人在既定自然状态下自愿选择对委托人最有利的行动。在对金融监管中,比如银行业,银行总会比监管当局更了解其客户的信用品质,监管当局与被监管机构(银行)之间始终存在着信息不对称。因此,"激励相容约束"这一概念在银行监管中正式被提出,也正是基于监管当局和银行之间的关系具有信息经济学意义上的"委托—代理"关系。[③]

激励相容监管对约束机制的正效用影响是基于激励不相容监管对约束机制的不利影响而呈现其优势的。激励不相容的监管将导致金融监管和金融市场的

---

① 刘常青:"市场约束机制的前提条件——对央行强化信息披露机制的冷思考",《汉江论坛》,2006年第7期,第46页。

② Heath Price Tarter, Are International Capital Adequacy Rules Adequate? The Basel Accord And Beyond,148 UPALR1792 (2000).

③ 胡燕玲:"'激励相容'理论在金融监管中的运用",《河北经贸大学学报(综合版)》,2004年第4卷第3期,第62—65页。

主体盈利要求互不相容，使市场机制与政府监管之间的关系被理解成一种平行替代的关系，金融监管力量的强化也就意味着市场机制力量的弱化，从而表现为金融监管对金融市场压制的特征。激励不相容的监管，是只根据监管目标、不考虑金融机构的利益和发展的监管，它使商业银行付出巨大的监管服从成本。金融机构为服从监管而付出巨大的运行成本——金融监管机构运行的行政成本与金融机构为了迎合监管要求（无论合理与否）所产生的成本和机会成本——由于监管当局禁止商业银行从事银行业以外的盈利业务（证券、保险业务等），而使银行丧失开拓新市场的获利机会而产生的成本。[①] 在信息不对称和为参加存款保险体系的银行的债权人提供安全网的条件下，代理人（银行）产生的严重道德行为及银行承担风险的部分成本被转嫁给了政府，促使监管失灵和金融不稳定。由此导致受保储户没有动机去阻止银行机构从事高风险投资和一些有风险偏好的金融家、金融骗子积极进入银行业从事冒险活动，使银行承担的风险超过没有安全网时的风险，这就强化了银行机构的道德风险和逆向选择，而且往往会产生严重的道德风险问题。监管当局的"目标函数"与银行的"目标函数"不一致是产生激励不相容监管弊端的原因。同时，监管滞后于受追求利润内在动力驱使的银行业务的发展速度，从而成为金融机构创新的抑制因素，形成外部监管与金融产品发展之间的冲突，一定程度上阻碍了金融创新。对上述金融监管出现的不利因素，美联储前任主席格林斯潘曾有过论述："并不是监管当局主动进行的，而是由于科学技术的进步和金融理论的发展，被监管者在事实上已经突破了竞争的障碍，从而使监管当局不得不放弃已经失效的监管。"[②]

激励相容的金融监管，强调的是金融监管要鼓励优秀金融机构的发展，抑制不良金融机构的扩张。美联储前任主席格林斯潘指出："激励相容监管应当是符合和引导，而不是违背投资者和银行经理利润最大化目标的监管。"[③]这就是说，金融监管当局不能单纯设置监管的目标而不顾及金融机构的利益，而应当最大限度地考虑金融机构经营收益的最大化，激励金融机构实现良好的内部管理，

① 胡燕玲："'激励相容'理论在金融监管中的运用"，《河北经贸大学学报（综合版）》，2004 年第 4 卷，第 3 期，第 62—65 页。

② 陈正勇："激励相容：我国银行监管的现实选择"，《济南金融》，2004 年第 4 期，第 30 页。

③ 巴曙松等："鞭打慢牛——评央行差别存款准备金率政策"，《中国金融》，2004 年第 8 期，第 24 页。

使其与市场约束相结合来实现监管目标。这样，将会使金融监管在注重激励相容的框架下，将金融机构的盈利目标与监管机构的监管目标协调统一。

激励相容的监管在强调依靠和利用市场机制与内部管理过程中体现其核心优势。融合银行的内部管理，针对银行具体情况“差别对待”。1996 年巴塞尔委员会发布的《测定市场风险的巴塞尔补充协议》，从强调统一的外部监管标准转向多样化的外部监管与内部风险模型相结合，大大降低了监管服从成本，并融合市场约束，减少金融机构道德风险。市场对银行经营管理形成的市场约束，具有全面性、客观强制性、公平性和持续性等四个特点，充分有效的信息披露是市场约束发挥作用的基础。通过建立银行信息披露制度引入市场约束，从而减少金融机构对安全网的依赖产生的道德风险。国际金融监管的激励相容约束理念也在相关法案改进中得以体现：2001 年颁布的《巴塞尔新资本协议》框架主要是在全面继承以 1988 年巴塞尔协议为代表的一系列监管原则成果的基础上，从单一的资本充足协议约束转向依靠最低资本充足比率、外部监管和市场约束三个方面的共同约束；1991 年美国《联邦存款保险公司修正法案》也体现了正向激励与激励相容的特征。该法案是一种以风险为基础的差异保费制度，根据各投保银行的风险承受度与经营状况的指标对其收取保费，并规定了相应的“及时校正措施”，使得风险较大的金融机构的扩张速度明显减慢，防止风险扩散，同时也增强了监管框架的激励相容能力，体现了正向激励和激励相容监管的理念。①

激励相容的监管是更多地引入市场化机制，是强化金融机构微观基础的手段。激励相容约束机制使金融监管不再是替代市场，而是从特有的角度介入金融市场，促进金融体系的稳健高效运行。这在即将正式实施的巴塞尔新资本协议中得到了很好的体现。在新资本协议框架下，金融机构在选择内部风险管理框架方面具有更大的自主权和灵活性，只要能够达到相应的监管目标，商业银行可以根据自己的实际情况自由行为，监管当局无须也没有可能为商业银行指定一个正确的经营行为。② 从全球范围内来看，金融监管正呈现一种正向激励的特征和激励相容的趋势。

---

① 邓艾：“激励相容理论在金融监管中的效用探析”，《经济理论研究》，2005 年第 6 期，第 41—43 页。

② 阙方平：“加强银行监管亟待解决的若干问题”，《武汉金融》，2003 年第 4 期，第 12—14 页。

(六) 强调金融监管要兼顾安全与效率并重的目标

效率和安全是实现金融市场稳定健康发展的重要课题。在金融全球化的大趋势下,改进金融效率与金融安全的关系,提高监管效率,将对增强金融机构的国际竞争力起着重要作用。效率优先,兼顾安全,是有效应对挑战、深化金融监管体制改革的价值目标。

金融业安全稳健的发展,是金融监管所追求的首要目标。而金融效率表现为更注重金融资源配置、创造最大的经济价值。安全与效率的不同价值取向又体现出了二者对立统一的关系。金融安全与金融效率都是金融发展不可或缺的两个方面,其目的都在于通过金融资源的合理运用,服务于资金融通,服务于社会经济整体对资金融通的需求。因此,只有兼顾金融安全与金融效率,金融监管才能有效应对金融全球化的挑战,实现金融业快速、稳健的发展。

金融效率优先,是现代世界各国金融监管体制改革的全球发展方向。但在建立为提高资源配置效率为终极追求目标的监管理念、以增强本国金融机构竞争力为根本出发点和最终归宿的现代监管价值取向的同时,必须兼顾金融安全。正是基于这样的现代监管理念,不少国家开始把改善金融运行效率、增强金融机构竞争力作为金融监管优先考虑的目标。①

从20世纪30年代大危机后的"严格管制"到20世纪70年代以来的"金融自由化"改革,国际监管领域经历了一个大规模放松管制的过程。20世纪70年代以前,国际金融监管主要侧重于维护金融体系的安全,具体措施主要包括市场准入条件的限制、金融机构业务范围的划定、法定准备金率及利率上限的规定等,这些法规和监管措施的制定及实施起到了稳定金融秩序、促使金融机构谨慎经营、保护存款人和投资者利益的作用。② 进入70年代以后,随着各国经济的发展,传统的金融管制法案逐渐显得不能适应需要。由于分业经营与市场分离,金融机构之间缺乏足够的竞争和效率;计算机和信息处理技术的发展,促进了金融创新的不断生成,在很大程度上打破了过去的利率管制和金融机构的专业分工限制;传统的金融管制不仅暴露出了严重的低效率问题,甚至成为金融体制不稳定的因素。正是由于经济形势发展的需要和理论研究上的深入,自20世纪

① 郑志:"金融监管要兼顾效率和安全,提高行政监管效率",《人民日报(海外版)》,2006年8月4日。
② 刘红梅:"国际金融监管的发展趋势及其对我国的启示",《武汉金融》,2002年第9期。

80年代以来美英等主要西方国家纷纷进行以放松管制为特征的金融自由化立法改革。如美国80年代和90年代的金融立法改革的内容主要包括:1980年《存款机构放松管制和货币控制法》(Depository Institutions Deregulation And Monetary Control Act of 1980)、1982年《存款机构法》(Carnest Germain Depository Institution Act of 1982)、1987年《银行平等竞争法》(Competitive Equality Banking Act of 1987)、1994年《里格-尼尔银行跨州营业和设立分行之效率法》(Riegle-Neal Interstate Banking and Branching Efficiency Act of 1994)以及《金融服务现代化法案》(Gramm-Leach-Bliley Act)。[①] 各国通过金融立法改革,从单纯强调金融安全转而强调安全与效益并重的目标,这不仅是建立在各金融机构内部风险控制能力的增强以及存款保险制度、最后贷款机制等安全保障体系日益完善的基础之上,而且顺应了金融业发展的趋势、提高了经营效率。

综上可以看到,金融效率的基础在于金融安全,而金融安全的最终目的则是为了实现金融效率。面对全球金融业的激烈竞争和金融全球化不可逆转的趋势,只有秉承效率优先、兼顾安全的新型监管理念,金融监管才能在保持金融秩序安全稳定的基础上,提高金融业在国际市场上的整体竞争力,实现金融监管的现代化。

(七)强调从分立监管到统一监管的转变

20世纪80年代以前,多数发达国家都采用分立监管结构,通过各个独立监管机构的互相配合和互相制衡来实施监管,是对不同的金融机构而不是业务进行监管的机构性监管。分立监管的好处在于可以发挥监管专业化分工优势,有效解决不同监管目标间的冲突问题,同时也能促使不同监管机构之间保持一定的竞争性。但在综合经营不断发展的趋势下,分立监管的弊端日益明显,所分别设立的多个监管主体不仅要支付很大的行政成本,而且不同监管主体之间的协调与合作成本也很大。如各监管机构的互相制约、管理口径不一都影响了监管的效率,监管机构重叠、职能交叉也会造成管理资源的浪费等。到了80年代,由于市场利率变化加剧、通信数据处理方面的技术革新、金融自由化和金融创新的发展速度较快以及金融机构多元化的迅猛发展,使许多管制对金融业发展产生了有害的影响,并使原来的监管结构已不再适应金融结构的变化。因此,各国加

---

① 陈立彤等:"从国外的监管实践看我国银行监管中的立法与执法",《金融论坛》,2002年第7期。

强了各监管机构之间的协调并向统一型金融监管过渡。统一型金融监管体制是指由统一监管主体对从事银行、保险和证券不同类型业务的金融机构实施统一监管。统一型金融监管有利于各监管部门的信息沟通和业务协调，可以在一定程度上节约行政成本，减少不同监管主体之间的协调成本；有利于判断综合经营金融机构的总体风险。[①] 如英国在金融监管方面经历了一个由分立式的机构性金融监管向统一型金融监管的转变过程。20 世纪 80 年代以前，英国金融业实行分业监管，即英格兰银行、证券投资委员会和一些自律组织对与分业经营相对应的银行、证券和保险三者分别实施监管。80 年代以后，分业监管在综合经营不断发展的冲击下，已经难以满足对逐步发展的综合经营实施监管的要求，并于 20 世纪 90 年代英国"金融大爆炸"期间，将英格兰银行监管部门、证券投资委员会和其他金融自律组织合并统一，成立了新的综合性金融监管机构——"金融服务局"（Financial Services Authority，FSA），全面负责对英国金融业的监管，并于 2000 年通过了《金融市场与服务法案》，从法律上确认了这种金融监管体制的改变。[②] 又如 1998 年，日本通过金融改革建立了统一的监管框架，将金融监管职能从大藏省分离出来，统一负责对各类金融机构的监管。

在对金融监管的实践考察中发现，统一监管呈现出明显的优势：(1) 可以消除监管死角；(2) 如果监管内容类似，可以提高监管效率；(3) 可以降低分业监管带来的信息分享成本；(4) 可以充分利用人力资源；(5) 可以避免因监管机构的不同而带来的监督程度和管制力度的差别；(6) 有助于加强对混业经营金融集团的监管。[③] "统一监管提高了复杂金融联合体的监管效率，实现金融监管的规模经济，顺应现代金融业综合经营的潮流。"[④]在金融各个部门业务交叉越来越明显的情况下，监管部门应考虑从分立式的机构性金融监管向统一型金融监管的过渡，以适应新的形势。

次贷危机之后，在宏观层面确立一个负责系统性风险的巨型监管机构、在微

---

① 邓伟、邓勇："金融监管体系：国际的变革与我国的调整"，《金融理论与实践》，2003 年第 1 期，第 4—6 页。

② 虞群娥："论全球金融监管模式变革与我国监管模式选择"，《财贸经济》，2002 年第 6 期，第 53 页。

③ 孙涛："国际金融监管的新进展"，《世界经济》，2002 年第 4 期。

④ 周恒山："浅析全球金融监管模式变革与我国监管模式选择"，《湖北社会科学》，2004 年第 9 期，第 36 页。

观层面消除监管重叠与监管空白已成为共识[①],这也在某种程度上说明了统一监管的优越性。

(八) 强调外部监管与自律监控的结合

各国金融监管模式通过不同的方式来实施可以划分为两大类:一类是以美国为代表的外部监管立法型政府监管模式;另一类是以英国为代表的金融机构自律型监管模式。前者通过政府的监管主体对金融机构进行监督,而后者是指行业自律和金融机构的内部控制。

外部监管体系的优势在于,具有超脱于市场竞争者之外的监管机构,能够更公平、更客观、更严格地发挥监管职能,更好地克服市场失灵现象;各类综合性和专门性法规齐全,提高了监管的权威性和严密性。但由于金融市场的复杂性和多变性,单纯靠政府机构而缺乏自律组织的配合,很难实现既有效管理又不过多行政干涉的目标。与自律型机构相比,政府机构离市场较远,掌握的信息相对有限,这使得政府承担了过多的风险责任,从而导致了政府监管成本上升和效率下降、监管过严和金融机构的风险意识淡薄以及资源浪费等不利后果,而且不利于随时察觉市场变化,使监管滞后。

自律型监管组织是由具有丰富的专业知识和实践经验的市场参与者组成的,因此,能比政府监管机构更迅速地对市场存在的问题做出准确的判断。这种采取非正式、灵活的方式,可以具体问题具体对待,比政府监管机构更有效率。自律监控的实施则有助于确保金融机构在经营过程中遵守法律法规以及服从内部的政策、计划、程序和规定,从而减少意外风险。但其缺欠表现在,没有专门统一的法律法规,缺乏强有力的法律知识,被钻空子的现象难免出现;非制度化的监管易滋生腐败现象,存在权力寻租问题;由于非规范化、弹性监管者的主观因素和人为色彩等对监管有很大影响,而且随意性大,这样就会导致监管标准的不一致,造成国际贸易壁垒和国际金融市场的不平等竞争。这种模式是建立在对监管者自我约束性强和相互密切配合基础上的。随着金融全球化的加强,新的竞争者越来越多,监管效果会受到一定的影响。[②] 因此,在强化外部监管的同时,各国监管机构为了适应金融创新的发展和提高效率,应该更加重视金融机构

① 余文建、黎桂林:“后危机时代的金融监管”,《中国金融》,2009 年第 17 期,第 32 页。

② 李强:“世界衍生金融市场监管体制的发展趋势”,《期货日报》,2005 年 2 月 24 日。

的自律监控。

由于两种监管模式都有缺陷，因此，两者的有机结合就可以实现互补，美国目前正改变僵硬的法律条文和适当减少大量模型和比率指针，增加灵活性和主动性。1995 年美国联邦储备委员会的经济学家提出了一种新的监管方案——"预先承诺方案"（PCA），即监管当局设定一个测试期间，银行则利用自己选择的内部模型计算出在这一期间将保持的最大损失数额，并对此做出承诺，一旦实际损失超过这一限额，则必须接受监管当局的惩罚。这种预先承诺方案有利于将银行的风险价值和监管当局的监管目的有效地联系起来，从而节约了监管成本，减少了对金融机构的约束和干预，提高了其自身监管的能动性。美联储主席曾强调金融监管应避免模式化和简单化，对不同的金融机构应区别对待；英国也陆续出台了《1979 年银行法》、《1987 年银行法》等一系列法规，朝着法制化、规范化轨道迈进；日本 1998 年的金融体制改革出台的一系列旨在加强市场机制的法律、法规宣告了"护送舰队"时代的终结。[①] 1998 年 2 月，在巴塞尔银行监管委员会公布的《关于内部控制制度的评价原则》中提出了评价银行内部控制制度的 14 条原则。[②] 这些原则对于监管当局对金融机构内控制度进行监管以及健全内控制度都具有重要的指导意义。总之，在综合经营环境下，金融监管机构不再是一切责任包揽者，而是激励金融机构主动在金融市场经营中加强责任意识，强调官方监管与自律监控的并重。现代金融监管，正朝着两种监管模式日益相互靠拢和融合的方向发展。

（九）强调金融监管的国际协调与合作

金融全球化的发展，带来了金融体系内在的脆弱性：一是金融全球化使国际间的依赖性、依存性越来越大；二是金融全球化不但使国际间发生金融危机的可能性增大，而且已成为事实；三是金融全球化不断扩大、深入的同时，各国的实际行动还无法抗击经济全球化带来的冲击。[③] 金融全球化对建立高效的金融体系有着积极的作用，在金融全球化的发展过程中，随着金融管制的放松，全能制银行的出现以及跨国结算体系不断发展，大型跨国银行和金融集团不断出现，金融

① 李强："世界衍生金融市场监管体制的发展趋势"，《期货日报》，2005 年 2 月 24 日。

② 王琴："当前国际金融发展的特征及其对金融监管提出的要求"，《国际关系学院学报》，2001 年第 4 期。

③ 郭春松、朱孟楠："加强金融监管的国际协调与合作"，《上海金融》，2004 年第 10 期，第 28 页。

资本的国际流动呈现出多样性。同时,由于电子信息技术、网络技术快速发展和在国际金融领域的广泛应用和金融工具的不断创新,使跨国的资金调拨变得越来越容易。国际资本流动的规模和频率不断增强,这使得国与国之间的金融联系越来越紧密,并不断地伴随着各种形式的金融动荡。如 20 世纪 90 年代初日本泡沫经济破灭、1992 年的欧洲货币体系危机、1994 年年底到 1995 年年初的墨西哥危机和 1997—1998 年的亚洲金融危机(还有巴林银行事件、大和银行丑闻、土耳其金融危机、阿根廷金融危机等)连续出现,充分表明了金融市场监管的难度。因此,一国范围内的金融动荡很可能引起别国的甚至世界范围内的连锁反应,即国际金融市场的系统风险,对这一风险的防范不是一国监管体系力所能及的,根据对这些冲击和危机的分析可以看出,金融全球化对各国金融体系固有的脆弱性尤其是新兴金融市场国家同样存在着助推的作用。这就预示着在金融全球化的过程中,客观上要求制定统一的监管措施和监管标准,实现全球性的统一监管,使各国的金融监管机构加强跨国协调和国际合作。

20 世纪 90 年代以来,金融监管的国际合作取得了前所未有的发展。长期以来,巴塞尔委员会一直努力在两个领域内展开工作,一是制定共同的监管最低标准,供各国监管当局遵循,以求达到监管标准最低限度的统一[①];二是划分东道国与母国的责任。该委员会从 1975 年开始发布《对国外银行机构监管的原则》,到 1988 年发布《关于统一国际银行的资本计量和资本标准的报告》,到 1997 年发布《银行业有效监管核心原则》,再到 1999 年发布的《新的资本充足比率框架》,无一不显示出该委员会对银行监管持之以恒的态度。[②] 而巴塞尔银行监管委员会于 2004 年 6 月正式对外公布的、代表国际银行业新的监管趋势和要求的《巴塞尔新资本协议》的最低资本金要求、外部监管、市场约束等三个原则构成了新巴塞尔协议的支柱。自十国集团和欧盟宣布《巴塞尔新资本协议》于 2006 年实施起,一些发展中国家也积极准备向实施新协议过渡。[③] 这些协议原则适应了全球金融监管的现实需求,得到了国际金融业特别是银行业和各国监管当局的普遍接受和运用,从而推动了金融监管的国际协调与合作。

---

① 刘红梅:"国际金融监管的发展趋势及其对我国的启示",《武汉金融》,2002 年第 9 期,第 31 页。

② 高峰:"国际金融监管发展的新趋势",《东北财经大学学报》,2001 年第 4 期。

③ 肖平飞:"试论国际金融监管立法的发展趋势",《湖南公安高等专科学校学报》,第 16 卷第 4 期,2004 年 8 月,第 58—60 页。

（十）强调金融监管职能与货币职能相分离

20世纪80年代之后，尤其是亚洲金融危机之后，很多国家出现了银行监管职能与货币职能相分离的情况。1997年英国成立了金融服务监管局，英格兰银行对银行监管职能转移到金融服务监管局，而仅仅保留了中央银行的货币职能。韩国、澳大利亚、卢森堡、匈牙利、日本等国也进行了类似的改革。学者们也对此进行了讨论。主张金融监管职能与货币职能分离的主要理由是，货币政策和金融监管之间存在目标冲突。中央银行货币政策的首要目标是保护货币币值稳定，银行监管则要在审慎监管原则下，尽量避免由于个别金融机构出现的流动性困难而引发传染效应，从而给整个金融体系带来系统性风险。当个别金融机构出现流动性困难时，作为监管职能的中央银行往往出于社会稳定和逃避自身监管不力责任的考虑，倾向于作为最后贷款人向银行提供流动性支持，这就会威胁货币的稳定。特别是在一些国家，货币政策松紧与银行监管力度之间存在同步震荡现象，表明货币政策与银行监管这两个独立目标成为中央银行实现某些社会经济目标的相互补充的手段。因此，为使以稳定币值为目标的货币政策不受干扰，将银行监管职能从中央银行分离将成为有效的解决办法。[①]

---

① 贺小勇：《金融全球化趋势下金融监管的法律问题》，北京：法律出版社2002年版，第42—43页。

第二编

金融创新与金融监管的博弈分析

Finance

第四章　金融监管的经济学研究

第一节　市场失灵——金融监管的主要理论基础

金融监管的理论基础是金融市场中的“市场失灵”。“市场失灵”是由西方学者弗郎西斯·M.巴托于1958年8月发表的《市场失灵的剖析》一文中提出的，认为在“外部性”、“公共产品”、“市场垄断”和“不确定性”等方面，市场优胜劣汰的竞争机制、价格调节机制等失去效应。这是一种原始的市场失灵，是指古典经济学中经济系统以外的，无市场或非市场的情况，而美国经济学家斯蒂格利茨则提出了一种“新的市场失灵”：“新的市场失灵是以不完全信息、信息有偿性及不完备的市场为基础的；而原始的市场失效是与诸如公共物品、污染的外部性等因素相联系的。这两种市场失效之间主要存在两点差别：原始的市场失效在很大程度上是容易确定的，其范围也容易控制，它需要明确的政府干预。由于现实中所有的市场都是不完备的，信息总是不完全的，道德风险和逆向选择问题对于所有市场来说是各有特点的，因此经济中的市场失效问题是普遍存在的。”①金融市场不仅面临原始的市场失灵问题，也面临新的市场失灵的问题，如投机因素剧增、不良债权充斥、外部经济冲击等，这些因素常常导致一国的国民经济受损，扩大了金融动荡的传播速度和范围，强化了金融动荡的积聚和传播效应，加速导致泡沫经济和金融危机。金融市场的失灵现象要求政府必须加强对金融市场的监管。其要点为：

一、金融机构的负外部效应需要金融监管

外部性是指私人收益与社会收益、私人成本与社会成本不一致的现象。经

① 约瑟夫·E.斯蒂格利茨：《社会主义向何处去——经济转型的理论与证据》，长春：吉林人民出版社1998年版，第48—49页。

济学家认为，市场的不完全性导致了企业的负外部性。金融体系的负外部性主要是指储蓄者、融资者和金融中介机构在金融交易中对其他个人或组织所产生的直接的、无法确定的交易成本。如银行业，在信息不完全的条件下，博弈所导致的集体非理性易引发挤兑行为。个别银行的破产有可能因“多米诺骨牌效应”导致整个银行系统的崩溃而引发金融经济危机，这使得银行破产的社会成本远远高于银行自身的成本（Kareken and Neil，1983；江曙霞，1994；阙方平，2000）。负的外部性如果不加以限制就会损害交易参加者的利益。事实上，金融体系的负外部效应问题比起其他行业更为严重。按照福利经济学的观点，负外部性效应问题可以通过征收“庇古税”[①]来加以解决，但是金融活动巨大的杠杆效应——个别金融机构的利益与整个社会的利益之间严重的不对称性显然使这种办法显得十分局限。另外，科斯定理从交易成本的角度告诉我们，外部性也无法通过市场交换来加以解决。因此，需要一种市场以外的力量介入来限制金融体系的负外部性影响，即需要政府监管参与进来对之加以控制。

1. 金融业自身的经营特点使金融机构的资本利用率大大高于普通企业

这意味着它可以用同样的资本支持比一般行业更大规模的资产运营，相对于所有者自有资产而言，所有者可以得到更高的利益，而相对于整个资产来说，所有者却承担了相对小的风险。这种制度安排加大了所有者冒险的动力，一旦出现问题，遭受损失的范围也大大高于普通行业。

2. 金融机构出现问题往往具有较强的传染性

这种传染性可能来源于信息不对称，即由于存款人对金融机构经营状况不了解而产生恐慌。此时，每个提款人理性的选择是收回自己的钱，而且根据“顺序服务约束”（sequential service constrains）（先到先提）原则，越早提回存款越有利。于是，每个人在理性的选择下，就会发生挤提风潮。当存款人由于信息不灵无法区别业绩好的银行与存在较大风险的银行时，他们可能会引发对稳健银行的无故挤兑，这可能会导致系统危机。此外，这种传染还可能通过清算体系进行。银行作为清算中介，如果在一个清算期间结束时，有一家或几家大的金融机

---

① 庇古认为，由于外部原因而导致的边际私人纯产值和边际社会纯产值的背离，是不能依靠自由竞争解决的，需要政府进行干预。具体办法是：对边际私人纯产值大于边际社会纯产值的部门进行征税（即庇古税），对边际私人纯产值小于边际社会纯产值的部门进行补贴。这样可实现生产资源的最优配置，增加社会福利。

构不能支付，这几家机构的问题会立即扩散为很多金融机构的支付困难，甚至是整个金融体系的失灵。所以，单个金融机构的经营可能会影响整个金融体系的运转，这种负的外部效应可以在整个体系中自我扩大。

3．金融危机对实物经济部门也具有巨大的影响

有的经济学家提出以产权的发展使“外部性内部化”，但是，根据科斯定理，这种解决必须是在无交易成本的条件下才能进行。自然，这种苛刻的条件无论是对金融体系还是对实物经济部门都是难以实现的。市场力量对于外部效应的存在是无能为力的，因而，需要一种政府力量的介入来限制这种影响。

二、金融市场的垄断性与金融机构自由竞争悖论

金融机构规模经济的特点使金融机构的自由竞争很容易发展成为高度集中的垄断，而垄断容易导致融资的高成本和服务质量的低下，这会降低资金的配置效率，从而造成社会福利的净损失以及政治上的不利影响加大，所以应该通过监管消除垄断（Meltzer，1967，Clark，1988）。由于金融机构是经营货币的特殊企业，它所提供的产品、服务和特性决定其不完全适应自由竞争原则。自由竞争的结果是优胜劣汰，而金融机构激烈的同业竞争将导致整个金融体系的不稳定，进而危及整个经济体系的安全。因此，金融监管的一个主要使命就是如何在维持金融体系效率的同时，保证整个体系的相对稳定和安全。

三、金融体系的公共产品特性需要金融监管

公共产品是市场失灵的另一种情形。公共产品的特点在于经济利益不具有排他性和竞争性。一个稳定、公平和有效的金融体系带来的利益为社会公众所共同享受，无法排斥某些人享受此利益或者说排斥某些人的成本过高，而增加一些人享用这种利益也不会增加太多的成本。因此，金融体系对整个社会经济具有明显的公共产品特性。作为公共产品，增加一个人对它的消费不会引起边际成本的增加，也不会减少他人消费的可能性。所以，任何人没有必要也无法排斥他人对这种产品的消费，其中也包括搭便车者。这种金融体系的公共产品性质导致了社会对于金融体系广泛的依赖性，金融体系对于整个社会而言具有牵一发而动全身的性质。而金融体系本身的质量来自于稳定、公平和有效，如果丧失

这种性质,就意味着公共产品发生了质量恶化。由于社会对金融体系的深度依赖,质量恶化的后果将是难以想象,历次金融危机也无不说明了这一点。因此,保持金融体系本身的稳定、公平和有效,就成为政府必须解决的公共政策问题,政府有责任保证金融体系的质量。

从实现这一目标的手段而言,如果市场能自行实现这一目标,则政府无须对此越俎代庖,否则就是人为设置交易成本。但是通常情况下市场无法保证金融体系整体的理性。在金融业中,银行又处于核心地位,一个稳健的银行体系,对于经济繁荣以及对于货币政策向实际经济的传导是有利的。稳健的银行体系具有公共产品的许多特征,纯粹的市场行为将导致稳健银行业的供应不足①,银行特别容易受到系统性风险的冲击。很多国家对银行业的稳健给予特别的关注,如存款保险制度的建立有利于整个金融体系的稳定。个别银行可能将因此而大大减少被挤兑的风险,增强了安全性,即使这些银行没有参加存款保险制度也会产生同样效果。由于金融机构本身提供的是一种理论上的风险和收益产品服务,很容易在利益的诱惑下,违背审慎经营原则,过分冒进。虽然从金融自身来看风险尚能承担,行为也是理性的,但是个体的理性行为却很可能造成集体的非理性后果,导致这一公共产品的供应不足。金融体系的这一性质决定了其运行必须要有一个无私利的主体对所有金融机构个体进行限制和监督,以维护这种产品的稳定性。这就是说维护金融体系质量的手段不能缺乏政府的监管。

四、信息不对称导致对金融市场必须进行立法监管

在不确定性研究基础上发展起来的信息经济学表明,不确定性、信息不完备和信息不对称是市场经济体制下金融体系中更加突出的现象,金融机构有可能随时因信息问题而陷入困境。以金融中介机构为例,如银行等。金融中介机构在资金融通过程中不可避免的形成存款人与银行及银行与贷款人之间的新的信息不对称——主要由以下四种类型的"委托—代理"关系引起(见图 4-1):

① Minsky 等人认为,银行的利润最大化目标促使他们在系统内增加风险性业务和活动,导致系统的内在不稳定性,因而需要对银行的经营行为进行监管(Minsky,1982;Cypher,1996;Kregel,1997);Friedman 和 Schwartz(1986)、Diamond 和 Rajian(2001)从银行及金融机构的流动性方面的研究和 Kaufman(1996)从银行体系的传染性和系统风险的角度所进行的分析都得出了相同的政策建议。

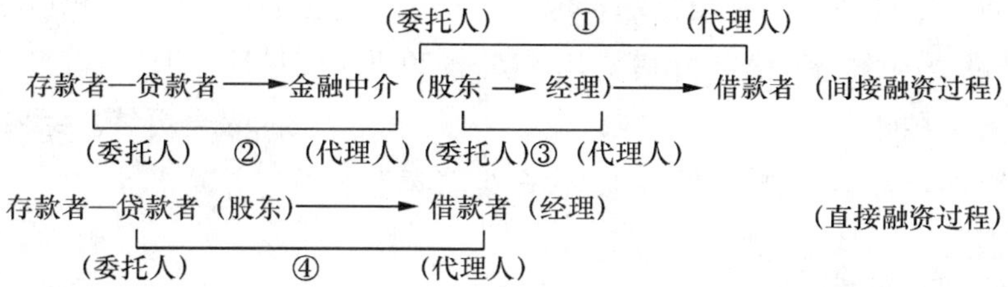

图 4-1　信息不对称下四种类型的“委托—代理”关系①

金融中介的道德风险，是由银行与存款人之间的信息不对称所导致的，而银行与贷款人之间的信息不对称会导致信贷配给的逆向选择与道德风险问题。这二者都会导致金融市场失灵。②

在金融领域中，由于信息的不完备、不对称，更加突出地增加了交易成本，减少了交易量；同时，获得完备信息需要支付的高额成本，往往使资产需求方望而却步，从而减少对资产的需求，最终造成了金融资源的浪费。由于信息准公共产品的特性，私人提供的信息往往会因为搭乘现象使提供者得不偿失。因此，搜集和处理信息的任务自然就落在政府身上。政府无论是从“监管者”还是从“守夜人”的角度，都有责任采取措施减少金融体系中信息不完备和信息不对称。实际上，当市场失灵出现问题时，各国政府的金融当局都不会漠视这些问题的存在与发展，而会通过一些积极的手段对金融市场进行干预。

可见，无论从金融体系的负外部效应、金融体系的准公共产品特性还是从市场信息的不对称角度来看，离开政府的金融监管，金融体系是无法正常运转和存在的。因此制定适度的金融监管法规，对金融市场进行必要的监督和引导，对一个国家甚至世界金融业的良好发展甚为关键。

第二节　金融监管的经济学理论基础

金融监管是一种与市场自发运动相对应的政府行为，因此，金融监管理论的

① 侯成晓：“现代金融监管变革趋势研究”，http://www.zgjrj.com，2004 年 6 月 28 日。
② 同上。

根源很自然地与经济学的一个基本范式——“看不见的手”(市场)相联系。[①] 关于“看不见的手”的争论则持续了几乎整个20世纪,并且在很大程度上导致了主导经济学在此期间的发展演变以及经济学主流学派的兴衰更替。经济学主流学派的更替对金融监管的理论和实践产生了重要影响。

一、古典经济学

在亚当·斯密的《国富论》中,第一个使用了“经济人”假设——人们都有与生俱来的改善境遇的愿望,他认为在“经济人”普遍存在的社会中,人人都追求个人私利,但是市场在经济人的自利行为推动下,能够实现个人利益和社会利益的共同增进。[②] 个人利益与公共利益是一致的,这种一致性是通过一只“看不见的手”实现的,而这只“看不见的手”是通过自由竞争实现的。[③] 于是“看不见的手”成了市场经济的法则,以自由放任原理、竞争和劳动价值论为特征的古典经济学说得以创立。“看不见的手”的深层理论基础在于亚当·斯密对市场秩序的认识。早在亚当·斯密之前,重农学派的代表人物奎奈在培根和洛克的思想以及法国18世纪的唯物主义哲学影响下,就提出了以客观存在的自然规律为特征的自然秩序学说,这一学说也表达了对“看不见的手”的支持。奎奈认为,经济运行秩序是物质规律和道德规律合理形成的自然秩序,而所谓的物质规律就是“从对人类最有利的自然秩序所产生的一切实际事件的运行规则”[④],道德规律“则可以理解为明显地适应对人类最有利的实际秩序的道德秩序所产生的一切人类行为的规律”[⑤]。市场的价格机制与竞争机制使表面上看起来很混乱的经济活动实际上能够像人体的血液循环一样稳定、健康且有序地运行。亚当·斯密继承和发展了自然秩序学说,提出了著名的市场机制“引力定律”,认为市场经济中存在一种如同万有引力的自然引力——市场机制力,这种市场机制力

---

① 白钦先:“金融监管理论和实践的历史性回顾与反思”,《现代金融监管研究丛书》总序,北京:中国金融出版社2003年版。

② 亚当·斯密:《国民财富的性质和原因的研究》,郭大力、王亚南译,北京:商务印书馆1974年版,第2页。

③ 同上书,第25、27、119页。

④ 奎奈:《奎奈经济著作选集》,吴斐丹、张草纫选译,北京:商务印书馆1979年版,第304页。

⑤ 同上书,第304页。

在价格机制的引导下将会自动地创造市场经济秩序的和谐与永恒。古典经济学派的核心要义直指最低限度的政府干预：人的行为都是追求自身利益的，市场经济中个人之间的利益是和谐的，追求自身利益的经济行为不仅有利于自身，而且有利于整个社会的改善。这就是著名的“看不见的手”的原理。因此最好的政府就是管得最少的政府。自由、竞争的市场会引导人们处理好各种经济问题。市场经济能够实现自我调节，能够实现充分的就业。政府的职能仅限于维护产权、提供国防、教育等公共职能。[①] 因此，在古典经济学看来，认为政府所扮演的角色仅仅是市场经济的“守夜人”，而不应直接介入和干预经济运行，政府对于市场秩序的创建与维护既无必要，也没有可能。这种观点当然不会支持金融监管作为一种政府职能的重要方面。如亚当·斯密的“真实票据”理论，只要银行主要投资于体现实际生产的短期商业票据，就不会引发通货膨胀或紧缩，“看不见的手”仍然能够发挥作用，并不需要中央银行专门来管理货币。虽然 1720 年 6 月英国颁布的旨在防止过度证券投机的《泡沫法》(Bubble Act)[②]，但是，它并没有真正开启现代金融监管法制的历史大幕，其原因在于与当时资本主义发展初期所奉行的自由放任的经济政策相悖，也在于在没有正确的理论指导下该法案采取了不恰当的政府干预措施紧密相关。

二、德国历史学派

“19 世纪初德国的特殊政治经济条件，为一种新学说的诞生提供了有利的环境。虽然这种学说的发展比较缓慢，但内容却叫人吃惊。”[③]19 世纪兴起了与经济自由主义相对抗而主张国家干预为特征的历史学派。该学派自 19 世纪 40—60 年代为德国旧历史学派，自 70 年代以后为新历史学派。德国历史学派的创始人李斯特认为，国家对市场经济进行干预的原因是因为市场经济有很多的局限性，例如私人利益和国家利益并不能够总是保持一致，私人企业的发展离不开国家的保护和扶植；个人只有借助国家的政治组织和政治环境才能形成生

① 姚开建：《经济学说史》，北京：中国人民大学出版社 2003 年版，第 300 页。

② 盛学军：“金融监管法制的源与流”，《社会科学研究》，2009 年第 2 期。

③ 夏尔·季德、夏尔·利斯特：《经济学说史》(上)，徐卓英等译，北京：商务印书馆 1986 年版，第 309 页。

产能力；国家在保护和积累生产能力方面具有重要作用等。李斯特认为，国家干预是弥补这些私人市场经济缺陷的主要手段。此外，李斯特还具体讨论了国家干预的范围，认为国家应当做“即使个人有所了解，但靠他自己的力量也无法完成的那些事”，包括修建铁路基础设施，制定专利法以及各项有关生产力和消费的法规，实行贸易保护政策等。[①] 德国新历史学派继承和发展了国家的干预理论，其代表人物史蒂格勒认为，盈利心是社会发展的重要原因，但是必须通过国家干预避免盈利心达到极端状态给社会带来危害，因此他也主张借助于国家权力对经济实行广泛地干预。而在桑巴特看来，“国家、技术和贵金属生产是资本主义发展的基本条件”，而其中起着关键作用的是国家。他说：“国家尤其是借它的军队替资本主义创造一个大市场；并将秩序与纪律的精神贯注于中。……国家向远方侵略，征服殖民地，并借助于奴隶状况，发起最初的资本主义的大营业。它假手于自己政策有意识的干涉，保护并推进资本主义的利益。”[②]

德国历史学派的兴起以及国家干预主张，与当时德国在各西方主要资本主义国家中相对落后有关，它实际上是肯定了在发达国家与落后国家并存的情况下落后国家应当更多地依靠政府的力量来发展自己的经济。德国历史学派的这种主张为当时的德国政府所积极采纳，然而作为一个经济学派，却长期被斥为异端并被排除在主流之外。但是无论如何，德国历史学派指出的市场机制的缺陷已经为后来其他的国家干预经济学说奠定了基础。

三、新古典经济学

新古典经济学坚持了三个核心假设：第一，每个经济主体总是倾向于使其私利在特定的约束条件下实现最大化，即“经济人”假设；第二，“经济自由”是一国民富国强的根本保证，即“一只看不见的手”的假设；第三，经济资源相对于人类需求总是稀缺的，即经济资源的稀缺性假设。此外，新古典经济学还有一些辅助性假设，如完全理性假设，即假定经济主体能够合理利用自己所搜集到的信息，去估计不同结果的各种可能性，然后最大化其期望效用；完全信息假定，即假定经济主体具有进行最优决策所需的一切相关信息，或者说，决策者获取信息的成

---

① 李斯特：《政治经济学的国民体系》，陈万煦译，北京：商务印书馆 1997 年版，第 132 页。

② 桑巴特：《现代资本主义》，李季译，北京：商务印书馆 1958 年版，第 216 页。

本为零;正确的市场价格假定,即假定市场价格能够反映供需双边所有的相关信息;市场出清假定,即假定所有生产出来的产品都刚好全部卖出去,而所有有效需求都刚好得到完全的满足,在市场中,既无超额供给,又无超额需求等。[①] 新古典经济学派继承了古典经济学派的这一核心要义:政府或国家不能对资源做出最好的分配和控制,私有经济在市场过程和对信息的反映等方面,比高度集中的计划经济更具优势。新古典经济理论看来,自由市场和竞争过程可以使得消费者通过对市场价格和生产质量的反应,从而在其预算约束和所对的价格条件下,组织有效的消费模式,进而使其需求得到最好的满足。私有制被新古典经济接受为一种较之计划经济更好的经济形态,理由是私有制原则既可以提供信息的最急剧的传播,又可以以恰当方式激励市场参与者对市场信号作出反应。

尽管新古典经济认为自由市场和私有经济可以促进经济财富的理想化,而太细和太严的监管不利于市场作用的发挥,但是该学派也看到市场机制本身也不是完美无缺,市场存在不完美和不对称的信息,政府实施必要的市场监管可以促进市场运行更好,减少市场固有的不足,增进市场经济的完美。应当说,新古典经济学对政府干预的骑墙态度是与其理论内在的逻辑一脉相承的。马歇尔特别关注收入分配和贫困问题,他把贫困问题归因于劳动市场,指出了非技术性工人在市场中的不利地位,供给与需求这两种力量导致非技术性劳动的工资维持在相当低的水平。缺乏技能和谈判力量的工人只会得到较低的工资,这导致穷人的健康和教育水平无法提高,他们的儿女也会有同样的遭遇。马歇尔把解决贫困的希望寄托于教育,他主张限制非技术工人的家庭规模和建立累进税制度,这就已经为国家干预埋下了伏笔。

四、福利经济学

福利经济学产生于20世纪初期的英国,它的出现是西方资本主义国家,尤其是英国的阶级矛盾和社会经济矛盾尖锐化的结果。第一次世界大战以后,英国的国内经济出现长期停滞的趋势,它在国外的霸主地位也发生了严重的动摇,殖民统治受到严重的冲击,英国工人运动高涨。在这种情况下,以寻求“最大社

① 孙鳌、陈雪梅:“新古典经济学的假设与演变”,《江苏社会科学》,2005年第5期。

会经济福利”的福利经济学派应运而生。[1] 阿瑟·庇古第一个系统研究了社会福利问题。庇古认为，影响社会经济福利有两大核心问题，第一，国民收入的大小；第二，国民收入在社会成员中的分配情况。他认为，对这两个问题的回答是：第一，国民收入越多，社会经济福利就越大；第二，收入分配越平均，社会经济福利就越高。根据上述福利经济学的两个基本命题，庇古又提出了两个增进社会经济福利的措施：第一是通过资源在各个生产部门的最优配置使国民收入最大化；第二是通过累进税及社会福利措施等把富人的收入转移给穷人，实现收入均等化，进而使社会经济福利实现最大化。关于第一个措施的理论基础就是庇古的资源最优配置学说，他以市场完全竞争为条件，提出资源最优配置的条件：边际私人纯产值与边际社会纯产值相等，且各生产部门的边际社会纯产值都相等。实际上，庇古与斯密等人观点相同：自由竞争的市场机制可以促使资源最优配置。然而，庇古的外部性理论却在相当程度上为国家干预说明了合理性。庇古通过分析说明，边际私人纯产值与边际社会纯产值的背离表明对私人利益的追求并不能使社会福利最大化，因此自由竞争的市场机制并不一定就能引导社会资源达到最优配置。在市场机制失效的情况下，政府可以采取适当的行动帮助经济达到最优配置，例如政府可以采取减少流动费用、增加信息、反对垄断等措施加强资源的流动性：对于边际私人纯产值低于边际社会纯产值的情况，政府可以采取公共的补贴或税收上的优惠以提高边际私人纯产值；对于边际私人纯产值高于边际社会纯产值的情况，政府也可以对私人企业征税，以抵消由它生产而带来的成本，从而实现边际社会纯产值的处处相等。但是庇古主张的政府干预是以自由竞争为原则的例外，仅限于对市场失灵的弥补，手段也非常有限。此后，政府调节的福利理论成为福利经济学的重要分支。

五、凯恩斯主义及其以后

到了 20 世纪 30 年代，凯恩斯主义经济学在大危机后的一片混乱中兴起，形成了对新古典经济学的“革命”。凯恩斯以边际消费递减、资本的边际效率递减和流动偏好三大心理规律为基础，提出了有效需求理论。有效需求理论从理论

① 崔顺伟，张沛东，李慧：《西方经济学说史教程》，天津：天津人民出版社 2008 年版，第 270 页。

上打破了“看不见的手”的神话，从而强调了政府这只看得见的手在经济中的重要作用；乘数原理和后来的加速原理的提出，则进一步强化了政府干预可能实现的调节经济的力度和绩效。凯恩斯主义经济学的提出和发展是政府干预与自由放任的第一次正面交锋，并且政府干预的主张在30年左右的时间里占据了优势地位。

凯恩斯主义经济学是以实现充分就业为目标的宏观经济学体系，他重视总量分析，而不是向新古典经济学那样集中于考察厂商和个人等微观市场主体的行为。因此，凯恩斯主义经济学和新古典宏观经济学至少在表面上看起来并非完全对立和不可弥合的。第二次世界大战后，保罗·萨缪尔森把新古典经济学的微观经济理论和凯恩斯的宏观经济理论简单地嫁接起来，形成所谓的“新古典综合”并成为20世纪五六十年代的经济学正统。新古典经济学派是以凯恩斯主义自居的，但是在他的理论体系中，除了被强加入的工资和价格刚性外，瓦尔拉斯的一般均衡仍然作为理论体系的核心之一有效地发挥着应有的作用。60年代发展出的阿罗-德布鲁一般均衡模型则更加突出了新古典经济综合理论体系中新古典经济学为管理论的基础色彩。这样，凯恩斯主义的宏观经济理论由于缺乏自身强有力的微观基础，最终导致其日后从正统宝座上跌落下来。

20世纪60、70年代，主要资本主义国家的经济发生了严重的滞胀危机，经济自由主义者们指责这是凯恩斯主义经济政策特别是国家过度干预的恶果，他们以对凯恩斯主义经济学的批判为契机开始重新树立了“看不见的手”的威信，力图恢复古典经济学自由放任的传统。货币主义、供给学派、理性预期学派先后起来。他们通过对新古典经济学的重新表述、补充、修正和改造，证明了市场机制“自然秩序”的存在和有效性，极力主张减少国家干预，实行自由主义的经济政策。

20世纪80年代以来，“复兴”的新古典学派整合为主要建立在经过完善的新古典微观经济理论基础上的新古典宏观经济学，继续通过其形式严正的理论证明和结论影响着各国的经济政策。与此同时，针对凯恩斯主义宏观经济理论缺乏微观基础的弊端，一批仍然支持政府干预的经济学家通过构筑凯恩斯主义宏观经济理论的微观基础发展出新的凯恩斯主义经济学。新凯恩斯主义虽然在理论体系上还不够完整，但是他不断得到80年代开始的经济自由化引发的种种问题所提供的经验支持，因此，已经形成了与新古典宏观经济学势均力敌的对峙,在这种对峙之中二者不是越发分裂而是越发融合。迄今为止,双方的主要分歧已经大大缩小,在政府干预方面,双方的分歧已经不再主要是政府干预应不应该或者是有无必要,而是集中于政府干预的范围、方式和有效性方面。这是因为市场的不完善已经得到了双方的基本认可。

由此看到,20 世纪主流经济学对政府干预还是自由放任问题的争论经历了一个大的轮回,至今仍未有最后的结论。在这一背景下,直接涉及政府干预的金融监管理论也势必随着争论双方势力的兴衰发生变化。

第三节　金融监管的博弈分析综述

二战之后,随着世界经济环境发生了深刻变化,生产规模不断扩大和集中,经济关系日益复杂,不同主体之间的联合和对抗不断强化,以行为互动为研究对象的博弈论日益受到人们的重视。一些中国的学者也开始注意到这一现象并逐渐开始着手此方面的研究。如 1997 年谢识予先生编著《经济博弈论》一书,系统地介绍了博弈论的基本概念、基本方法和基本内容,并以博弈论的视角分析了一些具有中国特色的例子。[①] 此后陆续有一些学者开始以博弈论的方法来研究金融监管问题,如 1999 年王振富、冯涛发表《对我国金融监管的博弈分析及立法建议》[②],2000 年董秋仙、喻德坚发表《金融监管效率机制的博弈分析》[③]等都属于早期的研究成果。经过十余年的积累,以博弈论为工具来研究金融监管已经初步形成了一个新兴的领域,总体上看,这一领域包含三个层面的成果:第一,金融监管的必要性、组织架构、运行机制、有效性等基本问题的研究,如将金融监管视为信息不对称条件下的博弈等。我国学者的研究主要集中在这一领域。第二,金融监管的具体制度的建构,尤其是银行业金融监管的制度设计问题,如在不对银行进行审计和对银行进行审计两种不同情形下,银行和监管者分别的占

① 谢识予:《经济博弈论》,上海:复旦大学出版社 1997 年版。

② 王振富、冯涛:“对我国金融监管的博弈分析及立法建议”,《西安交通大学学报(社会科学版)》,1999 年第 4 期。

③ 董秋仙等:“金融监管效率机制的博弈分析”,《江西教育学院学报(自然科学版)》,2000 年第 6 期。

优均衡策略等。第三,金融监管的特殊问题的研究,这种特殊性主要是与中国特殊的经济社会条件相关联,如农村金融问题的博弈分析、中国房地产金融监管的博弈分析、中国地下金融监管的博弈分析等。

一、金融监管基本问题的博弈研究

王振富、冯涛(1999)认为,金融监管是政府对市场规制的基本手段,其实质是政府对微观经济主体的规制,是政府职能在微观领域中的延伸。从整个金融监管过程来看,被监管者对监管者的信息知悉度远远高于监管者对被监管者的知悉度,因而,金融监管双方存在着信息不对称。这一因素影响着金融监管双方的博弈过程。金融监管的对象主要是金融机构的违法、违规行为,而金融机构做出此行为的内在因素是利益驱动。只要预期收益大于预期损失,金融机构就会采取违规行为,这是由"经济人"的本性所决定的。金融监管是一个典型的混合策略博弈。由此,构建的博弈模型说明,加重对经营者违规行为的处罚,短期内可抑制其行为,但长期只能使监管者疏于监管而违法经营情况却得不到改变。而加重监管责任不仅在短期内使监管者尽职尽责,而且在长期内降低了违法经营的概率。加重监管者的责任是长期提高监管效应的主要途径。同时也提供了另外两个推演结论:第一,增加监管者收益也是促进监管者尽职监管的策略。第二,要求实现社会效用最大化,在社会效用难以把握的情况下至少要求在监管收益既定情况下的社会成本最小化。实现金融监管成本最小化也是一个复杂过程。在其他任何条件相同的情况下,它至少要求参与监管的多个主体都有充分的理由选择较低的经济成本,而不是较高的经济成本。以此审视中国的金融监管,尚存在着:金融监管目标多重性和矛盾性;金融监管机构内部博弈分散了有限的监管力量;金融监管双方存在着同谋行为;惩罚力度不足;金融监管立法不完善等问题。[①]

董秋仙、喻德坚(2000)构建的金融监管博弈模型,一是将双方博弈转化为三方博弈;二是突出时间要素,考察不同时间段内的博弈结果。具体做法是,假设有两家势均力敌的金融机构 A 和 B,不妨设为两家银行。两者的目的均为使

① 王振富、冯涛:"对我国金融监管的博弈分析及立法建议",《西安交通大学学报(社会科学版)》,1999 年第 4 期。

长期利润最大化，金融监管部门以维持金融秩序和稳定宏观经济为目标。设 A 和 B 有两种选择：(1) 无视金融监管，扩大贷款规模，扩张业务范围；(2) 遵从金融监管，下面分别简称为“无视”和“接受”。假设 A 和 B 应同时作出选择，而且都知道无视金融监管将受到惩罚的多少，这样选择“无视”或“接受”就是一个不结盟(非合作)完全信息的静态博弈。该模型的分析结果是，对于金融主管部门来说，在设立金融监管机制时最关键的是制定对无视金融监管的金融机构的惩罚措施，也就是制定所谓的“惩罚因子”。金融监管有效的机制在于：在确定的金融主管当局的“惩罚因子”的前提下，接受监管是金融机构的最终选择。[①]

罗友山(2002)根据金融市场行为不同类型构建了金融监管博弈模型。(1) 市场准入监管博弈模型。市场准入监管是指监管部门根据经济金融发展和市场需求状况，按照分业管理和金融机构合理布局、公平竞争的原则，依法对金融机构的设立、变更进行审批。其目的是在金融机构审批环节对整个金融体系实施有效的控制，保证各类金融机构的数量、质量、结构和规模等方面符合经济金融发展和市场需要，并与监管部门的能力相适应。监管部门的支付取决于自己的战略和金融机构选择的战略；申请机构的支付也同样；只要监管部门实施监管，那么申请机构选择不合格就必定会被发现和禁入。(2) 业务运营监管博弈模型。业务运营监管是指监管部门对金融机构在市场准入后进行的持续性监管，随时了解其业务活动和经营管理状况，掌握市场动态、防范、控制和化解金融风险，纠正违规行为，督促金融机构依法审慎经营，以保证金融体系的安全与稳定。在监管部门的支付取决于自己的战略和金融机构选择的战略，金融机构的支付也同样；只要监管部门实施监管，那么金融机构选择违规就必定会被发现和查处。(3) 市场退出监管博弈模型。市场退出监管是指监管部门根据有关法律、法规对经营管理不善的金融机构以及严重资不抵债者或进行最后贷款援助或强令其退出市场的监管行为。其目的是为了保持金融体系的平稳运行，避免经济金融中的震荡以及保护存款者的利益等。金融机构在事先得到最后贷款援助承诺时为风险中性型，其支付唯一取决于投资的预期收入，而在收到市场退出惩戒信号时为风险厌恶型，其支付唯一取决于投资的确定性等价收入，即投资的收入均值减去风险成本；监管部门在事后实施最后贷款援助时，其支付在金融机

① 董秋仙等：“金融监管效率机制的博弈分析”，《江西教育学院学报(自然科学版)》，2000 年第 6 期。

构从事高风险投资时为道德风险成本，在金融机构从事常规风险投资时为0，而在实施市场退出惩戒时，其支付取决于投资失败后的社会损失。由这三个模型分别说明：(1) 在市场准入监管时，为有效地防范和降低金融体系的系统性风险，监管部门应严格限制自己的战略选择，对每一家申请进入的机构都实施严格的审查，以确保各类金融机构在质量和数量等方面符合国家经济金融和金融市场稳定的需要。(2) 在业务运营监管时，为降低金融机构的违规概率，防范和化解金融风险，监管部门应致力于金融监管的信息化推进，以降低金融监管的成本；建立健全金融市场的交易制度和规则，以减少金融机构违规操作的获利空间；加大对违规金融机构的制裁力度，提高金融机构的违规经济成本。(3) 在市场退出监管时，由于实行纯战略监管的缺陷，监管部门应考虑相机选择的战略。即监管部门在金融机构投资失败后以一定的概率在最后贷款援助和市场退出惩戒战略之间作出选择。如前所述，如果监管部门严格地偏好于最后贷款援助，就会导致金融机构的道德风险行为。金融机构凭借监管部门的最后贷款援助保险，单方面向政府和社会公众转嫁风险；如果监管部门严格地偏好于市场退出惩戒，那么监管部门就没有发挥应有的作用，单个金融机构的风险就可能导致金融体系的系统性失败。正是由于相机选择战略的采用，给金融机构造成不确定性，金融机构就不会选择投资于高风险的纯战略，而相应地采用混合战略以最大化自己的效用。这样就可以最终实现降低金融体系风险、提高社会整体福利的目标。①

韩志文(2002)从监管主体与客体、监管主体机关与工作人员和监管客体等三个不同层次分别构建了博弈模型。由此说明，若要提高监管效能，必须改变监管博弈中信息不对称的现状，改变监管方式，建立有效的激励约束机制。②

郑德权、杨文奇(2003)主要分析了两对博弈关系，金融机构之间的博弈关系以及中央银行与金融机构之间的博弈关系，得出了两个结论：第一，金融机构在违规行为被中央银行发现可能性很小和无法准确预测对方行为的前提下，违规经营就成为最优的决策，但是违规经营的普遍化会导致社会福利的损失。第二，要减少金融违规行为的发生，防范金融风险，一方面要加重对违规商行的惩

① 罗友山："关于金融监管的博弈分析"，《经济评论》，2002年第1期。

② 韩志文："金融监管的博弈分析"，《金融纵横》，2002年第12期。

罚,另一方面,政府当局也要提高对央行的监管,以改变其期望收益。①

刘晓星、何建敏(2004)认为,在中国金融监管体系中,金融监管当局与各决策单元既是委托与代理关系,又是信息不完全的非对称博弈关系,由于制度内行为方式的摩擦,会使金融系统的构成成员产生渎职、败德行为和运行过程中的惰性,乃至偏离预定的监管制度安排,诱使金融系统的构成成员从自身利益出发的行为选择是对金融监管当局最有利的行动。②

刘夏、蒲勇健和陈斌(2005)通过构建博弈分析模型指出,在分业监管模式下,各个监管者对所监管范围内的市场风险过于谨慎,对金融机构干预过多,对市场业务监管过"死"而商业银行由于缺乏金融创新经验,创新产品研发成本居高不下,同时又需要背负沉重的创新产品审查成本,致使金融创新乏力。而混业监管模式既能引导金融控股公司制商业银行进行自我约束,又能促进金融创新。我国应该建立以维护金融体系整体稳定和效率为目标导向的混业监管模式,这样有利于各个监管主体之间实现信息共享、加强合作和增进行动的一致性。③

戴新华、张强(2006)构建了"金融监管者与反腐机构间的博弈模型",分析指出要有效防范金融监管腐败,反腐机构要在查办和惩罚两个方面加大力度,强化金融监管部门业务经费的透明度管理,重点打击中小案件,既要事前重威慑,也要事后抓惩治,降低腐败的期望效益。④

丁茗于2006年完成了名为《金融监管制度博弈分析》的博士论文。该文将金融监管的研究与制度研究相结合,从制度的角度去理解金融监管,从制度的变化来分析金融监管制度的变迁,同时结合博弈理论中对制度研究的结果,将制度看成是经济生活中各种力量博弈的均衡,从均衡形成的过程、变化来研究制度,有助于在一个动态的过程中把握金融监管的制度安排。该文系统运用博弈论的方法研究了金融监管的基本问题,其结论具有一般的理论意义。⑤

张仰谦、叶民强(2007)尝试引入声誉机制的基础上用博弈论方法来分析金

---

① 郑德权、杨文奇:"金融监管的博弈论分析",《商业研究》,2003年第11期。

② 刘晓星、何建敏:"对我国金融监管运行机制的博弈分析",《数理统计与管理》,2004年第6期。

③ 刘夏、蒲勇健、陈斌:"混业经营模式下的有效金融监管组织体系研究",《金融研究》,2005年第9期。

④ 戴新华、张强:"对金融监管腐败的制度约束与博弈分析",《上海金融学院学报》,2006年第4期。

⑤ 丁茗:"金融监管制度博弈分析",河海大学博士学位论文。

融监管，并进一步分析了监管部门与金融机构间的寻租行为，提出了要切实加强金融市场的声誉机制建设、要致力于推进金融监管的信息化建设来降低金融监管的成本和难度等建议。[①]

李成、马国校和李佳(2009)应用进化博弈理论分析中国人民银行与三家金融监管机构的监管协调行为，并对我国金融监管协调效率进行考察，得出的基本结论是：当前我国金融监管协调机制处于低效率状态，监管各方在博弈过程中存在"搭便车"现象。金融监管合作与否的收益初始状态设置，在一定程度上决定了监管主体的策略选择。因此，通过建立金融监管协调委员会，加强信息共享和强化监管协调的法律约束手段，从根本上改变监管初始状态，为金融监管各方的协调博弈创造良好的制度环境。[②]

刘相友、梁锐和李成(2010)运用库珀-约翰的协调博弈理论分析我国中央银行与三家监管机构的协调机制，发现目前金融监管协调处于纳什均衡不断突破的进程，高效率策略互补的乘数效应逐步形成；监管水平的提高必须在制度优化的前提下，才能真正推高金融监管效率；需要从信息共享、法律约束、主协调人设置的角度，为金融监管协调创造制度环境。[③]

二、金融监管具体制度的博弈研究

（一）金融创新与金融监管的博弈研究

Kane(1981)认为金融监管是金融创新的一个动因，金融创新又促使金融监管体制的进一步完善，二者之间是一种正向的博弈关系。

郑丽(2006)提出可以基于成本—收益权衡的简单博弈模型来分析金融监管与金融创新之间的关系，由此得出结论：金融创新与金融监管之间是一种相互影响与适应的关系，金融创新作为金融发展客观规律对金融监管的影响是决定性的，金融监管在某个时段可能会影响金融创新，但它最终要适应金融创新的需要。金融创新与金融监管的博弈使得两者不断实现动态协调。

---

① 张仰谦、叶民强："金融监管的动态博弈分析"，《经济论坛》，2007年第20期。

② 李成、马国校、李佳："基于进化博弈论对我国金融监管协调机制的解读"，《金融研究》，2009年第5期。

③ 刘相友、梁锐、李成："基于博弈理论的金融监管协调机制与整体效率研究"，《统计与决策》，2010年第1期。

刘雯、谭燕芝(2008)以完全信息静态博弈为理论框架,构建了监管博弈模型,得出银行风险操作部门和金融监管机构的三个纳什均衡。[①] 颜钰文(2009)借鉴了这一思路,指出可以通过完善监管体系,建立健全的激励约束机制,探索建立适合中国国情的适度金融创新。[②]

郭敏(2009)仍然运用金融监管部门和金融机构双方博弈的简单模型,更为系统地说明了金融创新与金融监管之间的辩证关系,提出了在我国处理金融创新与金融监管关系的若干原则。[③]

(二) 银行业金融监管的博弈研究

曾诗鸿(2004)在建立金融监管部门与商业银行的信贷部经理博弈的监管模型基础上,研究委托人和代理人在支付矩阵下的行为,得出结论:在不考虑市场风险和预算软约束的情况下,银行不良货款的产生是因为金融监管部门与商业银行在不同的行为参数下,各自依赖自己的行为参数从效用最大化出发进行博弈的结果。[④]

何维维(2004)指出描述金融监管与银行业的经典的委托-代理模型中,委托人和代理人的行为特征在不同社会和不同情况下是不同的。目前的博弈分析尚没有将所有者缺位、监管者行政化、所有者和监管者合一化等改革中较为突出的现实特征,考虑在模型建构中。在博弈分析中必须将这样的特征考虑在内。

(三) 农村金融监管的博弈研究

周扣琴、张庆亮(2007)指出我国农村金融监管体制存在的缺陷包括风险控制主体缺位,使监管难以全面有效;农村金融监管目标错位,使外部监管职能难以充分发挥;监管机构之间、监管机构与中央银行之间信息不对称,难以形成高效监管合力。他们认为,农村金融监管在一定前提下可将信用社与政府监管机构的博弈作为完全信息静态博弈来考察,得出的政策结论是,整顿农村金融市场秩序,促进信用社进行农村金融资源的可持续开发,政府应该积极采取各种措施增大实行可持续经营的信用社的经营收益,如产权制度确定、金融信息支持、财

---

① 刘雯、谭燕芝:"金融衍生产品投资与监管的博弈分析",《金融经济》,2008 年第 18 期。

② 颜钰文:"金融创新与金融监管的博弈分析",《现代经济信息》,2009 年 第 11 期。

③ 郭敏:"浅议金融创新与金融监管的博弈关系",《时代金融》,2009 年第 12 期。

④ 曾诗鸿:"国有商业银行与金融监管部门关于不良贷款的监管博弈分析",《南大商学评论》,2004 年第 2 期。

政税收支持、利率支持、信用支持、资金支持等，尽量减少实行合理经营的交易成本和开发费用。同时，政府应降低实行不合理和违规经营的信用社的非法所得，如提高政府对不合理和违规经营的检查效率(降低检查的成本)，加大对信用社违法行为的处罚力度等。①

张前程(2009)针对对农村金融机构实施外部监管时所发生的博弈行为构建了一个更为精细的博弈模型：在农村金融监管过程中，监管部门和农村金融机构构成博弈的参与方，在各自利益的驱使下，二者之间存在大量的策略性行为，通过相互博弈形成稳定的纳什均衡解。可以运用比较静态方法得出影响博弈均衡的诸多因素及其作用方向，进而提出了一系列政策建议：推进农村金融市场体系建设，加大农村金融机构违规的惩罚力度，强化行业自律和社会力量的监督功能，提升农村金融监管的技术水平。②

(四) 其他监管问题的博弈研究

1. 房地产金融监管的博弈研究

邹瑾(2006)从博弈论的角度分析了房地产金融监管过程中各个角色的功能作用，并说明了不同历史时期房地产金融监管政策的变化(即博弈规则的变化)，进而根据达成博弈均衡的标准提出了加大政策有效性的建议：明确政策目标，保持政策的一致性和连续性，满足纳什均衡有一个稳定信息集的条件；有一套机制来落实金融监管政策，强调政策配套环境的建设和部委间的协调，提高金融政策的约束力和操作性；尽可能缩小政策主客体间的利益差异，实现机制的激励相容；充分考虑各政策客体的预期和可能反应，监控预警房地产市场运行状况。

2. 国际金融监管的博弈研究

陈启清(2008)认为对于金融全球化条件下的金融监管，学术界一直有着两种不同的取向，即监管竞争和监管合作，可以通过一个两国博弈模型来为国际金融监管合作寻求理论上的支持。通过模型分析，可以发现在一次博弈的假设下，两监管方的博弈是一个典型的囚徒困境。在更为符合现实的无限次重复博弈中，可以证明(合作，合作)策略是无限次重复博弈的子博弈完美纳什均衡。也

---

① 周扣琴、张庆亮："我国农村金融监管制度的博弈分析"，《海南金融》，2007 年第 1 期。

② 张前程："农村金融监管中的博弈行为分析"，《技术经济》，2009 年第 9 期。

就是说，在长期中，合作策略将是博弈方最优的策略选择。①

3．上市公司再融资监管的博弈研究

范小清、周伟贤(2006)认为上市公司再融资行为对资本市场造成了严重冲击，应当调整政策，加强监管。可以建立一个简单的博弈模型，以分析监管当局的监管行为与上市公司再融资造假的博弈关系。得出的政策结论是：建立科学合理的再融资监管制度评估体系，确保政策科学、合理和有效；强化再融资监管机制，提升监管效率；建立有效的再融资市场激励与约束机制。②

4．地下金融监管的博弈研究

刘纪显、熊文(2008)指出，20 世纪 90 年代以来我国地下金融规模急剧扩大。地下金融一方面促进了经济增长，另一方面对正常的经济金融构成危害。虽然我国有关监管机构对地下金融进行严厉监管，但收效不大。可以通过建立地下金融监管的不完全信息动态博弈模型来说明如何实行对地下金融的有效监管。得出的政策结论是：(1) 进一步深化金融体系改革，加大对中小企业个体户贷款力度。(2) 深化资本市场建设，建立多层次多样化的融资体系。(3) 引导一部分地下金融合法化、规范化发展，积极稳妥地发展民间金融，以满足在正式金融缺位时能提供满足经济发展的正常金融需求。③

① 陈启清："竞争还是合作国际金融监管的博弈论分析"，《金融研究》，2008 年第 10 期。

② 范小清、周伟贤："上市公司再融资监管的博弈分析"，《特区经济》，2006 年第 8 期。

③ 刘纪显、熊文："我国地下金融监管困境的博弈分析"，《改革与战略》，2008 年第 10 期。

第五章　金融创新与金融监管的博弈分析

金融创新和金融监管这两个概念在现代金融体系中是相伴而生的，在金融发展史中，始终贯穿着金融创新和金融监管的交互作用。在金融自由化、金融全球化的推动下，为实现利润最大化的目标，金融创新活动日趋活跃，提高了金融机构竞争能力，但同时金融机构往往以金融创新来规避监管，不断冲破传统监管体制的束缚。由此带来的风险又要求一国的金融监管当局依据国家法律、法规的授权，不断调整金融监管的结构、手段、机制、程序等要素，以确保一国金融的有序运转和整个金融体系的稳定。金融监管既要保留金融创新的有效空间，提高金融效率，增强金融业的活力，又要维持金融业的稳定，维护金融安全。因此可以说，金融创新与金融监管是一对矛盾统一体。为了使金融创新和金融监管在相互博弈中避免陷入金融监管不力或者金融创新不足的困境，金融监管部门面对金融创新应更新监管理念，加强监管模式和监管手段的创新，建立有效金融监管下的科学的金融创新体制。这一问题已经成为各国关注的重大国际课题。

第一节　金融创新的经济学理论

一、金融创新的内涵与经典理论

（一）金融创新的内涵

一般认为，创新理论是美籍奥地利经济学家约瑟夫·阿罗斯·熊彼特(Joseph Alois Schumpeter)于1912年在其《经济发展理论》一书中首次提出的。熊彼特以其来定义新产品、方法或制度等，并第一次尝试着将其引用到经济中去。他认为，创新就是建立一种新的生产函数——实现一种从来没有过的生产要素和生产条件的新组合并将其引入生产体系。并将其归结为下列五种情况：

(1) 引进新产品或产品的新特性;(2) 采用一种新技术或新的生产方法;(3) 开辟新市场;(4) 获得原料或半制成品新的供应来源;(5) 实现任何企业的新组织形式。① 熊彼特将"循环流转"与"经济发展"作为社会经济活动两种假设。他提出,创新是一个经济概念而非技术概念,当一家企业因创新而获利后,其他企业就会模仿并掀起创新浪潮,这就使创新具有模仿性和推广性。这一特性将带动其他企业乃至整个社会经济的发展。熊彼特认为,在循环状态时,没有企业家,没有创新,经济处在原有的规则上周而复始地简单再生产的均衡中,这种均衡很快会被突破而出现新的经济发展;而经济发展是对静态均衡的动态扰乱过程,创新是推动经济发展的重要因素。在他看来,经济发展的典型特征是要突破原有均衡水平的简单循环,即较低层次(创新所带来的利润函数趋于零)的均衡状态将被剔除而较高层次(创新又带来了新的利润)的均衡水平就会重新建立……如此循环,前者不断地被后者所代替。这是一种社会经济处于不断的运动和发展之中的"稳定模式",以致它的本质特征就是运动和发展,而引起这些运动和发展的根本因素就是创新。② 熊彼特的创新理论为日后的金融创新和制度创新理论的发展奠定了基础。

然而,20 世纪 70 年代以来,金融领域发生了引人注目的变化,被学术界称为金融创新——金融创新真正成为金融领域的研究对象是在 80 年代开始的。如今,金融创新的概念已被普遍接受并广泛使用,但迄今为止,国内、国外学术界对金融创新一词仍然没有形成统一的定义。

有学者认为,"金融创新是指那些便利获得信息、交易和支付方式的技术进步,以及新的金融工具、金融服务、金融组织和更发达更完善的金融市场的出现"③。

阿诺德·希尔金(Arnold Heertje)认为,创新,总的来说是指所有种类的新的

---

① 马宏伟:"经济发展与制度创新",《经济评论》,2003 年第 1 期。

② 熊彼特:《经济发展理论——对于利润、资本、信贷、利息和经济周期的考察》,北京:商务印书馆 1990 年版,第 73—74 页。

③ "Financial innovation and monetary policy", Speech by Eugenio Domingo Solans, Member of the Governing Council and of the Executive Board of the European Central Bank, delivered at the 38th SEACEN Governors Conference and 22nd Meeting of the SEACEN Board of Governors on "Structural Change and Growth Prospects in Asia-Challenges to Central Banking", Manila, 13 February 2003.

发展和金融结构的改变,金融创新则指在金融工具方面的引入和运用。① 可以看出,这里金融创新主要是指金融工具创新。

美国纽约出版的《银行词典》(*Dictionary of Banking terms*)对金融创新定义为,“支付制度促进银行及一般金融机构作为资金供求中介作用的减弱或改变”。将金融创新分为四个方面:(1) 技术创新;(2) 风险转移创新;(3) 产生信用的创新;(4) 产生股权的创新。该定义从微观层次和当代新出现的金融工具、金融服务(包括股票市场)的角度,从支付制度引起金融中介地位变化来描述的。②

大卫·里维林(David Lliewellyn)对金融创新定义为,金融创新是指新的金融市场的发展、各种金融工具的运用以及金融服务方式的提供和发展。该定义后来在西方学术界影响较大。它包括了金融创新的几个方面内容,即工具的创新、市场的创新及服务的创新。③

北京大学厉以宁教授以经济学家的视角,从中国的实际情况对金融创新发表了自己的看法,即金融领域存在许多潜在的利润,但在现行体制和运用现行手段的情况下这个潜在利润无法获得,因此在金融领域必须进行改革,包括金融体制和金融手段方面的改革,这就叫金融创新。④ 在他看来金融创新显然应该包括金融体制创新,而且是一种极为重要的创新。厉以宁很显然不是在严格地定义金融创新,但他从获得利润的角度,强调了金融体制和金融手段改革的必然性。与其他经济学家所不同的是,他更加突出地强调了金融体制创新对金融创新的重要。

通过上述不同学者对金融创新的不同论述,我们可以看到,金融创新尚没有内涵和外延皆统一的概念,随着人们对金融创新认识的深入,金融创新的定义也在不断发生变化。根据以上的观点,金融创新的内涵应当包括两层含义,即会引起金融领域结构性变化的、各种金融要素的重新组合,具体说来,金融创新包括金融工具创新、金融服务创新、金融市场创新、金融组织创新和金融体制创新。⑤

---

① 欧洲投资银行:《创新、技术和金融》,北京:中国审计出版社 1993 年版,第 1 页。
② 陈柳钦:“金融创新对金融发展的效应分析”,《山东经济》,2002 年第 3 期。
③ 李杨勇:“析金融监管与金融创新之关系”,《新金融》,2004 年第 7 期。
④ 厉以宁:“谈金融创新”,《金融参考》,1997 年第 5 期。
⑤ 胡金焱:“论金融创新与中国金融体制改革”,《济南金融》,2002 年第 1 期。

金融创新是金融机构和金融管理当局出于自身的微观、宏观利益考虑，为适应经济环境的发展变化和规避风险及监管而进行的新金融产品的制造，新金融工具的开发，金融服务的提升，新金融市场的拓展，金融组织的重构以及金融制度的重新安排的活动。金融创新是一个历史性的概念，它一直伴随着金融业的发展并促进金融业的不断发展。整个金融业的发展史就是一部不断创新的历史。

（二）金融创新的经典理论

20 世纪 60 年代末金融创新开始兴起，西方发达国家的金融创新活动尤为活跃，如美国、英国和加拿大等国家表现更为突出，同时涌现出来的经济学家和著名学者的金融创新理论已成为当今对金融创新研究的理论基础。

熊彼特的创新理论在现代金融创新理论中得到了继承和发展，在对金融创新的动因进行深入分析的同时，也对创新的效应及后果进行了研究。① 其中美国著名经济学家希尔博就是颇具代表性人物之一。希尔博（W. L. Silber）在 1983 年 5 月发表的《金融创新的发展》一文中详述了金融创新的动因，提出了金融创新的“约束—引致”假说，建立了金融创新的规避管制学说，即回避或摆脱对金融业的内外制约，是当代金融创新的根本原因。这是从微观经济主体的行为分析（构成了事实上的一种博弈关系，其实质也是博弈分析的方法）入手②，认为金融机构——金融创新的微观主体，是以自身利益最大化为目标的，当来自内外部的约束因素（如金融监管）妨碍了金融机构获取利润时，为消除或减轻外部对其产生的金融压制而采取的“自卫”行为——冲破束缚而实施创新。③ 希尔博认为金融压制来自两个方面——外部约束（来自政府等监管机构的管制）和内部约束（来自金融企业的利润目标、增长率、资产比率等）。在这两个方面，特别是外部压制过大时，金融企业将会从机会成本角度和金融企业管理影子价格与实际价格的区别来寻求最大限度的金融创新，以实现最优化管理和追求利润最大化。只要绕开这些制约的收益大于成本，金融机构就会通过开辟新业务规避管制，金融创新也就随之发生了。④

从金融监管的动态发展过程来看，经历了一个放松—管制—重新放松—重

① 欧洲投资银行：《创新·技术和金融》，段永宽译，北京：中国审计出版社 1993 年版。

② 当博弈论蓬勃发展时，微观经济学已被博弈论进行了全面的改造。

③ 康灿华、马琴芳：“论金融创新效应”，《金融理论与实践》，2002 年第 6 期。

④ 武长河、李灿：“中西方金融创新动因比较研究”，《上海金融学院学报》，2004 年第 2 期。

新管制的一个过程。正是这个螺旋式的发展过程推动了金融创新的不断深化。

希尔博所提出的制约理论认为,产品的创新是一个组织机构(银行、企业等)对自身受到制约时所做出的应有反应,该理论在解释金融创新过程方面最具影响力。

希尔博的理论是从微观经济学入手对企业行为进行的研究,偏重于金融企业与市场拓展相关联的金融工具创新和金融交易创新,解释的是金融企业的"逆境创新"。该理论对与金融企业相关的市场创新以及由于宏观经济环境变化而引发的金融创新皆不适用。

除了希尔博的"制约理论"以外,其他一些理论还有弗雷德里克·S.米什金(Frederic S. Mishkin)的金融创新说、兰凯斯特现象(Lancasterian Perspective)——特征需求理论、保莫尔(Baumol)的竞争市场模式(竞争使金融创新更加有效),鲍特(Porter)和辛普森(Sinpson)的临界点与逆转现象等对解释金融创新过程也提供了很好的思路。[①]

二、金融创新的分类与功能性解析

(一)金融创新的分类

1. 从功能视角划分——为实现金融的基本功能而创新

从功能性观点来看,金融创新首先表现为金融机构在新环境下,为实现和发挥金融体系的基本功能而不断作出调整的动态过程。国际清算银行根据金融创新的特定功能将金融创新分成五类[②]:(1) 价格风险转移创新,即为使市场参与者规避价格或汇率风险而提供有效的手段;(2) 信用风险转移创新,就是重新分配拖欠或违约风险;(3) 流动性生成创新,用于增加市场的流动性,旨在帮助市场参与者规避资本金限制和为借款者开辟新的资金来源渠道;(4) 信用生成创新,用于增加借款资金的总额;(5) 债券生成创新,用于增加金融机构的资本金基础。[③]

---

① 侯成晓:"现代金融监管变革趋势研究",http://www.zgjrj.com/jrjg/,2004年6月28日。

② 国际清算银行:《国际银行业的最新创新》,1986年4月,转引自Frank J. Fabozzi, Franco Modigliani, Michael G. Ferri, *Foundations of Financial Markets and Institutions*,北京:清华大学出版社1999年版。

③ 谢春刚:"金融创新及其对我国商业银行中间业务发展的影响",《山东教育学院学报》,2003年第6期。

2. 从动因角度划分——积极与消极的金融创新

金融创新与金融监管密切相关，它们之间的相关性决定了金融创新的不断涌现，从其产生的动因角度，可以划分为为规避监管而进行的消极金融创新和金融机构为实现利益最大化、提高自身竞争力而进行的积极金融创新。积极金融创新与消极金融创新的划分有利于了解创新产生的动因类型，有利于监管模式的选择，有利于金融创新的健康发展与对其有效监管的实施。

3. 从风险偏好角度划分——不同金融创新工具的涌现

由于金融市场在风险、信息和监管方面的不同，市场、管理和投机不同风险偏好类别的创新工具也逐步地涌现出来。一是通过吸引新投资者并为借款者提供新机会来增加市场的流动性和提高资金使用效率的市场扩大类金融创新；二是在对风险不敏感的风险偏好者和对风险较敏感的风险暴露者之间进行金融风险重新配置的风险管理类金融创新，这是由于风险偏好者有更强的风险承担能力，可以用以抵消风险暴露者所带来的风险；三是利用不同市场上金融工具成本和收益的差异进行套利提供便利的投机类工具创新，这些差异反映了不同金融市场在风险、信息、税收和监管方面的不同。[①]

4. 从产品策略角度划分——创新产品与经营战略应用的洽合

根据金融产品和经营战略的不同，斯蒂芬·罗斯(Stephen A. Ross)教授提出[②]，金融创新可分为包括金融资产和衍生金融工具的新的金融产品和应用这些金融创新的经营战略。前者能够很好地适应当时经济环境(如高通货膨胀率、多变的汇率)并满足它所在市场的需要。[③]

(二) 金融创新——从功能性视角俯瞰

默顿等认为，功能观点是在不确定的环境下，跨时空配置经济资源。这一金融体系最基本的功能又表现为：提供清算和支付结算功能；聚集资金和为大企业提供资源的功能；跨时空、跨行业转移资源的功能；应付不确定性和管理风险的

---

① 《全球化与加拿大的金融市场》，1989，p. 32，转引自 Frank J. Fabozzi, Franco Modigliani, Michael G. Ferri, *Foundations of Financial Markets and Institutions*, 北京：清华大学出版社 1999 年版。

② Stephen A. Ross, "Institutional Markets, Financial Marketing, and Financial Innovation", *Journal of Finance*, July 1989, p. 541，转引自上书。

③ 谢春刚："金融创新及其对我国商业银行中间业务发展的影响"，《山东教育学院学报》，2003 年第 6 期。

功能;为决策提供信息的功能;解决信息不对称和激励问题的功能。①

从功能性观点来看,金融创新是不断调整的动态过程。实现和发挥金融体系的基本功能是金融机构在新环境下金融创新的首要表现。在国际金融领域的金融创新活动中,金融体系的基本功能是相当稳定的,而实现这些功能的方式却发生了很大变化。例如,极富创新的证券、投资基金和金融公司通过资产证券化、发行商业票据等方式部分地实现了原本由银行来完成的汇集储蓄和转移资源的功能。这些机构的壮大直接对传统的银行存贷业务造成了巨大压力。

对这种压力做出的反应是,一些银行被迫放弃了某些金融服务项目,以便能充分发挥具有比较优势的一些主要功能,如美国的信孚银行放弃了零售,J. P. 摩根则出售了证券托管业务和清算业务。另有一些银行则对原有业务进行了重组,并引入了新的业务,如西班牙的 Bankinter 银行根据业务性质对业务部门进行了重组,把它们划分为四个独立的部门:公司银行业务、中小企业银行业务、私人银行业务和零售银行业务。同时,Bankinter 银行根据简化成本的原则引入了电话银行和电子银行业务,并对设立传统分支机构业务的拓展方式进行了一定的调整。② 传统金融机构的这种分解和重组并不是最终形式,只是向着更为有效的组织形式过渡的一部分。

金融产品不断市场化的过程实际上也是一个功能实现方式不断地在金融机构和金融市场之间交替发展的过程。如向投资者提供股票分散化组合投资的这一功能,首先是通过从股票交易所购买股票来实现的。但是,交易成本、监控成本以及购买量的不可分割性,限制了投资者可以购买的股票种类。金融中介机构的创新,如投资基金极大地降低了交易成本和监控成本,提供了几乎完全的可分割性,这就使得投资者可以建立分散化程度较高的投资组合。随后,各种股票指数的期货合约就被创造出来了。这些可交易的期货合约进一步降低了成本,为投资组合的国际分散化提供了更多机会的同时,也使投资组合的国内分散化程度得以提高。

金融创新是一个螺旋式发展的过程,即一个从金融机构不断转向金融市场的市场化过程,对此有描述为:顾客对某一更有效的功能实现方式的需求——金

---

① 孙伍琴:"关于金融结构比较分析理论框架的设计思路",《金融论坛》,2003 年第 4 期。

② 吴素萍:"银行会在未来消失吗?",《经济导刊》,2000 年第 2 期。

融机构开发出量身定做的产品——产品的标准化及交易量的增加——产品交易市场的形式——新的需求——新的产品，这一过程可循环往复以致无穷。

第二节　金融创新与金融监管的相互影响

金融是经济的核心。金融业在发展过程中对经济产生了巨大的影响，而金融业的竞争性和经营个体的理性与集体的非理性通常导致金融市场的残酷性，在市场主体通过不断地金融创新来提高自身竞争力的过程中，也增加了市场的不确定性。创新的层出不穷和多样化对金融监管不断提出新的要求，为了应对和适应市场的这一变化，金融监管不断调整，表现出了金融创新与金融监管二者之间的互动关系。金融创新与金融监管在金融业运行的博弈互动过程中，相互促进，共同推动金融业的发展。

一、金融创新对金融监管的影响

金融创新是金融深化的突破口，它使金融资产之间的替代性增强了，降低了融资的成本，是金融机构化解和防范金融风险、提高生存能力、抗风险能力和更好地适应市场经济发展的重要措施。但金融创新在给金融业带来了革命性变化的同时，也对传统的监管体系提出了严峻的考验，从而推动金融监管不断地进行调整和深化。

（一）金融创新对监管提出了挑战

1. 对传统货币政策的挑战

首先，金融创新使货币需求函数不稳定。金融创新是将诸多风险以不同的组合方式再包装，这种组合后的风险相对于传统金融业务显得更加复杂，使金融监管机构难以控制货币及信贷量。[①] 金融创新使货币政策的执行复杂化，一旦风险触发，可能会导致金融体系的危机。新的金融工具不断涌现使金融资产之

① 刘立平："金融创新中的银行信用风险及其管理"，《运筹与管理》，2000 年第 2 期，第 123 页。

间的替代性空前加大，作为货币的货币与作为资本的货币难以分辨，本国货币与外国货币的界限日益模糊，从而使货币的定义与计量越来越复杂和困难。金融创新减少了狭义货币需求，但它对广义货币的影响则具有不确定性。

其次，货币创造主体不再限于中央银行和商业银行而趋于多元化，使以控制商业银行派生存款为中心的传统货币控制方法受到挑战。（1）融资证券化使存款越来越多地用于证券投资，存款准备金机制覆盖面变小，削弱了货币控制的基础。（2）金融创新导致金融同质化、金融机构业务日益多元化，从而使货币需求的利率弹性下降。另外，经营活期储蓄存款的金融机构越来越多和投资的实际收益也在不断地提高，加之它们具有的货币派生能力又使中央银行所控制的名义利率对储蓄和投资的影响力下降。（3）各国中央银行由于欧洲货币市场的存在和发展，削弱了对国内货币的控制。（4）金融创新使利率限制、信贷配给以及中央银行通过其负债规模和调整法定准备率对超额准备的控制程度降低了。（5）金融创新使商业银行的筹资渠道更加拓宽，于是，商业银行对中央银行再贴现的依赖减弱，中央银行通过再贴现控制基础货币的能力更加降低。[①] 这些都对中央银行货币控制能力提出了挑战。

2. 金融机构的风险加大，增加了监管的难度

转移和分散风险是金融创新的最初目的，金融机构通过金融创新衍生品、工具和业务试图把风险向愿意承担者转移，但从全球或各国的总体视角来看，全球整体风险并没有发生改变，金融创新只是将某种风险转移和分散而已，并不能说减少了金融的系统风险、区域风险和全球风险。而相反的是，金融创新使金融业务成交额增加、操作便利、速度快捷和交割灵活，反而产生了对短期投机的巨大诱惑力，使以避险为主要目的的金融衍生工具在国际金融市场上运行的结果变成了以投机性交易为主的金融工具。[②] 金融机构的经营主旨是最大利润的获得，暂时的风险转移和分散可能带来更大的风险承担。这种风险的潜在与深化，其带来的风险对金融机构来说将是不可估量的。

金融创新推动金融业和金融市场的发展，在给金融机构带来创造高额利润

① 张国喜："金融工程对货币政策的负效应及对策研究"，《经济体制改革》，2002 年第 6 期，第 85—87 页。

② 杨光铮："世界金融一体化与风险防范"，《中国改革》，1999 年第 4 期，第 61 页。

机遇的同时,也在总体上增大了金融体系的风险。20 世纪 90 年代以来,全球几乎每一场金融风暴都无不与金融创新产品有关。实际上,在巴林银行风波(损失 13 亿美元)前后,据纽约一家"资本生产风险顾问"机构统计,1987 年至 1995 年 7 月,见诸报端的这类重大损失的报道多达 113 则,总计损失 162 亿美元。[①]再如墨西哥和东南亚等金融危机的频发,极大地增加了世界各国金融监管的难度。还比如,21 世纪美国金融风险高度积聚,呈正态分布的顶端,这种金融风险很大程度上来自作为金融创新结果的虚拟经济。美国金融资本在全球虚拟资本市场的日均流动量高达 1.5 万亿美元以上,是说美国每天流动的资金中只有 2% 用于真实的商品交易,其他都是在金融市场中进行"钱圈钱"的投机活动。[②]尽管世界金融危机迭起,也不能因噎废食,禁止、遏制金融创新,只能增加金融监管的紧迫感,研究和制定先进的监管手段和方法,强化防范意识,提高金融监管和化解系统性金融风险的能力。

(二)金融创新促使金融监管不断调整深化

金融创新的发展不断地使金融监管运作陷于困境,在金融创新衍生产品涌现时,客观上要求金融监管机构在对金融机构进行监管时要不断地作出适当调整。金融创新使金融业与非金融业、银行业与非银行金融业、货币资产与金融资产的界限正在变得越来越模糊,使金融监管机构落后于金融创新的节奏,传统的监管模式不能适应创新所带来的对新形势下的监管要求,对其进行重新调整深化,与金融创新的发展保持同步,进而能够支持、鼓励、保护积极金融创新。正是由于金融创新增加了金融监管的难度和紧迫性,从而迫使金融监管不断进行改进,迎接金融创新对金融监管提出的挑战。

1. 金融创新促使金融管制的放松

由于金融全球化的不断深化,为金融安全而施行的金融管制,在金融创新浪潮的冲击下,世界各国也在不断地采取措施放松管制,例如,美国的《存款机构放松管制和货币控制法》(1980)被取消,《盖恩-圣杰曼法案》(1982)的颁布实施,这实际上为金融创新在法律上予以保证,鼓舞了金融机构的金融创新热情。金融创新导致金融监管的放松,为金融业的进一步发展奠定了基础。

---

① 陈焕永:"金融衍生工具的风险形成与风险防范",《上海投资》,1997 年第 7 期,第 35 页。

② 曾志耕:"加强金融监管 规范金融创新",《经济研究》,2012 年第 2 期,第 159 页。

2．金融创新导致金融监管主体的重叠与真空并存

在金融分业经营、实行分业监管的过程中，主要的监管方式是机构性监管。而由金融全球化导致的金融创新使不同金融机构之间的业务界限越来越模糊，当不同金融机构业务日益交叉时，重复监管的现象就会频频发生，例如，一项新业务的推出通常需要经过多个部门长时间的协调才能完成。重叠监管既增加了监管成本，也不利于金融机构的创新发展。金融创新使金融业务逐渐地横向发展，这样，处于不同金融机构边缘的交叉性业务（如储蓄保险是一种既包括储蓄功能又包括保险功能的业务品种），既可能导致监管重复，也可能出现监管缺位。当监管机构有利可图时，纷纷来监管，重复监管在所难免，反之，互相避让推托，造成监管"真空"。这也是要实施功能性监管、克服机构性监管弊端的主要原因。

3．金融创新促使有效监管进一步强化

在对金融创新本身进行慎重、全面评估的基础上，金融监管当局为维护金融稳定，强化了一些有利于监管的措施。例如，美联储为加强有效监管应对金融创新采取了一定的措施：改革了统一保险费率制，建立风险保险费率制，实行储蓄保险，扩大保险范围；改革会计核算体系，将市场价值会计核算制度引入到会计核算体系中，使只反映资产账面价值的表面做法有了很大的改进，这就使金融机构的流动性及其风险能够真实地得到反映；要求金融机构决算公开，使银行的资产状况得以真实的反映，同时要求其加强资本充足率的管制。[①] 对银行提出的改革方案，这也是创新大趋势所致。再如，为应对虚拟经济的挑战，有学者指出，金融性虚拟经济独立于实体经济之外，其价格变化更多地受预期所影响，因而具有比现实交易风险更大的风险，因此，其系统性风险日益突出。在加强风险管理中，要针对虚拟经济中存在风险投机交易行为，对金融性虚拟经济的风险重组适当加以限制，不仅要对金融虚拟经济的风险性加强管理，而且要对风险从金融性虚拟经济向实体经济转移予以防范，并实现技术上的保证。[②]

4．金融创新导致金融监管制度的重大创新

金融创新使传统的分业监管、机构性监管制度越来越不适应金融创新突飞

① 高连和："论金融监管与金融创新的关系"，《现代经济探讨》，2004 年第 6 期，第 10 页。

② 曾志耕："加强金融监管 规范金融创新"，《经济研究》，2012 年第 2 期，第 160 页。

猛进的发展，赖以存在的传统监管制度基础逐渐丧失，导致各国监管制度重大创新不断涌现。在监管方式上，从分业监管、机构性监管向综合性监管、功能性监管过渡。由于金融机构业务的横向发展，金融体系的功能性逐渐明显，传统以机构为监管对象的方式便不再适应，以功能为基础进行监管已成为必然的发展趋势；在监管标准上，金融创新使金融机构面临着其他各种风险，传统的以对信贷风险为重点进行监管的思路难以实现金融有效监管的目标。金融全球化使中央银行对资本充足率的超额控制能力在降低，这种主要是针对信贷风险的传统监管目标也更加难以有效。从资本监管向对信用风险、市场风险、利率风险和流动性风险等全面性监管的转变已势在必行。① 强化内部控制制度与传统的注重外部控制的监管制度相结合，实现全面的风险管理已经成为各国及国际监管制度发展的一个重要趋势。随着金融创新的全球化发展，各国的监管机构以及国际监管组织都注重和加强金融内部控制制度的完善和内、外部控制的结合以实现有效监管，这一发展方向已成必然。

二、金融监管对金融创新的影响

（一）金融"放松"阶段的监管对创新的影响

金融监管在 20 世纪 30 年代以前对金融机构的具体经营行为的监管涉足不多，主要以实施货币管理和防止金融恐慌导致银行"挤兑"为监管目标。在这一阶段，产生了一些在历史上有着深远影响的传统工具，如货币形式的发展、存贷款业务的产生以及银行的出现，这些都是这一阶段的新现象。资本市场发展的主要工具即在这一阶段产生，它们包括股票（1553 年）、债券（1555 年）、可转换证券（16 世纪）、优先股（16 世纪中期）和认股权证（1911 年）等。② 可以说，这一时期资本市场的兴起和发展对人类历史发展进程起到了巨大的推进作用，它成为现代资本主义经济发展史上的重大事件。

（二）金融"管制"阶段的监管对创新的影响

大批银行等金融机构在 20 世纪 30 年代的大危机中倒闭，这说明了极不稳

① 谷秀娟："金融混业与完善我国金融监管体系问题研究"，《郑州大学学报（哲学社会科学版）》，2004 年第 6 期，64—68 页。

② 陈卫东："金融创新工具的演化及最新发展"，《国际金融研究》，1999 年第 11 期。

定、极不完备的金融市场还存在潜在的巨大风险。因此,金融监管由“放松”向“管制”转变的要求更加强烈,在危机过后的30—70年代,金融监管更加倾向于政府的直接管制,以维护金融体系安全、弥补金融市场的不完备为出发点,放弃了自由银行制度。为了规避严厉的金融管制,以便更好地转嫁风险、增强流动性,寻求新的利润增长点,各国在这一阶段都做了一定的金融创新。这一时期,创新的品种大多集中在业务创新和工具创新,但其中又以资产型创新为主。[①]创新的主体以银行业为主,尤其是跨国银行,它们为了逃避各国(地区)的管制,实现获利目标,增强自身的竞争能力以适应世界经济一体化的发展趋势,于是推出了各种模糊国界的金融创新工具。

(三)由“管制”到“重新放松”的监管对金融创新的影响

20世纪七八十年代,金融监管由“管制”走向“重新放松”。在这一阶段,恢复了金融自由化和金融业的竞争,对金融机构放松了原来过度严格的管制,特别是解除了对金融机构在经营地域选择、业务范围和利率水平等方面的种种限制,以提高金融业的效率和活力。金融自由化的理论支撑是“金融抑制”和“金融深化”理论,这一理论构成了金融自由化理论部分的核心。[②] 金融管制的放松,引起了金融创新的空前发展,推动了金融创新的进一步深化。

在突破管制的基础上,防范国际金融市场上多变的利率、汇率风险是这一时期金融创新的目的。此时,金融创新的种类发生了很大的变化,表内业务创新已不再是主导,更多的表外业务创新——衍生金融工具创新出现了,出现了创造信用和产生股权的创新。不仅涌现了浮动利率债券、货币和利率调换、期货、期权等一系列的新兴工具,越来越多的金融创新工具在80年代后也进一步衍生而成,如货币期货合约期权、股票指数合约期权、调换期权、平均期权、复合期权等相继出现。[③] 在国际金融领域中,由于金融工具的不断创新和网络技术、电子信息技术的应用,国际资本流动的频率和规模不断增强,金融资本的国际流动也呈现出纵横交错和多向性的特征,跨国资金调拨变得越来越容易,这使得国与国之

---

① 朱正罡:“西方金融创新及启示”,《农村金融研究》,2002年第2期。

② 何德旭:“金融监管:世界趋势与中国的选择——兼论中国银监会的设立”,《管理世界》,2003年第9期,第52—61页。

③ 陈卫东:“金融创新工具的演化及最新发展”,《国际金融研究》,1999年第11期,第32—36页。

间的金融联系越来越紧密,金融全球化成为一种必然趋势。[①] 同时,在"金融深化"理论的影响下以及在发达国家的带动下,许多发展中国家也逐步实施了金融自由化改革。

(四) 由"重新放松"到"重新管制"的监管对金融创新的影响

20世纪90年代以来,连续的金融危机迫使人们又重新开始关注金融体系的效率与安全,甚至把安全提到重要位置。巴西、墨西哥以及亚洲金融危机的相继爆发,使金融监管的重点逐步转向注重协调安全、稳定与效率的关系,强调金融效率和金融安全并重,加强审慎性监管与国际合作,由"重新放松"又走向"重新管制"。[②] 与此相适应,一大批新的金融创新工具应运而生,如在1990—1997年间出现的创新工具有:长期权益参与证券(Long-term Equity Anticipation Securities),债券差价认股权证(Bond Spread Warrants),固息浮息合成票据(Fix-floating Hybrid Notes),股指增长票据(Stork Index Growth Notes),价差调换(Diff Swap),杠杆价差票据(Leveraged Diff Notes),优先股购买单位(Preferred Purchase Units),灾害保险期权和期货(Catastrophe Insurance Futures and Options),衍生头寸证券化(Securitization of Derivatives Positions),消费信贷证券化,航空组合证券化,飞机租赁证券化,重新确定利率上下限的浮息债券(Resetting Collar FRN),双重货币证券化(Dual-currency Securitization),与股权业绩挂钩的证券(Securities Tied to Equity Performance),灾害优行股卖出期权(Catastrophe Preferred Equity Puts),通胀指数化的长期国债(Inflation-linked Treasury Bonds),平行债券(可以欧元重新记值)。[③]

2001年以来,美国次级抵押贷款急速扩张,在巨大利益的驱使下,金融机构纷纷降低审贷资格和管理程序,吸引了大量信用水平原本不达标的客户,造成信用风险的累积,导致违约概率提高。在此过程之中,金融监管部门并未对放贷机构采取严格的监管措施,过分相信市场的自我调节作用和房贷机构的自律机制,导致恶意贷款、投机贷款活动恣意发展和蔓延,投资银行将次级住房抵押贷款进

---

① 高峰:"国际金融监管发展的新趋势及对我国的启示",《中央财经大学学报》,2001年第7期,第17—21页。

② 何德旭:"金融监管:世界趋势与中国的选择——兼论中国银监会的设立",《管理世界》,2003年第9期。

③ 陈卫东:"金融创新工具的演化及最新发展",《国际金融研究》,1999年第11期,第34页。

行打包证券化并向世界范围内的投资者进行推销，将次贷风险传播到全球市场。美国总统奥巴马2010年7月21日签署金融监管改革法案，使过去30年美国放松的金融监管出现了大逆转。该法从系统性风险的防范、消费者和投资者保护、衍生品市场监管、住宅抵押市场监管、银行监管、对冲基金监管、信用评级公司行为、美联储救市行为透明度、华尔街薪酬体系等方面进行了调整和改革。法案赋予美联储制定一系列审慎监管标准的职能，对这些审慎监管标准给出了一些原则性的规定。该法案要求美国证券交易委员会（SEC）制定数十部新规则，创设五个新机构，实施多重研究。①

这一时期金融创新工具得到了快速发展，虽然有众多创新衍生工具都与传统创新工具的密切转化相关联，但也让我们从金融产品蓬勃发展的新气象中看到了金融监管由“重新放松”向“重新管制”的转变对金融创新的影响。

第三节　金融创新与监管的博弈均衡

一、金融创新与监管的博弈均衡分析

（一）金融创新与金融监管博弈关系的形成

博弈行为分析的目的在于说明各个行为主体如何在缺乏其决策后果的充分信息的条件下做出合理的决策。一个博弈是对多个行为主体的“战略互动”——“交互决策”情形的一种正式表述。所谓“战略互动”，其含义是指每个行为主体都认识到自己所获得的支付（效用或利润）不仅取决于自己的行动，也取决于其他行为主体的行动；而且，对自己来说是最佳的行动，可能取决于自己预期其他行为主体会采取什么样的行动。只要给定其他行为主体的策略选择，没有任何一个局中人（行为主体）有积极性去选择其他策略，因而没有任何一个局中人（行为主体）有积极性去想改变这种均衡。这样的一种组合是由所有参

① 胡玉婷：“美国金融监管与金融创新的博弈”，《人民论坛》，2011年第2期，第113页。

与者的最优策略构成,这就是“纳什均衡”(Nash Equilibrium)。[①]

金融创新与金融监管博弈关系的形成是由二者之间的相互关系决定的。由于金融创新所产生的风险无法通过市场机制予以消除,必然产生政府对金融创新监管的要求。而在另一层面,自20世纪70年代以来的金融创新的主要动力又来自于突破原有的金融监管,这样金融创新和金融监管的这种连续互动关系便得以形成。

金融创新导致了大量金融工具源源不断地产生,同时又对金融监管产生影响。这种相互影响、相互作用、相互促进的结果构成了金融创新与金融监管的博弈关系;创新有规避监管的需要,它避开监管,为金融创新主体实现利润最大化提供了可能,另一方面,金融创新也为金融监管提供了空间和对象,监管对创新带来的风险进行了控制,其目的在于规范创新行为,将不确定性消除或置于一定的可控度之内,这样就形成了创新与监管之间的博弈。

金融创新主体与金融监管主体构成的博弈分析模型中要解决的主要问题是,假定每个理性参与者对博弈的结果、彼此的理性都拥有充分的知识,那么我们可以预测的均衡结果是什么,每个参与者的最优策略是什么,所有参与者的最优策略组合又是什么。

双方彼此都清楚地了解自己的目标和利益所在,在博弈中总是采取最佳策略,以实现其效用或收益的最大化。该博弈中的策略则是指局中人进行博弈的手段和工具,每个人至少应该有两种不同的策略,否则谈不上博弈,在本博弈中创新主体的行动集合为{创新,不创新},监管主体的行动集合为{监管,不监管}。

在金融创新与金融监管的博弈中,监管主体依法律授权对创新主体实施监管,创新主体依法接受监管主体的监管。监管主体和创新主体都以理性为前提,实施监管和接受监管都按照最大化效用原则行动,但效用最大化都在一定程度上受到条件的限制,彼此必须根据对方的策略决策为前提做出判断,来选择自己的策略。

---

① 费尔南多·维加-雷东多:《经济学与博弈理论》,毛亮、叶敏等译,上海:世纪出版集团上海人民出版社2006年版,第4章。

（二）金融创新与金融监管博弈均衡求解

1．博弈分析的基本假设

（1）假定创新主体（金融机构）和监管主体（监管机构）都是“理性的”。

（2）监管博弈中，假定参与者只有监管主体和创新主体两个当事人，假设他们的行动策略选择具有一致的预测性。

（3）假定创新主体有“创新”和“不创新”两种策略选择，监管主体也有两种策略选择，即“监管”和“不监管”。

（4）创新主体的预期收益就是其违规创新所得。

（5）假定创新主体和监管主体都是风险中性者，监管主体的监管目标是追求宏观经济的稳定性为其社会效用的最大化（也包括经济和政治利益）；而创新主体的目标是追求自身收益最大化为其自身效用最大化。

（6）博弈双方在完全信息下同时选择行动，而且对对方的特征、策略空间、收益函数都具有准确的了解，没有不确定性，其行动是理性决策的结果。

（7）假定其他条件不变，金融创新和金融监管互为唯一影响因素。

2．金融创新和金融监管的纯策略均衡

在完全信息下，“每一参与者同时选择一个策略，所有参与者选择策略的组合决定了每个参与者的收益”，“即每一参与者的收益函数（根据所有参与者选择的不同组合决定了每一参与者的收益函数）在所有参与者之间是共同知识（common knowledge）”。[①] 所有博弈方同时或可看做同时选择策略，且博弈各方对博弈中的各种情况下的收益（包括策略空间、支付函数等）完全了解的博弈——纳什均衡，即“是一种策略组合，使得每个参与人的策略是对其他参与人策略的最优反应”。[②] 这是假设条件最接近理想状态的一种纯策略均衡博弈模型。“对于一个博弈而言，在体现理性行为以及准确（或者理性的）预期的任何预测一定是一个纳什均衡的意义上，它可以被看做是一项策略稳定性的基本要求。”[③]

---

① 罗伯特·吉本斯：《博弈论基础》，北京：中国社会科学出版社 1999 年版，第 1—2 页。

② 朱·弗登伯格、让·梯若尔：《博弈论》，黄涛、王一鸣等译，北京：中国人民大学出版社 2002 年版，第 10 页。

③ 费尔南多·维加-雷东多：《经济学与博弈理论》，毛亮、叶敏等译，上海：世纪出版集团上海人民出版社 2006 年版，第 110 页。

这是完全信息下每个参与人具有两种行动策略选择的双参与人纯策略纳什均衡博弈(也就是 2×2 矩阵博弈)。

(1) 模型的描述分析

在这个博弈模型中,金融机构和金融监管当局在每一个给定的策略情况下只选择一种特定的行动,“如果一种纳什均衡中每个参与人具有对对手策略的唯一最优反应,那么这种纳什均衡被称为是严格的(Harsanyi,1973b)……严格均衡必然是纯策略均衡”。[①] 因此,我们把该模型中的策略选择称为纯策略选择。

设 X、Y 为博弈双方,X 代表金融机构,Y 代表监管当局。X 有两种策略:创新、不创新,Y 也有两种策略:监管、不监管。X_n、Y_n 分别代表该部门收益($n=1,2,3,4$)。则完全信息下静态博弈的收益矩阵模型如表 5-1 所示:

表 5-1 纯策略选择矩阵

		监管当局	
		监管	不监管
金融机构	创新	$\underline{X1}$,$\underline{Y1}$	$\underline{X2}$,$Y2$
	不创新	$X3$,$Y3$	$X4$,$\underline{Y4}$

从矩阵中我们可以看出:

a. 当金融机构选择创新策略时,对于金融监管当局来说,监管是其最优策略,因为监管才能获得更大的收益,即 $Y1>Y2$。这是因为只有监管才能降低由创新而带来的风险,为维护金融安全与稳定作为绩效的金融监管当局的收益才能增加(同时也可能伴随着政治收益)。

b. 当金融机构选择不创新策略时,监管当局不监管收益最大,即 $Y4>Y3$。因为此时监管当局如果选择监管策略会造成很大的成本浪费——其支付是损失而不是收获。

c. 当监管当局采取监管策略时,金融机构选择创新策略会有较大的收益,即 $X1>X3$。金融机构选择创新策略才能规避监管的束缚、克服监管压抑,实现利润最大化的经济目标。

① 朱·弗登伯格、让·梯若尔:《博弈论》,黄涛、王一鸣等译,北京:中国人民大学出版社 2002 年版,第 10—11 页。

d. 当监管当局采取不监管策略时，金融机构选择创新策略会赢得最大收益，即 $X2 > X4$。因为在此时，金融机构创新的收益相对于当监管当局监管时创新的收益更大，是最大化程度的盈利。

（2）求解金融创新与监管的纳什均衡

通过上述比较分析，我们把金融监管当局和金融机构的比较优势（每一种情况下获得的较大收益）运用划线法划出来进行求解纳什均衡解，可以推出：在完全信息静态博弈纯策略选择的条件下，金融机构和监管机构实现各自最优的唯一纳什均衡解的文字表述为：金融机构创新和监管部门监管，也就是矩阵中的数理表示（$X1$，$Y1$）。在该博弈中，金融机构创新是主动的，金融监管机构的监管是被动的，即监管机构要以对方（金融机构的行动策略）为前提。金融机构的最优策略是创新，即不论监管机构监管还是不监管，金融机构都要为实现其最大利益目标而创新。而监管机构的最优策略则是取决于金融机构的创新与不创新的策略选择，即便金融机构的最优选择是创新，但不创新毕竟也是金融机构的一种行动策略选择（如果金融机构采取创新策略，监管当局的最优策略为“监管”；如果金融机构选择不创新策略，监管部门的最优策略为“不监管”）。因此，监管机构不存在最优策略，也无法应用最优策略的方法来找出博弈均衡。

要特别注意的是，（$X2$，$Y2$）并不是一个纳什均衡，因为金融机构的职责和收益就是通过监管来化解金融风险，维护金融的安全与稳定，也是通监管来实现自身的收益（包括其政治利益）的最大化。

在这个博弈模型中，我们应用“重复剔除严格劣策略”来求解纳什均衡。如果对其他参与者每一个可能的策略组合，任何一个人的选择的收益小于其他选择的收益，则称 A 相对于策略 B 是严格的劣策略。“理性的参与者不会选择严格的劣战略，因为他（对其他人选择的战略）无法做出这样的推断，使这一战略成为他的最优反应。”[①]要求解该博弈的纯策略纳什均衡，首先假设金融机构和金融监管当局都是理性的是公共知识，即假定所有参与人都知道所有参与人是理性的，所有参与人都知道所有参与人都知道所有参与人是理性的，如此等等。[②] 即根据“理性的”为前提来预测对方的行动选择，剔除对方的劣策略，预测

① 罗伯特·吉本斯：《博弈论基础》，北京：中国社会科学出版社 1999 年版，第 4 页。

② 同上书，第 5 页。

其最优策略,从而决策自己的行动选择,以实现最优的策略均衡。在本博弈模型中,不管监管部门选择什么策略,对金融机构来说,创新是其利益最大化所在,是增强核心竞争力的根本。“不创新”相对“创新”是严格劣策略,所以,金融机构肯定会放弃选择“不创新”策略。在剔除“不创新”策略后的新的博弈中,金融机构只剩下一个策略——“创新”,也就是金融机构的最优策略。假设监管当局是理性的,而且监管当局知道金融机构也是理性的,那么,监管当局会准确地预测到金融机构会选择“创新”。在这个新的博弈中,监管当局有两个策略选择,监管和不监管,但此时,已给定金融机构一定会创新的预测,所以“不监管”已成为监管当局的严格劣策略,剔除这个不监管的劣策略,剩下的唯一纳什均衡解为($X1$,$Y1$)。“如果所有参与人预测特定纳什均衡会出现,那么没有参与人有动力采用与均衡不同的行动。因此纳什均衡(也只有纳什均衡)能具有性质使得参与人能预测到它,预测到他们的对手也会预测到它,如此继续。”[①]因此,通过重复剔除严格劣策略推出的均衡结论为(创新,监管)。

二、基于金融创新和监管博弈均衡的制度选择

根据上述分析我们得出金融创新与金融监管的博弈均衡解是(监管,创新),也就是说,监管当局监管,金融机构创新是各自的最佳行为选择。这一均衡结论为金融监管制度的制定提供了前瞻性,金融创新是金融业未来发展的必然趋势,这就要求中国在制定监管政策、制度时要考虑未来金融市场创新,预测金融机构内部诸要素可能发生的变化。在加强对金融体系安全性监测和保证金融体系稳健运行的前提下,我们就要鼓励和支持金融的积极创新,抑制消极金融创新。在立法模式的选择上,中国应在侧重于外部监管模式的基础上,更加关注于内部监管,并将其归结为五个方面以实现支持金融创新的监管:一是鼓励积极创新的监管,利用激励相容原理,引导金融机构的内控和市场约束合力实现监管目标;二是保护金融创新的监管,面向过程,强调事先预防与判断风险的事前性监管,而非事后性监管;三是实现成本均衡创新的监管,成本收益均衡,实现理想监管强度均衡,降低金融创新的监管服从成本;推进连续性创新的监管,转向功

① 朱·弗登伯格、让·梯若尔:《博弈论》,黄涛、王一鸣等译,北京:中国人民大学出版社2002年版,第11页。

能性，关注的是金融产品所实现的基本功能，减少监管职能的冲突、交叉重叠和监管盲区；增加金融创新活力的监管，奉行国际化标准，通过创新在新巴塞尔新资本协议的框架下可以赢得市场竞争的主动。

（一）激励相容监管——鼓励积极创新

激励相容的金融监管，不是仅仅从监管的目标出发，而应当以金融机构的经营目标为前提，引导金融机构的内控和市场约束合力实现监管目标。金融监管不再是替代市场，而是强化金融机构微观基础的手段，金融监管并不要在某些范围内取代市场机制，而只是从特有的角度介入金融运行。克服激励不相容的监管所造成的迫使金融机构付出巨大的监管服从成本，从而丧失开拓新市场的盈利机会，以及易产生道德风险问题的弊端，鼓励并促进金融机构的积极创新。

（二）面向过程监管——保护金融创新

面向过程型监管是指监管机构参与金融机构运营的整个过程，由规则性监管时的静态监管转向动态监管。它强调事先预防与判断风险的事前性监管，而非事后性监管，减少了金融风险产生后进行事后救助的成本；利于减少信息不对称，减少金融体系的道德风险与逆向选择；监管机构根据参与者的整个运行状况做出评判，是一种对不同的金融机构（优劣之分）采用不同标准的差异化监管；引进激励机制，能降低监管成本、提高效率，为金融机构提供创新的动力。

（三）成本收益均衡的监管——实现最优创新

行政管制的监管体制，往往夸大监管收益而忽视监管成本。金融监管成本包括金融监管机构运行的行政成本；金融机构为了满足各种合理或者不合理的监管要求所产生的成本；对整个经济体系运行可能带来的效率损失成本。监管战略的选择不同，其成本支付函数也不同。当监管的预期净收益达到最大时——实现理想监管强度均衡，同时降低了金融创新的监管服从成本。

（四）转向功能性监管——推进连续性创新

依据金融体系基本功能而设计的功能性监管，关注的是金融产品所实现的基本功能，以金融业务而非金融机构来确定相应的监管机构和监管规则，减少监管职能的冲突、交叉重叠和监管盲区。同时，功能性监管针对综合经营下金融业务交叉现象层出不穷的创新趋势，强调实现跨机构、跨市场的全面监管。最后，由于金融工具所实现的基本功能有较强的稳定性，使得据此设计的监管体制和监管立法更有连续性和一致性，推动了创新的连续性（第七章专题论述）。

（五）国际化标准监管——增加金融创新活力

奉行国际化标准监管，给予金融创新主体一个清晰的创新预期和稳定的创新环境。鼓励金融创新的监管理念，在监管制度国际化标准的框架中体现。如2004年巴塞尔新资本协议通过对不同形式的资产设置不同的风险衡量方法，诱导金融机构积极进行业务创新，金融机构通过创新在新巴塞尔新资本协议的框架下可以赢得市场竞争的主动，同时整个金融市场也因此获得了新的动力和活力。[①] 而巴塞尔资本协议Ⅲ作为国际金融监管的代表性交流平台，在一定程度上代表了国际金融监管改革的大趋势。巴塞尔资本协议Ⅲ旨在从银行个体和金融系统两方面加强全球金融风险监管。在单个银行实体（微观审慎）层面，意图提高银行及其他金融机构在市场波动时期的恢复能力，使银行能够更好地抵挡经济金融风险的压力。主要内容包括对原有资本监管要求的完善和流动性标准的建立。在整个金融体系（宏观审慎）层面，力求减少具有潜在系统性风险的银行对整个金融业的影响，以对全球长期金融稳定和经济增长起到支持作用。[②]

金融全球化使金融创新具有很强的复杂性、不确定性及危机隐蔽性等特点。从世界范围来看，侧重于内部监管的研究，对外部监管的有效立法更具有时效意义。金融监管机构对金融创新的弊端往往反应较迟钝，而金融机构则反应灵敏，因此对金融创新的有效监管需要更多地依赖于内部监管。内部监管是第一道“防火墙”，外部监管是第二道“安全网”。

总之，金融全球化的发展为金融创新带来了勃勃生机，金融衍生品层出不穷，同时，也给金融系统带来了不确定性，金融系统风险和区域风险甚至是全球危机的概率也在增大，因此，金融监管当局应时时掌握创新动态，适时调整金融监管以适应金融创新的要求和促进金融业的稳健发展。

---

① 巴曙松：“金融监管框架的演变趋势与商业银行的发展空间”，《当代财经》，2004年第1期。

② 巴曙松：“巴塞尔Ⅲ代表国际金融监管改革大趋势”，《中国经济时报》，2012年1月4日，第3版。

第三编

金融监管模式与立法的博弈选择

Finance

第六章　分业经营和综合经营的博弈选择

自从《巴塞尔协议》确立了国际联合监管的模式以来，国际金融监管的状况便开始对国内金融的模式选择产生了更为重要的影响。WTO 下的《金融服务贸易协议》对中国金融服务贸易市场开放及其立法已提出了新的要求，入世后中国的银行市场将逐步迈向全方位开放的目标。面对众多规模庞大、综合经营的“金融航母”，中国金融机构却受制于分业经营的法律规定，只能固守各自经营领域，难以开展综合经营业务。顺应形势，明确金融体制变革的新方向，建立健全金融监管法律体系是决定未来中国金融发展的制度条件。

第一节　金融分业经营与综合经营概说

金融是现代经济的核心，它主要包含银行、证券、保险三大领域。对一国的金融制度而言，实行分业经营还是混业经营，是其金融制度的重大抉择，也是一国在一定社会经济、政治、科技发展时期的历史选择。

一、分业与“混业”

何谓分业？由于不同的历史发展阶段、不同的时代背景和不同的金融环境，各国金融当局实行分业体制的目的有所不同，由此就产生了不同的分业标准。1933 年美国的《格拉斯-斯蒂格尔法案》出台以后，该法案的第 20 条和第 32 条明确规定商业银行与投资银行业务（证券业务）分离；禁止银行董事兼职，这时才有了明确的分业概念。该法律后来对日本、韩国以及中国实行分业体制都产生了巨大影响。

但总的来说，金融分业是指银行业务与其他金融机构的业务相分离，银行和非银行金融机构业务与工商业部门的业务相分离的体制。严格区分不同金融业和不同金融机构所从事的业务范围,不允许它们之间的业务交叉或重叠,金融机构向非金融机构的投资以及它们之间资本、经营的融合都被严格限制。

中国的金融分业,主要是指在银行、保险、证券、信托机构之间设立防火墙,分业经营、分业管理,分别设立经营银行、保险、证券、信托业务的机构。

狭义的“混业”是指同一金融机构可以经营不同的金融业务,换言之,不同的金融机构能够经营相同或类似的金融业务,从而促使金融业不断融合,最终冲破业务的限制,这是金融机构业务范围被放松限制的结果,但不包括实业。① 而广义的“混业”还包括金融机构与非金融机构的经营融合,金融资本与产业资本的融合。

“金融混业”是世界发展的潮流,是大多数国家金融业的发展方向,如欧洲、美国和日本等都已实行“混业经营”。金融机构不局限于某一金融业务的范围,银行、证券公司、保险公司等机构间的业务相互交叉渗透的多元化经营,已成为国际金融业发展的主旋律。② 伴随着金融全球化、一体化和自由化浪潮的不断推进,中国金融业发展的大方向也必将是“混业经营”。

金融混业有三种组织形式:一是不同的金融机构之间相互代理产品,是金融业务的交叉和联合经营,没有产权纽带关系,如银行代理销售基金和保险产品,这种形式现在就已经存在了,在法律上也没有障碍。这种形式一般被认为是业务的“混业”而不是真正的“混业”。二是一个金融企业的法人机构可以同时经营银行、证券、保险其中两种或两种以上业务,许可拥有多个金融业执照,这种体制是混业模式的一种极端形式,被称为法人混业。而这种混业形式不被中国法律所允许,它与目前分业经营的法律框架是抵触的。三是金融集团控股权的混业,即在金融控股公司里有多种金融控股权的混合。一个金融企业或者非金融企业通过控股或设立子公司的方式,在金融行业内部提供银行、证券、保险等多种金融服务。③ 在一个金融集团公司内有多个法人子公司,统一被一个母公司所控制。目前,这种混业方式是没有法律障碍的。金融控股公司就是这种混业的典型模式。这种混业模式在中国实际上已经客观存在了。

---

① 莫沙沙:“从分业向混业转变中我国金融监管的法律问题”,《怀化学院学报》,2004 年第 6 期。

② 毛宁宁:“从股指期货的推出谈中国金融业的混业经营”,《北方经贸》,2003 年第 12 期。

③ 陆悦:“‘平安’启航”,《互联网周刊》,2004 年第 10 期。

二、“混业经营”实为“联合经营”或“综合经营”

美国国会于1999年11月4日通过的《金融服务现代化法案》的第一章标题为“促进银行、证券公司和保险公司的联合经营”,显然意指银行、证券和保险间跨业联合经营,即金融业的综合经营。一般认为,从语义上说,综合经营与混业经营相比较,经营范围有一定的差别,综合经营不包括实业,仅囿于金融业,因此,美国法律在定性时审慎地使用了“联合经营”的概念,并不是“混业经营”。这样不难看出,在过去,中国学者们普遍所使用的“混业”一词在其表达方式上是有失偏颇的。这是源自于中国学者相对于“分业”的概念而提出的。这不能算是甚为科学的表述,容易引起理解的偏差而使中国的金融业陷入困境。就算是以全能银行著称的德国银行,虽然可以经营证券、保险业务,但它称为“全能”,即“具有全部金融业务功能”,仍仅囿于金融业而未叫做“混业”。因此,在使用“混业”这个概念时,应该明确指出,它是与“分业经营”相对应的“联合”而非“混合”,即不包括实业,是“多元化”的概念而不是“一元化”,这是必要的前提,以免“容易使整个行业片面强调放松业务限制,忽视对金融业进行有效监管,从而引发以往的金融风险,而用比较中性的‘综合经营’,有利于加快推动金融企业混业经营政策障碍的消除”。①

“混业经营”曾使中国金融业产生过误解,也曾使中国金融监管陷入过困境。基于此,本文采用“综合经营”的概念,旨在于赋予它一个约定俗成的准确理解,即是指“多元化经营”、“联合经营”之含义。②

“综合经营在中国已客观存在,如果对这种客观存在不研究,将不利于中国金融业的发展。”③

---

① 钟加勇:“‘综合经营’下的监管博弈”,《商务周刊》,2005年第11期。

② 曾筱清:《金融全球化与金融监管立法研究》,北京:北京大学出版社2005年版,第99—100页。

③ 钟加勇:“‘综合经营’下的监管博弈”,《商务周刊》,2005年第11期。

第二节　发达国家金融分业与综合的立法演进

20世纪30年代以前，欧美国家的金融业基本是综合经营的。1933年，面对大危机期间银行业金融机构的大量倒闭，为了防范金融风险，美国通过《格拉斯-斯蒂格尔法案》强制对银行、保险、证券等业务的分业经营，从而形成了以美国为代表的分业经营与以德国为代表的全能银行综合经营两种模式共存的局面。[①]

金融业之所以分业经营，除了历史上综合经营所带来的规模、协同效应（协同效应是金融控股公司在多元化的并购活动中产生，在管理和财务上均有体现，有利于管理资源和现金流的充分利用。协同效应使成本收入比降低，资产回报率提高[②]）不足以弥补其风险的经济学原因外，以美国《格拉斯-斯蒂格尔法案》为代表的严格限制金融综合经营法律的出台也是相当重要的原因。直至20世纪50年代以后，金融创新工具和创新组织形式得到极大发展，金融创新为突破传统的商业银行业务和证券业务提供了可能，商业银行在负债和资产配置方面越来越多地依靠资本市场工具，通过金融创新，中间业务和表外业务收入在利润中的比重不断增加；而投资银行为扩大资金来源和寻找新的客户群落，不断向商业银行渗透。[③] 与此同时，科技、信息以及金融服务业自身技术水平不断提高，风险控制能力得到巨大的改善。[④] 可以说，金融自由化的发展趋势是推动金融业向综合经营转变的内在动因，通过金融一体化经营获得更高的经济效益和为金融业“松绑”的经济要求，驱动着金融分业经营向综合经营的发展，同时也促使法律规范不断调整。

尽管以德国为代表的全能银行模式在金融发展史上历经考验，对金融综合

① “关于混业经营的模式”，《创投简报》，2005年第27期。

② 唐玉兰、陈春：“借鉴成功经验，进一步推进我国银行业并购”，《华东经济管理》，2003年第2期。

③ 陈琼：“中国金融分业经营与监管的制度选择”，《金融时报》，2004年11月23日。

④ 石安臣：“金融控股公司探析”，《商业研究》，2003年第23期。

经营的选择有相当的影响力①，但近年来，以美国为代表的金融控股公司模式被越来越多的国家和地区所接受。继美国《金融服务现代化法》之后，以银行控股公司发展起来的美国式的金融控股公司是当今综合经营的主要模式，许多国家在设计各自的金融控股公司制度的时候，均是在此基础上结合各自的国情和历史进行了演绎。

金融业最本质的特征在于其作为资金融通中介，发挥市场资金供需双方的桥梁作用。综合化、全能化是金融业发展的内在规模和要求。金融业天然是处于一种“综合”的状态，但是由于历史各阶段发展的客观环境，各国金融业书写了复杂的演变过程，同时也书写了坎坷的法律演进历程。

一、美国金融分业与综合立法的发展历程

1928 年美国《麦克法顿法案》鼓励综合经营，但由于金融监管和风险控制系统不成熟，导致了 1929—1933 年全面而灾难深重的大危机。危机对美国的金融制度造成了严重的冲击，美国银行大量破产倒闭，货币信用制度和证券市场濒于崩溃。由于金融体系具有内在的不稳定性而带来了巨大的负外部性，大危机之后，公众、金融机构及政府对金融市场自由竞争的这一注重效率的综合经营模式产生了怀疑，希望能有一种保证金融安全的经营模式来避免银行连锁倒闭带来的负外部性，于是产生了强烈的变革金融法律制度的动机。美国国会为了稳定金融秩序，确保公众对全国金融体系和货币供应的信心，通过制定 1933 年的《格拉斯-斯蒂格尔法案》、《1934 年证券交易法》和《信托契约法》等最终确立了金融业严格分业经营、分业监管的体系结构。②

然而，在金融自由化浪潮的不断冲击下，西方发达国家，特别是美国的金融创新不断涌现，业务的相互交叉与渗透在各种金融机构之间频繁发生，并且日益加剧，一度受限于严格的分业法律制度而实行分业经营模式的美国银行也开始逐渐向综合经营模式过渡。③ 不仅如此，美国金融业同时还承受着外国银行综

---

① 徐文彬：“德国全能银行制度对我国商业银行的启示”，《经济研究参考》，2011 年第 5 期。

② 陈柳钦：“美国金融混业经营之路及其制度经济学思考”，《管理论坛》，2006 年第 8 期。

③ 黄卫红、周蓉蓉：“国际银行业混业经营趋势与我国商业银行的对策”，《金融论坛》，2001 年第 10 期。

合经营金融业务的竞争压力——让美国金融业一直处于分业经营状态的《格拉斯-斯蒂格尔法案》使美国陷于银行数量多、规模小、业务单一、规模效益难以实现的困境。面对欧洲、日本全能银行的强大压力，为了提高国际竞争力，美国政府金融监管的主导思想也在逐渐地发生转变。20 世纪 80 年代以来，历经一系列立法改革，终于在 1999 年 11 月 4 日美国参、众两院以压倒性多数的优势通过了具有划时代意义的《1999 年金融服务现代化法案》，结束了美国长达 66 年之久的金融分业历史。①

（一）金融综合经营向分业经营的立法转变

20 世纪 30 年代，由亚当·斯密"看不见的手"原则主导的金融自由化终于因美国全面而深刻的金融大危机而经受了金融制度的挑战，为了保障金融改革措施的实施，美国政府于 1933 年 6 月 16 日颁布了旨在构建一个新的银行制度的《格拉斯-斯蒂格尔法案》，也称《1933 年银行法》，从主张为提高效率、政府不干预的自由竞争，转向限制金融业过度竞争以保障金融安全的分业金融制度。继《格拉斯-斯蒂格尔法案》之后，美国国会又相继颁布了《1934 年证券交易法》、《投资公司法》等一系列法案，逐步形成了金融分业经营制度。美国国会又于 1956 年通过了《银行控股公司法》，遏制了银行业控股公司持有证券机构股份来间接从事证券业的金融经营活动，进而，将商业银行和投资银行的经营业务进一步隔离开来。《格拉斯-斯蒂格尔法案》的出台，从综合经营到分业经营立法变迁的"成本—收益"分析角度看，并非是偶然的，而是当时合乎逻辑的必然选择。

（二）金融分业经营法律制度面临的挑战

美国的分业制度虽然不断得到完善，金融秩序在一定程度上得到稳定，促进了经济的持续发展，但美国的分业制度随着经济形势和金融环境的变化，仍然面临多方面的挑战。20 世纪 70 年代后的金融创新浪潮不断，金融业国际化趋势加快。伴随市场经济的不断深化，银行和证券公司在金融服务一体化的内在要求和驱使下，不断地以金融创新的形式来规避法律的限制，金融创新不断地冲破了人为因素和自然因素所形成的市场分割，向彼此的业务领域渗透，各金融机构间的联系越来越紧密，银行、证券、保险业之间的业务界限也越来越模糊，使不同金融产品和服务之间的替代性增大，不同融资工具、技术和服务之间差别缩小，

---

① 陈柳钦："金融正道：混业与分业的螺旋交替"，《当代金融家》。

严格区分不同金融业务已相对困难。① 金融产业的融合发展趋势已日益增强，美国为了提高本国金融业的国际竞争力，于 1970 年(《银行持股公司道格拉斯修正案》)对 1956 年的《银行控股公司法》(Bank Holding Company Act 1956)作了进一步的修正。②

事实上，美国从 20 世纪 80 年代初就开始了金融管制放松的进程，逐步改变了各金融机构的业务经营范围。1980 年，美国颁布了《放松金融管制和货币管理法》，一定程度上放松了金融法律对金融业的严格管制，但商业银行和投资银行仍有明确的界限。1987 年美国国会通过了《银行公平竞争法》(Competitive Equality Banking Act)，对《格拉斯-斯蒂格尔法案》的第 20 条款进行了重新的解释，即允许通过设立“非银行业银行”(Non-Bank Banks)来间接从事银行业。③

(三) 金融分业经营向综合经营的立法变革

随着 20 世纪 90 年代中后期日本、英国等发达国家纷纷以综合经营作为金融业的发展目标，这些国家逐步由原有的分业经营模式向综合经营模式过渡。当时的美国经济正在走出衰退，效率与增长已成为公众关注的焦点，因此，美国国内要求金融综合经营立法的呼声也日益高涨。严格限制银行业自由竞争与衍生发展的《格拉斯-斯蒂格尔法案》的防火墙在被撕裂。1989 年美联储首次以“个案处理”方式批准了花旗银行、J. P. 摩根和银行家信托公司等五大银行可以经营公司的债券承销、买卖业务，在 1990 年又允许部分银行经营公司股票承销业务。1991 年，美国财政部公布了金融改革方案，对《格拉斯-斯蒂格尔法案》作了修正，允许资本充裕的商业银行从事更广泛的金融活动，即可以拥有保险和基金附属机构。同时修改了《银行控股公司法》，允许工商企业拥有银行子公司，但要设“防火墙”。随后，美国更多的金融机构先后都开展了证券业务，美国商业银行的竞争力逐步得到了提高。1996 年，美国允许银行开展非银行业务。1997 年美联储对银行业务的管制进一步放松，其实质性的改革是，部分取消了 1987 年和 1989 年所建立的“防火墙”限制。美联储允许商业银行通过直接收购投资银行并将其转为附属公司的方式来经营证券业务。1998 年美国银行发生

---

① 张长弓等:“从美国《金融服务现代法案》看全球银行体制的变迁”,《南方金融》,2000 年第 4 期。

② 王敏玉:“混业经营是我国金融业发展的大趋势”,《商业研究》,2001 年第 9 期。

③ Frederic S. Mishkin, Stanley G. Eakins, *Financial Markets and Institutions*, Addison-Wesley Longman, 1999.

了一系列重大并购案。突出的是4月6日,美国花旗银行与主要从事投资、保险业务的旅行者集团合并,合并后的花旗集团通过对银行业务的延伸而突破了综合经营的限制,成为美国第一个完全综合经营的银行持股公司(BHC)。[①] 时隔数日,美国国民银行与美洲银行宣布合并,美国第一银行与第一芝加哥银行联姻。就这样,通过兼并,数量空前的集多种服务功能于一身的“全能银行”诞生了。值得深思的是,美国政府非但没有对此加以制止,相反,于1998年5月通过了《1998年金融服务业法案》使这些兼并合法化。正是这部法律创造了一个颇具金融综合经营时代感的法律术语——“金融控股公司”(Financial Holding Company)。

1999年11月4日,美国参、众两院以压倒多数的优势通过了具有划时代意义的《1999年金融服务现代化法案》,废除了1933年的《格拉斯-斯蒂格尔法案》,从法律上解除了对金融机构中银行、证券、保险业禁止联合经营的禁锢,允许商业银行以金融控股公司(FHC)形式从事全面金融服务,实行综合经营。《1999年金融服务现代化法案》结束了美国长达66年之久的金融分业历史。这意味着在美国实行最早、对全球经济发展影响巨大,并传播到整个世界从而对国际金融格局产生过重大影响的金融分业经营的立法监管模式走向终结。那一时刻,似乎揭示了金融综合经营的新纪元,迎来了金融综合经营发展的春天！难怪时任美国总统的克林顿称这一立法演进“将带来金融机构业务的历史性变革”。[②]

(四)金融综合经营法律制度的波澜不惊

2000年3月13日,美国国会又通过了《金融服务现代化法案〈实施细则〉》。该法《实施细则》生效的第一天,就有117家银行持股公司申请变更为金融控股公司,并被美联储理事会批准。直至2003年3月31日,金融控股公司增加到630家,其中外国公司30家。2003年11月,美联储和财政部向国会提交了一份报告指出,该法案实施4年以来,确实给美国金融服务业带来很大变化,但并没有导致当初像人们预言那样的剧烈变革。经历了此次金融危机重大打击的美国终于痛定思痛,对本国的金融发展与金融监管重新进行了审视,于2010年7月

---

① 罗本正:“银行重组:银行救助与创新发展”,《财经科学》,2003年第3期。

② 谢冰:“对金融混业经营问题的再思考”,《首都经济》,2001年第4期。

通过了《多德-弗兰克华尔街改革和个人消费者保护法案》,从系统性风险监控、扩大监管范围、金融机构治理等方面加强了金融监管。[1]

二、日本金融分业与综合的立法演进

日本于二战后受美国金融分业立法的影响,并效仿美国于 1947 年制定的《禁止垄断法》禁止金融控股公司成立,于 1948 年制定的《证券交易法》要求银行业与证券业分离,从而建立了分业经营体制。1996 年 10 月 7 日,日本公布了题为《搞活中国金融系统》的报告书,从实现广泛的竞争、资本交易的自由化和放松金融监管等方面提出了金融改革的原则框架,拉开了日本版“金融大爆炸”的序幕,日本金融业便先于美国走向综合经营。

从 1996 年起到 1998 年的金融改革,日本一改以往缓慢、渐进式风格,欲将统占长达半个多世纪之久的金融体制进行彻底变革,并试图将其推向符合世界潮流和直达国际标准的金融体制。由《银行法》、《证券交易法》、《保险法》和《投资信托法》等 24 部与金融改革相关的法律组成的“金融改革一揽子法”于 1998 年 12 月 1 日起付诸实施,并与 1988 年 4 月 1 日起实施的《银行法》、《外汇法》一起使日本金融业构成了一个新的体系。在这一过程中,其法律演进的特点为:

(一)整体立法和专项立法匹配模式

日本确立了金融控股公司作为金融综合经营模式。在法律运作过程中,对金融控股公司的立法,采取了整体立法和相关法规配套出台的立法方式。首先,日本国会于 1997 年 6 月,以公开(透明且可信赖的市场)、自由(依市场规律运作的自由市场)和国际化(国际范围领先于时代的市场)的原则为基础的金融改革方案正式提出,并于同年 12 月对《禁止垄断法》进行了修改,并重新定义和规定了控股公司综合经营模式。解禁后的金融控股公司在资本运营、资产管理、金融资源与人力资源的配置以及在财务和税务管理上都具有强大的竞争优势,并成为金融综合经营的比较高级的形式;其次,由于金融控股公司涉及银行、保险、证券等法律的修改,立法程序极为复杂。为了排除成立金融控股公司的法律障

---

[1] 陈九振等:“从美国金融监管立法改革看我国金融监管的立法完善”,《法律适用》,2011 年第 5 期。

碍，日本制定并施行了相配套的《由控股公司解禁所产生的有关金融诸法整备之法律》(简称《整备法》)，该《整备法》是在已有的银行法、保险法、证券交易法的基础上对创设金融控股公司有必要追加并统一修正的法律条文，并不是对金融控股公司的重新立法——对银行控股公司、证券控股公司和保险控股公司分别重新作了定义和规定。该法律亦被日本金融界称为“金融控股公司法”，既降低了立法成本，又保证了相关法规配套统一。①

(二) 允许银行“三角合并”的《特例法》

日本制定了方便金融控股公司设立的特殊法——《为设立银行控股公司有关银行合并手续特例之法律》(简称《特例法》)，使其设立在市场准入、税制及手续上的诸多不便大大减少，缩短了立法时间，降低了立法成本。《特例法》允许银行通过“三角合并”方式成立银行控股公司(此种方式没有税收负担)，允许以股票作为“实物投资”设立金融控股公司。为了使金融控股公司的设立更为方便，日本于1999年1月1日和2000年3月1日两次修改有价证券上市规则及上市审查基准，简化上市程序，使得金融控股公司作为尚不存在的母公司也可以经股权转移方式，自成立之时起即可获上市资格，解决了金融机构取消和分立在一系列财务、税务和法律上的处理难度问题。

(三) 改革金融制度和大藏省职能的立法

日本通过改革金融制度、调整大藏省的职能，为金融控股公司的监管提供组织上和制度上的保障。大藏省的改革主要包括提高日本银行的独立性和设立金融监督厅两大内容。1997年的《银行法修订法》将大藏省代表从日本银行政策委员会中取消，大藏省不再行使对日本银行的业务命令权和人事罢免权，大藏省对日本银行的影响力从法律上被削弱了，增强了日本银行金融决策的独立性；《金融监督厅设置法案》的制定和实施使金融监督厅开始在总理府直接管辖下运作，证券委也从大藏省划归金融监督厅管辖。1998年12月15日，旨在整顿金融秩序，重组金融组织，再造金融体系，与大藏省平级的金融再生委员会成立，并由国务大臣任委员长。② 大藏省成为只有制订财政预算和管理职能的金融财政

---

① 常健：“我国金融控股公司立法：一个分析框架”，《上海财经大学学报》，2004年第4期。

② 郄永忠：“从‘护送船队’到金融厅——日本新金融监管模式的启示”，《经济导刊》，2003年第9期。

管理当局,并改名为"财务省",财务省与由金融监督厅更名的金融厅真正成为两权分立的分别执掌金融行政和金融监督的政府机构。日本金融厅的成立使日本国民有了自己可以委托的监管代理人。

这样,日本通过对金融监管体制的整合和法律的演变,其金融监管的完善在顺应世界金融综合经营发展潮流的过程中,已经站在了世界的前列。

三、德国金融综合立法的选择与借鉴

德国的全能银行是以 1957 年 7 月 26 日颁布的《联邦银行法》和 1961 年 7 月 10 日颁布的《银行法》为基础的。德国的全能银行内部各种金融业务以业务部的形式相互区别,彼此之间不设置防火墙,但政府对全能银行的监管非常严格,加之严格的行业自律,很少出现违规操作。① 德国全能银行有两个显著的特点:一是长短不分。银行不光能提供短期银行信贷和中间业务,而且还通过承销和投资股票来开展长期资本投资业务。二是银行与其投资和持股的商业和工业部门之间可以通过董事会建立密切关系。其经营模式是:在一个法人机构内,可以有多个金融执照,可以经营多种金融业务。不仅本国金融体制实行综合经营,而且凡在德国境内取得合法许可证的外国银行都允许经营全能银行业务,同时,德国银行在海外的分支机构同样具有全能银行的业务功能。

尽管全能型银行可集银行、证券、保险等金融业务于一体,多样化的金融服务可以"一站式"实现,但就多年的金融市场发展来看,这种以牺牲金融市场效率为代价获得安全的做法受到了很多学者的质疑②:

(一) 业务间利益的冲突

银行兼营证券业务,会与存款、证券经营业务、自营业务等发生冲突。银行通过作为主营业务的存贷款业务,不可避免会获得有关上市公司的信息,故而银行可能会影响前来购买证券客户的决定,也可能通知其自营部门先行买卖。③

(二) 影响金融市场的发展

德国的证券市场规模小、交易清淡,重要的原因之一便是德国的大银行多为

① 盖艳梅:博士论文《金融控股公司模式论》,第 27 页。

② 王文宇:《控股公司与金融控股公司》,北京:中国政法大学出版社 2003 年版,第 153—154 页。

③ 谢非:"利益冲突与金融管制'三墙'",《现代经济探讨》,2000 年第 9 期。

全能银行。全能银行体制下,金融机构机能集中于大银行,其创造信用能力相当高,造成货币流通性需求小,在扭曲货币政策的同时必然影响债券市场。

(三)大银行支配企业

德国的金融体制下,企业的资本筹措渠道主要来源于银行,银行对各种贷款种类、额度和条件等限制要求的设立占据了主动。为了确保放贷安全,必然要求企业稳健经营,由此产生了大银行实质性地影响企业的决策和管理层,甚至对企业持股、对陷入困境的企业实施救援等,银行在积极超越其金融职能本色的同时,也渗透入了企业的生产经营中。

此外,德国学者对银行与工业结合的问题也早有争议。[①] 这种允许银行持有大量企业股票的做法[②],极易引起经济势力过度集中,进而影响国家的经济结构,甚至造成银行操纵政治的弊端。[③] 然而,德意志民族毕竟是守纪律、自律性极强的民族,不但恪守信誉更是守法守规,这理应是德国可以实行全能银行机制的根本原因。

第三节　金融综合经营的立法困境与博弈选择

一、金融分业与综合经营的法律困境

从分业向综合经营的转变过程中,众多国家都遇到了一定的立法困难。分业经营是通过明确的法律规定在商业银行和投资银行之间设立"防火墙"——银行、保险、证券、信托机构等限定在各自的传统业务领域内经营,不得超过既定业务范围。当金融自由化和国际化浪潮冲击到来的时候,各国的银行、保险、证

① Anthony Saunders, Ingo Walter, *Universal Banking in the United States—What could We Gain? What Could We Lose? The Nature of Universal Banking*, Oxford University Press, 1994, p.98.

② 德国"财政部"与公平交易委员会于1977年便建议禁止银行对一般企业持股超过5%。王文宇:《控股公司与金融控股公司》,北京:中国政法大学出版社2003年版,第137页。

③ Anthony Saunders, Ingo Walter, *Universal Banking in the United States—What Could We Gain? What Could We Lose? The Nature of Universal Banking*, Oxford University Press, 1994, p.125.

券、信托机构等都在不同程度上表现出了向更大业务领域甚至非金融领域中进军的倾向。在这一历史阶段,和分业经营相比,综合经营表现出了更大的优势,“综合经营至少具有节约交易成本、分散金融风险、获得协同优势的作用。综合经营能够更大程度上容纳金融创新、满足金融需求”[①]。但是其最具代表性的金融体制变革和制度的产物——金融控股公司,使众多由分业向综合经营转变的国家在立法上陷入了极大的困境(以日本为例):

(一) 立法成本的困境

综合经营要受到一系列原有要求分业经营的法律条文的制约。如果要修订这些法律条文,势必付出巨大的立法成本。如日本为实现金融综合经营而采用的金融控股公司形式就存在着法律上的重重障碍。二战后,日本效仿美国分业经营建立起了限制型金融体系,颁行了《禁止垄断法》。对控股公司的设立,该法分别从业务范围、资本金、持股比例以及人事管理等方面进行了限制,而且作为一般控股公司的金融控股公司还受到《商法》、《禁止垄断法》以及金融相关法律所涉及的银行法、证券交易法和保险业法的限制。[②]

(二) 金融控股公司遭遇的法律困境

金融控股公司遇到了很多法律困境。如果按照普通公司设立的法律规则设立金融控股公司,那么在市场准入、税制及手续上会产生诸多不便,设立金融控股公司的成本将过于高昂。所以必须通过立法建立新的规则来方便金融控股公司的设立。而新的设立规则的引入又势必和原有金融机构取消和分立的法律规则产生冲突和抵牾,这进一步增大了创设金融控股公司的法律障碍。

(三) 分业监管模式的困境

在金融全球化进程中,金融控股公司体现出它资金雄厚和经营广泛的优势,但是金融控股公司本身也不可避免潜藏着巨大的金融风险。对金融控股公司必须要进行有效监控,否则一旦金融控股公司发生问题,就会引起全社会的金融危机。可是在分业监管模式下,银行、证券、保险等行业的监管各行其是,缺乏沟通和协调,也缺乏统一的监管规则,难以实现对金融控股公司的完善监管。缺乏关于统一金融监管机构的立法,这是金融综合经营的又一法律困境。如日本大藏

---

① 钟加勇:“‘综合经营’下的监管博弈”,《商务周刊》,2005 年第 11 期。

② 许多奇:“从‘分业’到‘混业’:日本金融业的法律转变及其借鉴”,《法学评论》,2003 年第 4 期。

省的监管。大藏省可以对银行局、证券局、国际金融局发布通令,对金融业进行监管。由于相关立法不完善,大藏省拥有相机行事之权,金融监管存在着不透明性及无规则性,缺乏统一的监管规范。①

虽然综合经营面临着种种法律困境,但却从未放弃为此孜孜努力,其主要原因表现为:(1) 法律的重构与整合为综合经营这艘满载着风险与财富、安全与效率的“金融航母”保驾护航;(2) 安全与效率是以法律作保障所要实现的基本价值取向,构成法律调整的出发点;(3) 经济规律运行作用的结果和效率价值取向的推动;(4) 法律作为获得“合法性”的工具,必然要求所采用的金融体制模式能够克服立法的困境。因此,利用法律资源营造实现综合经营原始状态的金融市场是政府和金融机构集中于安全与效率选择的落脚点。如果说综合经营在存在着种种法律困境仍要为之努力是由法律价值所决定,那么,综合经营又在安全和效率间进行了博弈选择。

二、分业与综合——安全和效率之间的博弈选择

面对综合经营的法律困境,政府和金融机构必须为实现理想状态下安全高效的金融体制做出设计和安排。由于综合经营和分业经营在价值取向上存在着效率与安全的对峙,一国金融业对于分业经营或综合经营的选择即意味着在安全与效率之间做出抉择。作为理性的人,任何选择的做出必然要考虑收益和成本。将这一视角应用到分业经营和综合经营的决策中,则我们可以展开下面的讨论。

我们有如下假设:

(1) 假设政府同金融机构都是理性的,政府同金融机构之间关于分业与综合的选择,不仅是政府在最终制度选择中权衡风险与效率的结果,而且是金融机构比较自身成本的结果。

(2) 假定政府和金融机构收益即为安全或效率。

(3) 假定 a 为监管成本(政府立法,建立机构规范金融机构行为的成本);b 为内部成本(金融机构内人员、资金、机构和市场管理方面的成本);c 为交易成

① 许多奇:“从‘分业’到‘混业’:日本金融业的法律转变及其借鉴”,《法学评论》,2003 年第 4 期。

本(不同的金融业务间转化或交换的成本)。

(4) 假设 a'、b'、c'分别为监管成本、内部成本和交易成本的增加或减少的变化量(并且假定成本增加和减少的量相同,以简化讨论)。

那么,如果效率的提高使得交易成本的降低可以弥补监管成本和内部成本的提高,将会选择综合经营;如果风险的降低使得监管成本和内部成本的下降超过交易成本的上升,则分业经营是理性选择。政府组织与金融机构的博弈策略及其分业经营与综合经营的选择矩阵如表 6-1 所示:

表 6-1　分业与综合的选择矩阵

		政府组织	
		综合	分业
金融机构	综合	$(b+b',c-c');a+a'$	$(b+b',c-c');a-a',$
	分业	$(b-b',c+c');a+a'$	$(b-b',c+c');a-a',$

从社会总成本看,当 $c'<a'+b'$时,实行分业;当 $c'>a'+b'$时,实行综合经营。由于政府不是营利部门,所以它不仅是从成本—收益角度考虑问题,可能还会根据社会发展的情况,确定自己安全还是效率的倾向,即博弈是动态的。在这种情况下,当 $c'<b'$时,金融机构倾向于分业;当 $c'>b'$时,金融机构倾向于综合经营。

我们注意到:

(1) 当 $c'<b'$成立时,$c'<a'+b'$必然成立,所以分业经营模式容易在政府和金融机构同时获得“合法性”,达成一致;

(2) 当 $c'>b'$成立时,c'和 $a'+b'$的大小不能确定。

a. 只有 $a'+b'<c'$时,才能直接快速达到总体综合均衡。

b. 如果 $a'+b'>c'$,那么社会最大化选择是分业,而个别金融机构却是综合经营(如金融监管制度和环境良好的金融机构或国家就可以更加关注于效率)。这时,可能出现更多的金融机构因追求效率而走向综合经营,导致社会逐渐向综合经营过渡。

以上分析表明,各国之所以有分业经营和综合经营的不同选择,是因为各自的制度环境和经济环境等存在差别,是政府和金融机构依据其时间和地域条件做出的理性选择。德国式的全能银行基础是德国良好的金融监管制度和环境,其金融机构有着上百年的经营经验，且是一个自律性极强的民族，违法违规和破坏信用的行为国人难为，所以，效率是政府预定的目标。由于其综合经营监管成本很小（a'可忽略），交易成本和内部成本控制较好，综合经营均衡状态容易实现，并且是社会最优的选择。美国虽经历了分业和综合的波动，但其经济实力和立法环境的明显优势，使得其最终能够从理性出发，克服人为分业的弊端，能够迅速直接通过立法实现综合经营均衡状态。日本虽先于美国进入综合经营，但其金融业起步晚于前两者，所以动作上较为谨慎。虽然不免仿效美国的分业模式，但是在困境面前还是要做出自我选择，日本的行政主导体制，使得安全成为首要目标。同时法律方面缺乏统一性，必然是逐渐从法律上规范综合形式，通过监管体制的不断完善和关于综合经营法律的健全，由点到面过渡到综合经营的状态。

三、中国金融走向“综合经营”的监管对策

“他山之石，可以攻玉”，既然综合经营是一种“天然”的状态，而且模型分析和国际借鉴都表明了中国采取此模式的必然性和必要性，日本又在具体措施上给了我们极具价值的政策导向，接下来我们关键要确定在中国目前的综合国情和金融体制下，面对混业经营的诸多不完备因素，如何确定一种合理有效的具体形式，并辅之以监管手段，顺利实现从分业到混业的过渡。

中国分混业的法律演进是基于“问题解决方式”，即法律在问题出现时，作为一种资源和手段被用于确立合法的新模式。中国银行业和证券业是以融合开始的。1993 年通过的《关于金融体制改革的决定》，1994 年通过的《金融机构管理规定》和 1995 年通过的《关于加强商业银行管理若干问题的意见》、《国务院批转专业银行与所属信托投资公司脱钩意见的通知》及《商业银行法》等，都是在混业方式陷入发展困境的情况下，确立分业新路径的资源和手段。目前中国的分业经营面临内外的双重压力。从制度上看，中国分业经营的限制竞争型金融体制使得银行等金融机构缺乏激励和创新的动力，丧失了提高金融服务效率效益的活力；从内部看，由于企业融资“脱媒”，又造成银行利润下降，风险增大；从国际看，全球金融自由化、一体化浪潮的冲击，以及即将入内的欧美银行给中国金融市场以巨大压力。

第一，从分业到混业的法律演变中，坚持立法的整合与重构是中国的最优选择。

1995年7月1日以法律形式确立中国分业经营制度。《商业银行法》第四十三条规定："商业银行在中华人民共和国境内不得从事信托投资和股票业务，不得投资于非自由不动产。商业银行在中华人民共和国境内不得向非银行金融机构和企业投资。"随之关于分业经营规定的《证券法》和《保险法》也相继出台。因此，从分业到混业的法律变革中，出现了"牵一发而动全身"的局面，为了降低立法成本和缩短立法时间，中国立法应分"整合"和"重构"两步来进行。首先，从立法技术上，借鉴日本整体立法、配套立法的经验，将《中国人民银行法》、《商业银行法》、《证券法》、《保险法》、《公司法》诸部法律进行全面考虑，将其中分业经营的规定废除，增加有利于综合经营的条款，不是重新立法，而是整合出一部"金融综合经营法"。这样，既降低立法成本又保证了相关法律的统一性、一致性、配套性和协调性。其次，在实践经验总结的基础上，对整合过的诸法加以修改与完善，重构中国金融法制体系以更好地适应综合经营。这已被证明是明智高效的立法策略。

第二，通过金融控股公司的形式再造银行业，用银行的规模经济效益冲抵不良债权。

从日本银行实现综合经营的方式来看，《特例法》允许银行、证券、信托三种不同形态的金融机构能够以"异业子公司"方式实行业务交叉，相互渗透。"异业子公司"是日本金融综合经营的一种形式。母公司对此能够在一定程度上分散或控制其投资风险，因此对中国有借鉴意义。

日本于1997年修改的《禁止垄断法》对控股公司实行解禁后的金融控股公司是实现金融全面综合经营的标志。由于金融控股公司下属子公司相互间具有平行关系，所以转投资异业子公司形态，更具有阻隔经营风险的功能。中国银行业计划经济时代遗留的坏账等问题较多，而证券业、保险业、信托投资公司等不良资产相对较少，效益相对较好，如果以金融控股公司形式重组金融业，会使银行的不良债权比较容易消化。在日本，15家大都市银行经过重组，最后只剩下5家大金融控股公司和几家小都市银行。通过金融控股公司的形式再造银行业，不断消除银行不良债权，已经基本渡过了经济危机阶段。日本银行间的合并，用银行的规模经济效益冲抵不良债权的经验值得中国借鉴。

第三，中国应建立国务院直属的金融监管机构，对银监会、证监会和保监会协同监管。

借鉴日本建立专门的、统一的金融监管机构，对原有的金融监管体制进行改组，从组织上、制度上保证金融监管作用的发挥。银监会、证监会和保监会是中国金融监管的法定机构。新成立的银监会接管原中国人民银行的监管职能，这无疑既有利于中央银行货币政策的实施，又有利于对银行的集中监管。但银监会的成立并不能完全适应综合经营的趋势，因此为避免监管真空和多重监管现象的出现，有效地防范金融风险的积聚，有利于金融业的创新活动，应建立国务院直属的金融监管委员会，以协调银监会、证监会、保监会三大监管主体的关系。在监管手段上，应调整法制监管理念，从行政监管向法律监管方向努力，以创造有利于金融创新的法律环境。明确监管立法的出发点是为了保障正当的追求收益最大化的行为及创新行为，促进金融稳定安全前提下的高效率，为中国金融业走向综合经营提供监管制度上的保障。

最后，这种金融监管立法、制度渐进过渡的实现，要求金融机构采取电子化、信息化服务，努力降低交易成本，同时优化内部治理结构，培训高级管理人员，使内部成本得到有效控制，即使得博弈选择交易成本的减少量大于内部成本的增大量（$c' > b'$）。对于政府而言，取消银行业、证券业和保险业经营的限制，同时允许银行和工商企业互相融合，既增进金融业的效率，又保障金融业的稳定。随着金融格局的不断变化，推行综合经营的立法，有利于不同层次的金融行为主体形成递增的预期收益曲线与递减的预期成本曲线。当综合经营预期收益大于预期成本，其诱致机制就开始启动。当增长和效率成为一国经济的首要问题时，综合经营显然是满足个人、机构和政府各自的合理偏好，并在微观和宏观层面有秩序地进行：技术创新——工具创新——机构创新——制度立法创新。这就要求一国当局要不断完善综合经营法律的建构，完善监管立法，这样从分业到综合时监管成本的增加就会很小，当达到可忽略状态（即 $a' + b' < c'$ 仍成立）时，全社会便迎来了高效安全的综合经营局面。

第七章　功能性监管的模式选择

金融监管伴随着金融业的发展,经历了从当初的自由到严格监管再次走向放松监管的不断发展和变化的历史过程。自20世纪90年代以来,金融危机频繁爆发。从1992年的英镑危机、1994年的墨西哥金融危机、1997年亚洲金融危机以及后来的巴西和俄罗斯金融危机,到2001年以阿根廷为代表的南美洲金融危机,使得全球金融业的发展似乎又走到了自由的极限,人们面对一次次的金融恐慌、金融危机强烈呼唤着金融系统有效监管的回归。[①] 而自2006年肇始于美国,至今余波荡漾的全球性金融风暴让人们对有效监管的认识提高到国家发展战略的高度。人们相信,有效的金融监管,既能避免政府过度干预又能有效监督金融市场整体的运行,从而达到既降低金融监管成本又提高金融效率的目标。这就要求中国必须破机构性监管之窠臼,立功能性监管(functional regulation)之根基。

中国现行金融监管体制为机构性监管(entity regulation),即为实现政府监管职能,按照金融机构的不同类型分别设立的相应的监管机构,而不同监管机构有各自职权范围,无权干预其他类别金融机构的业务功能。中国针对银行业、证券业、保险业所设立的监管机构分别为中国银行业监督管理委员会(China Banking Regulatory Commission)、中国证券监督管理委员会(China Securities Regulatory Commission)和中国保险监督管理委员会(China Insurance Regulatory Commission)。机构监管在中国建立有其现实原因,既与条块分割、各负其责的行政体制一脉相承,又对应于中国金融行业分业经营的实际。但是随着中国金融业的飞速发展和金融全球化浪潮的日益汹涌,中国现行的金融监管体制日益陷入了力不从心的窘境。为了适应金融全球化发展的需要,防止发生金融恐慌,增强中国金融业抗风险能力,在中国建立功能性金融监管体制已经是大势所趋。任何无视这一发展趋势的行为都将招致难以估量的灾难性后果。

---

① 张志文:“阿根廷金融危机的成因剖析和经验教训”,《金融论坛》,2002年第6期。

第一节 功能性金融监管理论溯源与独特优势

在金融综合经营的趋势下，由于国际竞争和信息技术的不断创新使金融机构之间的界限越来越模糊，金融机构的多种业务经营往往同时相互渗透，使传统的以分业监管为基础的金融机构性监管模式已经不能适应这种现实。在这种情况下，依据金融基本功能和金融产品的性质而设计的功能性监管的理念、思路和构想应运而生。[①]

一、功能性监管的理论、前提假设与目标

功能性金融监管的概念来自于1997年诺贝尔经济学奖得主、哈佛商学院的罗伯特·默顿(Robert C. Merton)等人于1993年最先提出的金融体系的"功能性观点"(functional perspective)学说。它是相对于传统的"机构性观点"(institutional perspective)而言的。传统机构性监管的一个出发点是，现有的金融机构和监管部门都力图维持原有组织结构的稳定性，将现有的金融机构和组织看做是既定的。[②] 所有金融体系的调整与改革也只能在这个前提下进行，这也是分析所有金融问题的前提。功能性观点则完全从另一种前提出发来思考问题：

一是金融功能比金融机构更稳定，金融功能优于组织结构。默顿等认为，金融体系最基本的功能是在不确定的环境下，跨时空配置经济资源——金融体系的基本功能一般不会随时间的推移而变化，很少因国家的不同而不同；金融体系的制度安排只能随功能而变化——功能更有效率的实现方式是金融创新，是金融体系制度安排发生变化的主要动力。[③] 他们将金融体系的基本功能分为六大

---

① 余力："从国际银行业的发展趋势看中国商业银行的改革方向"，《当代经济科学》，2001年第1期。

② 齐亚莉："功能性监管：现代金融业发展的必然选择"，《金融教学与研究》，2005年第4期。

③ 王晓芳、田军伟："金融混业经营趋势与证券公司发展战略"，《财贸经济》，2003年第5期，第44页。

核心功能[①]:(1) 清算和支付结算功能(为促进商品、劳务和资产的交换提供支付方式);(2) 聚集和分配资源的功能(为大企业筹集资金提供资源集聚机制——汇集资金并将其导向大规模投资项目,或通过细分股权来帮助企业实现分散化经营);(3) 跨时空转移资源的功能(在不同时间和不同空间之间为经济资源的跨行业转移提供便利);(4) 管理风险的功能(提供应付不确定性和控制风险的方法——为金融交易提供应付不测和控制风险的手段与途径);(5) 提供信息的功能(通过提供信息帮助协调不同经济当事人间的非集中化决策,即为协调各经济部门的分散化决策提供价格信息,如利率和证券价格);(6) 解决激励问题的功能(为解决信息不对称和激励问题提供方法,实际上,金融中介与客户间是契约和"委托一代理"关系,通过代理人的监控,对其进行激励,使其按照自己的利益行动)。[②] 此六项功能中的每项功能都相应地满足一个基本需求,而且具有较强的稳定性。

二是在此基础上,提出了功能性监管的设想。默顿等人认为,与基于机构性观点的金融体系相比,基于功能性观点的金融体系更具有相对稳定性,更便于政府的监管。这是因为:(1) 功能性观点着重于预测在未来实现中介功能的机构的组织结构,这样,政府就能够针对机构的必然变化设计政策和监管方案,使监管方案更具灵活性,更能适应不同国家的需要。(2) 功能性监管模糊了不同金融机构提供的产品和服务的界限,降低了交易成本,推动了金融市场的发展,降低了进入该行业的门槛。因此,对监管的立法与执行会更有效。(3) 功能性监管减少了机构进行"监管套利"(regulatory arbitrage)的可能性[③],并有利于促进金融机构组织的必要变革。

三是在业务活动方面,任何金融机构的基本业务活动都同时兼有几种功能而不只是一种功能的体现,因此,功能实现方式的变化过程,同时也是金融功能在实现过程中分化和重组的过程。例如,银行的存款活动就兼有支付和融资功能,而贷款则兼有转移资源的功能和管理风险、控制风险的功能。但是,存贷款

① 宋晋阳:"论金融控股公司在中国的发展",《市场周刊:财经论坛》,2004 年第 5 期。

② 王维强、于振玫:"投资基金制度会取代商业银行制度吗——关于两种制度的比较研究",《国际金融研究》,2003 年第 12 期。

③ 项卫星:"当前各国金融监管体制安排及其变革:兼论金融监管体制安排的理论模式",《世界经济》,2004 年第 9 期。

活动中的这些功能是可以分离并被重新组合的。例如,贷款中的风险管理和资源转移活动就可以分解开来,分别由不同的实体或业务活动来承担,风险管理可以由资信评级机构来承担,而资源转移功能则可以由投资基金来承担。①

这些功能是以不同国家为实现基本功能所作的不同制度安排的方式实现的。例如,在企业投资中,美国的股票市场的作用相对其他国家就显得更为重要。功能的实现方式同样也会随时间的推移而发生变化,例如,银行券—支票—电子划账系统,支付方式也在不断地演变②,而且,随着竞争加剧和技术的进步,更有效率的功能实现方式将不断涌现。

二、功能性监管的独特优势

功能性监管相对于传统的机构性监管而言,对金融机构所实施的监管更具有连续性和一致性,在对金融业实施监管时,能够按功能实现跨产品、跨机构、跨市场的监管与协调。③ 其独特优势表现在:

1. 功能性金融监管能够避免出现监管“真空”和多重监管的现象

功能性金融监管更适应在综合经营条件下使跨行业金融创新产品层出不穷的市场环境,更能有效地解决综合经营条件下金融创新产品监管权的矛盾。功能性金融监管的实施要求以金融产品所实现的基本功能为依据来设立监管机构和制定监管规则,这样,能够有效地解决综合经营条件下金融创新产品在监管过程中的归属问题,避免出现监管“真空”和多重监管的现象,降低监管成本,提高监管效率。④

2. 功能性金融监管能够有效地防范金融风险

由于综合经营,加之监管套利动机,跨行业的金融产品日益增多,可能引发的金融风险将不局限于单个金融机构,很有可能牵一发而动全身,危及整个金融业。功能性金融监管针对综合经营下金融业务交叉现象层出不穷的趋势,更加关注要实施跨产品、跨机构、跨市场的监管,为了使监管机构不仅仅关注各行业

---

① 吴素萍:“银行会在未来消失吗?”,《经济导刊》,2000 年第 2 期,第 28 页。

② 姜烨:“网络经济与功能性金融监管”,《金融理论与实践》,2002 年第 3 期,第 5 页。

③ 丁俊:“功能性金融监管:中国金融监管体制发展的新方向”,《国际金融研究》,2001 年第 3 期。

④ 同上。

内部的金融风险，而更能关注整体风险，建议设立一个统一的监管机构来对金融业实施整体监管[①]，更有利于维护金融业的安全。

3. 功能性金融监管更有利于促进金融创新

金融创新的不断涌现是二战后国际金融业发展的主要特征之一，金融创新的发展水平已经成为衡量一国金融业发达程度的重要标志，而金融创新产品的不断涌现正是综合经营对金融业的贡献。功能性金融监管在解决各种金融创新产品的监管问题时发挥了巨大作用。再没有必要为了保障金融安全而限制金融创新产品的发展，更有精力致力于将功能性监管体制的设计进一步完善以促进金融创新。[②]

总之，功能性监管关注于金融产品基本功能的实现，不是依据金融机构来确立和制定相应的监管规则，而是以金融业务、金融体系所要实现的基本功能而设计的监管，因而能够减少金融监管部门的监管冲突、交叉重复和监管"真空"。[③]功能性监管还针对综合经营下金融业务交叉现象不断涌现的趋势，强调跨产品、跨机构、跨市场的监管，因此对金融体系的全面监管就会得以实现。这样，由于金融工具所实现的基本功能有较强的稳定性，使得据此设计的监管体制和监管法规更有连续性和一致性。[④]

在各国相继放松对综合经营管制的情况下，功能性监管比按银行、证券和保险等传统划分的分业监管更具优势，功能性监管也成为当代金融监管的一大趋势——正如英国、日本等采用了统一型功能性监管，而美国采用"伞型"功能性监管、法国采用牵头监管型功能性监管一样，世界更多国家正在研究或朝着功能性监管的方向发展。

① 王丽、徐加："金融经营及监管体制探讨"，《现代管理科学》，2004 年第 6 期。

② 陈麟、曾莉森："功能性监管、面向过程监管——当代金融监管的趋势"，《天府新论》，2005 年 11 月，第 224—225 页。

③ 周恒山："浅析全球金融监管模式变革与中国监管模式选择"，《湖北社会科学》，2004 年第 9 期。

④ 虞群娥："论全球金融监管模式变革与中国监管模式选择"，《财贸经济》，2002 年第 6 期。

第二节　功能性金融监管模式

通过立法程序建立健全监管体系是世界各国及地区普遍选择的监管方式。而金融控股公司的高风险特征及新的发展趋势,对金融监管提出了更高的要求。为适应这些变化,许多国家和地区都对金融监管体制进行了改革,形成了几种相对成熟的金融监管模式。明显体现功能性金融监管理念的监管模式首先是英、德、日等国的统一型功能性监管,其次是美国的伞型功能性监管。[①]

一、统一型功能性监管模式与伞型功能性监管模式

(一) 统一型功能性监管模式

统一型功能性监管模式,即一个统一的监管机构对所有金融产品、金融机构和金融市场实施监管。该监管机构不仅对于金融安全和稳定、系统风险的防范和化解负有责任,而且还要对金融机构在运营过程中的审慎经营、商业运作行为实行全面监管。[②] 例如,20 世纪 90 年代,英国就是将固有的银行监管部门、证券投资委员会和其他金融自律组织合并后成立了金融服务局(Financial Services Authority, FSA)。目前实行这种模式的还有日本、韩国等国家。

统一型功能性监管是内化原来外部各监管机构之间配置的权利和义务,并不是由一个监管机构来承担所有的金融监管职责,反映了市场法律监控的特殊性和金融监管法律关系的客观要求,突出了保障监管目标实现的宗旨。这种模式不仅实现了系统内加强监管机构的独立性和监管的统一与协调,而且开辟了对全球经济体系中贡献巨大,以至于被誉为"改变了金融的面目"[③]的金融衍生品市场有效监管的新途径。相对于机构性监管模式等金融监管法律制度体系而

① 王自力:"金融控股公司监管选择", http://www.pbcti.cn/,2006 年 11 月 21 日。

② 何川、南蕾:"统一监管与分业监管的成本有效性分析",《广西金融研究》,2003 年第 3 期。

③ Global Derivatives Study Group, Derivatives: Practices and Principles (Group of Thirty Report), Group of Thirty, Washington DC, July 1993, p. 28.

言,具有明显的比较优势:(1) 统一型功能性监管的系统风险监管目标界定明确,便于对监管机构权利、义务的划分和监管目标的实现,便于实现市场的有效监管,最大限度地避免重复监管和监管真空。(2) 统一型功能性监管可将各个金融监管机构的资源集中发挥优势,而对于被监管者,避免了按不同标准接受重复监管而带来的额外接受监管成本,从整个社会利益角度看,有利于节约监管成本。(3) 统一型功能性监管对信息的收集有更强的针对性,避免了重复收集信息现象的发生,能够提供及时、充分、准确的信息来源,提高了信息质量,这样,从宏观上金融监管当局对系统风险的品种、规模和程度能够从整体出发进行了解分析和总体把握,提高了金融监管的科学性、准确性和有效性,风险危机发生的可能性得到了及时探察,使金融监管当局有利于明确内部风险控制的重点,有利于持续监管,保证监管质量,提高了系统风险防范的效率。①(4) 统一型功能性监管不仅考虑金融机构的种类,更关注金融机构所从事业务的性质。因此,可以按照同一程度和标准对经营同样业务的金融机构进行监管,金融监管最大限度的公平便于实现。这样,同样的市场行为就会受到不同程度的监管。(5) 统一型功能性监管便于被监管者监督和寻求救济。以明确监管目标和职责来构建金融市场监管法律制度体系,为被监管者对金融监管机构及其金融市场系统风险监控行为的监督提供了便利,当被监管者权利受损时便于明确请求救济的对象而请求救济。② 同时可避免因监管主体的不确定性使金融产品交易者面临更大的法律风险,维护整个金融体系的安全。

(二) 伞型功能性监管

根据美国于1999年颁布的《金融服务现代化法案》规定,综合管制的上级机构仍然由美联储(FRB)承担,对金融控股公司实行监管,银行、证券公司、保险公司分别由货币监理署等银行监管机构、证券交易委员会和州保险厅进行分业监管。③ “伞型”功能性监管就是将原有分业监管体制进行改进的基础上形成的一种监管模式。由美国联邦储备委员会(Federal Reserve Board, FRB)负责对金融控股公司架构中最上层的“金融控股公司”(母公司)的营运进行监管,负责对

---

① 周凤阳、张咏梅:“浅议大集中金融监管信息系统的构建”,《上海金融》,2003年第10期。

② 葛敏、席月民:“中国金融衍生品市场统一监管模式选择”,《法学杂志》,2005年第2期,第57—58页。

③ 段益军:“金融监管体制:理论分析与现实选择”,《济南金融》,2004年第11期。

控股公司的综合监管。FRB作为金融控股公司的基本监管部门，在整个金融控股公司监管体系中发挥主导性作用。而此架构下的金融子公司由原各自主管机关的功能监管部门负责监管，各金融监管机构按照行业监管职责要求对子公司所属业务进行功能性监管：美联储（FRB）、财政部货币监理署（OCC）和联邦存款保险公司（FDIC）负责银行子公司的监管，证券交易委员会负责证券子公司的监管，州保险监理署负责对保险子公司进行监管。这种监管模式被称为"伞型"功能性监管[①]，作为"伞型"监管人的美联储和各功能监管者既明确分工，又紧密合作。它要求监管者既要有能力采取行动，降低风险，又要谨慎行事，兼顾和协调其他功能监管机关。"伞型"功能性监管顺应了金融综合经营发展的要求。实践中，美国在提高监管效率、鼓励金融创新上都具有明显优势。《金融服务现代化法案》从金融机构的稳健经营、投资者的保护、公平竞争等目的出发，制定了多项监管规则。面对金融业务和机构之间的界限日益模糊，"伞型"功能性金融监管模式将银行、证券、保险按金融业务功能进行整体考虑，按照法律规定对金融机构的运营进行横向综合性监管，克服了机构性监管体系纵向立法个别监管对金融全球化发展形势的不适应性，顺应了金融机构综合经营的发展要求。[②]

（三）统一型功能性监管与"伞型"功能性监管的比较

"伞型"功能性监管与统一型功能性监管从监管理念上，都强调金融控股公司的内、外部的控制和监管相结合，在目标上相一致——都是为了确保金融体系的安全与稳定，对金融控股公司实施谨慎监管。[③]

虽然在模式上有所不同，但作为最高监管者美国联邦储备委员会（美联储）和英国的金融服务局（金融局）在实施监管中同样起着巨大的作用。从美联储和金融局比较可以看到，二者最大的差别在于，美联储同时兼有中央银行和履行金融控股集团监管的双重角色，而英国的金融局不承担货币政策职能，这也是导致他们在监管框架上不同的主要原因。美国的"伞型"功能性监管模式对功能性监管具有很强的依赖性，因为美联储在拥有对金融控股公司监管权的同时，其

① 虞群娥："论全球金融监管模式变革与中国监管模式选择"，《财贸经济》，2002年第6期。

② 王海滨、蒋菁："美国金融监管的制度变迁及对中国金融改革的启示"，《哈尔滨商业大学学报（社会科学版）》，2003年第6期。

③ 阮永平等："金融控股集团监管的国际实践——美、英两国的一个比较分析"，《国际金融研究》，2004年第8期。

权利又受制于功能性监管，这就决定了其有效运行有赖于金融控股公司的规范发展和监管经验的积累，以及监管部门畅通的信息沟通渠道。而英国的统一型监管模式中，是由单一监管机构行使监管职能，金融局作为最高的监管部门几乎具有绝对的监管权。这就有利于在同一监管整体内开展一切监管活动，资源和信息能够更有效率地在不同监管职能部门之间共享，有利于各监管部门之间的协作，降低监管成本，提高效率，能够很好地适应金融业功能性的发展趋势。但英国目前的运行模式仍有待于成熟和发展。[①] 在效率上，相对英国的统一型监管，美国的"伞型"监管模式中，金融控股公司相对要承担较重的监管负担，而且实际上保存了不同监管机构监管不同金融行业的基本格局，监管效率远未达到理想的程度。这表现在美国金融监管实际上对某些领域的监管并不到位。2008年金融危机前，美国没有专门的监管部门对对冲基金和私人股权投资基金实施监督管理，对住房类金融机构、信用评级机构和投资银行的监管要求较低。这就为金融危机的爆发埋下了隐患。

二、美国——"伞型"功能性监管的运作

美国在1999年之前，在金融法律体系上实行的是个别立法、分业监管的体系，是机构性监管。如银行领域有《格拉斯-斯蒂格尔法案》(由美联储等机构实施对货币存款机构的监管)，保险领域有《州保险法》(由州保险理事会对保险公司实施监管)，证券领域有《证券法》、《证券交易法》和《投资公司法》等(由证券交易委员会实施监管)。1999年实施《金融服务现代化法案》后，美国采取了联邦政府、州政府与专门机构分层的金融监管模式，综合监管与分立监管相结合。[②]

这样，美国的金融监管经历了一个由多元化的"双线"经营管理到集中统一、综合管理的过程。1999年《金融服务现代化法案》之前，美国的金融体系大致是：(1) 联邦体系：货币总监局主管国民银行的注册、合并，分支机构的设定，并对其进行监督；联邦储备体系负责监督会员银行和银行持股公司的经营状况，审批除国民银行以外的其他所有银行的合并以及分支机构的设立，规定法定存款准备金率、定期存款利率最高限，制定和执行货币政策，对商业银行进行货币信用调节；联邦存款保险公司有权对所有投保银行的经营状况进行检查和监督；

① 王自力："金融控股期待监管创新"，《银行家》，2006年第10期。

② 李玉红、麻卫华："论国际金融业的产业融合"，《金融教学与研究》，2003年第1期。

联邦证券交易委员会监督证券发行者、经纪人、交易商和有关证券的交易行为；此外还有一些监管机构及负责某专门领域的联邦金融监管机构。（2）州管理系统：各州都有自己的金融管理机构，负责管理和监督州立商业银行和在州注册的其他金融机构，如储蓄银行、储贷社、信用社和金融公司。美国各州还有一个集中的银行管理机构，即州银行监督联合会，其职能是实行与各州监管的合作。[①] 1999年11月，美国国会通过了《金融服务现代化法案》，该法案允许金融控股公司通过设立子公司的形式经营多种金融业务，如存贷款、保险承销和经纪以及投资银行等。但金融控股公司本身并不开展业务，其主要职能是向联储申请执照，对集团公司及子公司进行行政管理。对应金融控股公司这种伞状结构，美联储被赋予"伞型"结构管理者的职能，并且与财政部一起认定哪些业务属于允许金融控股公司经营的金融业务。在"伞型"监管模式下，金融控股公司的银行部分由美国联邦储备委员会、财政部货币监管总署、联邦存款保险公司监管，证券部分由证券交易委员会监管，保险部分由州保险监管署监管，证券交易委员会和州保险监管署被统称为功能监管者。如图7-1所示[②]：

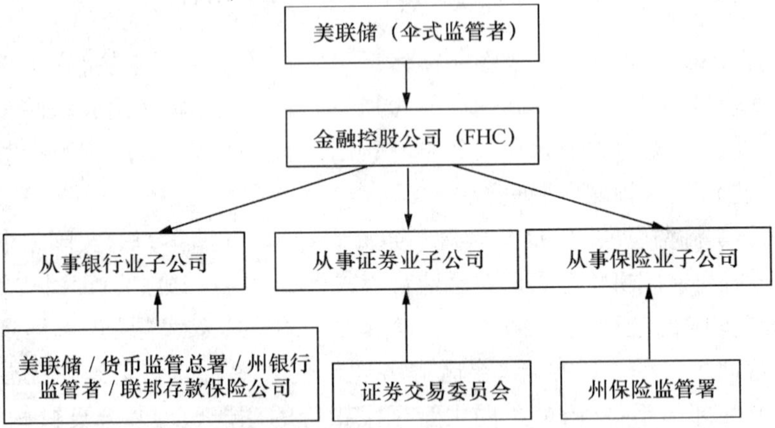

图7-1　美国"伞型"监管运作结构图[③]

美国在经历了20世纪90年代中后期金融监管立法变革之后，特别是1999

① 马红霞等：《美国的金融创新与金融监管》，武汉：武汉大学出版社1998年版，第313—316页。

② 黄庭："从美国伞型监管体制看中国金融监管体制发展方向"，《重庆工商大学学报》，2004年第4期。

③ 同上。

年 11 月 4 日颁布的《金融服务现代化法案》的立法体系,使金融产品按功能分类进行监管,采取了彼此分离但是相互协调的"功能性监管"体系。功能性监管的概念主要是来自于金融系统的"功能观点"理论,是指一个给定的金融活动或一类金融业务由同一个金融监管机构进行监管,而无论这项活动或业务由哪个金融机构来从事。

自 20 世纪 30 年代金融大危机之后至 20 世纪 90 年代中后期,美国是按照金融机构的不同类型设立监管机构,不同监管机构对不同的金融机构分别进行监管,各自的金融机构的监管主体无权干预其他金融机构的业务活动,只能在自己的金融机构的业务范围内行使职权。如银行、证券、保险等金融机构各自归属不同监管部门,对银行实施监管的监管机构就无权干预保险公司或金融公司的银行业务活动。功能性监管体系对金融业按功能分类并对其跨金融产品、跨金融机构、跨金融市场进行监管。原来监管银行控股公司的联邦储备体系(FED)现对金融控股公司进行监管;以服务功能分类的银行、证券、保险等的监管仍由原来各领域监管机构执行,具体而言,对于拥有银行、证券和保险子公司的金融控股公司,由银行监管机构、证券监管机构和保险监管机构分别对其相应的业务与功能进行监管。《1999 年金融服务现代化法案》对各级机构的监管优先权也作了规定:由作为中央银行的美联储对金融控股公司进行全面监管,或曰"伞型"监管(umbrella regulation)。美联储一般负责金融控股公司的监管,只在必要时才能对银行、证券、保险等子公司进行有限制的监管;但当各功能监管机构认定美联储的有限制监管不适当时,可在功能范围内优先行使自己的裁决权。《1999 年金融服务现代化法案》的立法体系以金融服务功能分类监管,适应了金融综合经营的需要,更重要的是,不同背景的金融控股公司在经营一种新的金融产品时,金融监管机构能够有效地按不同服务功能进行有效监管。在综合经营趋势下,功能性监管必将是金融监管体制变革中新的发展趋势。[①]

这种功能监管模式下的协调机制突出地表现为:(1) 在信息共享上,监管机构有相互提供信息的义务,并尽可能利用对方既有的信息;(2) 在监管协作上,监管机构在对自己管辖范围内的机构业务实施监管时,如已涉及其他监管机构职责范围,应事先进行协商;(3) 在相互遵守监管规章上,各监管机构应遵守其

---

① 吴红英、魏颖:"对美国金融风险管理的考察与借鉴",《福建金融》,2004 年第 8 期。

他监管机构所属金融领域的法律、规章，以减少潜在的冲突，同时减少由此所造成的摩擦成本；(4) 在矛盾冲突解决上，为解决可能出现的监管冲突，各监管机构之间还建立了冲突解决机制。[①] 美国金融业为实现金融的基本功能以自己的立法安排的方式实现了功能性监管的目标，建立了一套能够各司其职的完备的法律制度和完善的监管体系。

就这样，美国的"伞型"功能性监管在各监管机构对不同的功能性业务实施有效监管的基础上实现了统合。

自从2008年以来，为解决金融危机暴露出来的金融监管缺陷，美国先后出台了《美国金融监管体系现代化蓝图》、《紧急经济稳定法案》、《金融监管改革——新基础：重建金融监管》、《金融监管改革法案》等文件，开始对金融监管体系进行了系统改革。包括：

第一，强调全面监管的理念，防范系统性风险。全面监管的理念主要针对伞型监管下的监管真空和疏漏，强调监管覆盖所有金融机构，监管覆盖场内和场外及表内和表外。为达到这一目的，从监管机构上作出了调整，首先，增设金融稳定监督委员会、消费者金融保护局、联邦保险办公室等机构来强化联邦层级的监管。其次，增加美联储的职能。除中央银行职能和银行业监管职能外，授权美联储监管大型综合金融保险集团的权力，破解"大而不能倒"的难题。在具体监管业务层面，全面提高监管的标准和要求：要求所有对冲基金的管理人都必须在证券交易委员会登记注册；要求参加场外交易的所有金融机构满足规定的资本金要求之外，其出售和持有的金融衍生品的头寸也要受到限制；金融衍生产品的所有交易都要按规定保存记录并定期汇报，所有标准化金融衍生品服务必须在透明且接受监管的场所完成，并在监管之下进行集中清算等。[②]

第二，强调金融监管机构之间的协调与统一。首先，增设金融稳定监督委员会。该委员会由财政部牵头，成员还包括其他九家监管机构。该机构的主要职责是防范和识别系统性金融风险，认定可能对金融系统构成威胁的大型综合性金融机构，并向美联储建议对该类金融机构执行更严格的资本、杠杆及其他规定。金融稳定监督委员会的另一个重要职责是进行金融监管协调，以改变现有

---

① 廖凡："中国金融混业监管的模式选择与协调机制"，《证券市场导报》，2006年第11期。

② 宋丽智、胡宏兵："美国《多德-弗兰克法案》解读"，《宏观经济研究》，2011年第1期。

监管模式的效率和有效性问题,补充并加强了美联储的作用。其次,表现在强化美联储的职权上。加强系统性风险监管的重要性,并将这一监管权力赋予美联储。该监管机构可以通过维持较高资本充足率、限制高风险投资和过高杠杆率等措施来控制一切可能对金融稳定构成威胁的金融机构,以此来维护金融系统的稳定运行。同时,这也意味着美联储成为了系统性风险监管者,其监管范围扩大到整个金融系统的各个角落,这标志着美联储在金融稳定运行过程中的作用和权威得到加强。①

第三,保护消费者的权益。成立独立的消费金融保护机构(Consumer Financial Protection Agency, CFPA),该机构拥有包括制定规则、从事检查、进行处罚的一系列权力。同时,还提出了在这一方面的改革应从增强透明度、简单化、公平性和可得性方面进行,并促进退休证券投资计划及鼓励储蓄。② 此外,对投资者的保护也加强了。制定严格的规定,保证投资顾问、金融经纪人和评级公司的透明度和可靠性,强调华尔街经纪人的受托职责;要求对冲基金和私募股权基金以投资顾问名义在证券交易委员会登记注册,并要求其提供交易信息以帮助监管机构管控系统性风险;允许证券交易委员会要求经纪交易商遵循类似于投资顾问的受托责任标准。③④

总体上看,美国的金融监管虽然没有改变原有的双重分工的基本模式,但是监管的全面性、持续性和严格程度都大大提高,美国的金融监管向功能性监管又迈进了一步。

三、英国——FSA 为主导的统一型功能性监管

20 世纪末,世界各国的金融市场发展迅速,为了更好地适应经济金融形势的变化和发展,一些发达国家亟待对金融监管模式和金融监管立法等方面作出重大改革,包括监管手段和监管方式的改革。其中,以 2000 年由英国议会表决通过的《金融市场与服务法案》最为典型。英国长期以来遵循金融市场注重组

---

① 何德旭等:"美国金融监管制度改革的新趋势及启示",《上海金融》,2011 年第 1 期。

② 同上。

③ 宋丽智、胡宏兵:"美国《多德-弗兰克法案》解读",《宏观经济研究》,2011 年第 1 期。

④ 何德旭等:"美国金融监管制度改革的新趋势及启示",《上海金融》,2011 年第 1 期。

织效率的自律管理模式,这一法案的通过既在形式上突破了英国传统的金融监管模式,又在立法上确认了英国新的金融监管模式。①

英国在20世纪80年代前,实行分立的金融监管模式,即英格兰银行、证券投资委员会和一些自律组织分别对银行、证券和保险业实施机构性监管。80年代后,随着综合经营的发展,机构性监管逐渐不能适应金融管理的需要。直至90年代,英国经历"金融大爆炸"之后,对原有金融监管机构的改革势在必行。对英格兰银行监管部门、证券投资委员会和其他金融自律组织的整合是改革的重点。1997年合并了原有的九类金融监管机构的职能,成立了新的综合性金融监管机构——"金融服务局"(Financial Services Authority, FSA)。2000年通过的《金融市场与服务法案》在法律上确认了FSA为英国整个金融行业唯一的金融监管局,于是,英国以FSA为主导的功能性监管的序幕拉开了。英国的金融立法改革标志着英国金融监管模式从机构性监管走向了功能性监管。

(一)机构性监管——银行倒闭事件拉响了分业监管的警钟

英国在1998年6月1日之前实行的是机构性监管,即分业经营和分业管理。英格兰银行的审慎监管司(SSBE)、证券与投资管理局(SIB)、私人投资监管局(PIA)、投资监管局(IMRO)、证券与期货管理局(SFA)、房屋协会委员会(BSC)、财政部保险业董事会(IDT)、互助会委员会(FSC)和友好协会注册局(RFS)九家金融监管机构分别行使对银行业、保险业、证券投资业、房屋协会等机构的监管职能。② 由于英国的金融市场已经逐步形成跨行业经营的局面,同业间竞争日益激烈,加之金融产品经营范围非常类似,出现了争夺共同的顾客的现象。

分业监管表面上看可以面面俱到,但要有多个监管机构对一个金融机构同时进行监管,监管者与监管者之间、监管者与被监管者之间容易产生争议,监管成本和摩擦成本同时增加,不仅效率降低,而且给一些被监管者可以利用监管者之间信息的漏洞进行投机的机会。如被监管者可以利用在不同业务类别间转移资金和转移风险,利用抬高或降低盈利等方法人为地达到逃税、内部交易甚至洗

① 宋海鹰:"《金融服务与市场法》对英国金融监管的变革",《国际金融研究》,2001年第5期。

② 姚德良:"英国金融监管系统化改革",《数字财富》,2004年第2期。

黑钱等目的。[①] 伴随着金融全球化的步伐,金融市场在不断地向前发展,从而逐渐打破了传统金融中介机构之间的分界线。

1984 年 10 月发生的约翰逊·马修银行倒闭事件(即所谓"JMB"事件)在国际上轰动一时,它给英国的分业监管带来了一次历史性的伤痛。接下来发生的 1988 年国际贸易与信贷银行的破产事件是对银行分业监管的又一次震撼。1995 年,由于新加坡分行在亚洲投资的失败,巴林银行以数亿英镑的亏损而宣告破产,最终被荷兰一家银行收购。该事件引发了对由中央银行监管金融活动做法的反思,认为必须改革由中央银行监管的做法,解决金融监管体系所存在的问题。1997 年 5 月 20 日英国首相布莱尔宣布,成立金融服务总署(Financial Services Authority, FSA)。这样的金融监管体系,对当时的资金供需与支付清算系统中起中枢作用的银行体系,及隶属证券投资委员会的各类金融机构进行业务整合[②],形成单一的监管机构。[③]

(二) FSA——英国功能性监管的主导

2000 年 6 月,英国女王正式批准了《2000 年金融服务和市场法》。这是一部英国历史上创下修改次数最多纪录的立法,议院对提案修改达 2 000 余次,也是英国建国以来最重要的一部关于金融服务的法律。它使得此前制定的一系列用于监管金融业的法律、法规,如《1979 年信用协会法》、《1982 年保险公司法》、《1986 年金融服务法》、《1986 年建筑协会法》、《1987 年银行法》、《1992 年友好协会法》等,都被其所取代,从而成为英国金融业的一部"基本法"。[④] 该法明确了新成立的金融监管机构和被监管者的权力、责任及义务,统一了监管标准,规范了金融市场的运作。这一整套新的"游戏规则"为英国适应新世纪金融业的发展和监管,提供了一个空前崭新的改革框架。[⑤]

《2000 年金融服务和市场法》在立法上确立了 FSA 在英国金融监管的地位,它是监管英国金融业的唯一机构,其职能部门的设置分为两部分,即金融监管专

---

① 汤凌霄:"英国金融监管制度的变迁及其对中国的启示",《湖南社会科学》,2003 年第 2 期。

② 证券投资委员会(SIB)成立于 1985 年,为英国管理及监督各类金融组织业务之机构。FSA 系由 SIB 更名而来,其业务包括原隶属于 SIB 监理范围,暨自英格兰银行移转之银行监理权。

③ 黎和贵:"英国金融监管体制的改革及启示",《金融时报》,2003 年 9 月 29 日。

④ 朱石明:"英国金融监管模式改革分析",《金融理论与实践》,2004 年第 6 期。

⑤ 乔海曙:"金融监管体制改革:英国的实践与评价",《欧洲研究》,2003 年第 2 期。

门机构和授权与执行机构。前者包括银行与建筑协会部、投资业务部、综合部、市场与外汇交易部、退休基金检审部、保险与友好协会部；后者包括授权部、执行部、消费者关系协调部、行业教育部、金融罪行调查部、特别法庭秘书处。[①] FSA 的成立使英国金融机构监管不再由 12 家机构分别负责，而是由 FSA 独立监管。作为英国整个金融业的唯一的和独立的"超级监管者"，其监管的范围包括银行、金融投资和保险。

FSA 的目标与使命是服务金融市场的普通消费者，使他们了解金融交易的规则；监督金融市场以维护高效有序的竞争环境，使消费者在金融交易中得到公正的对待。为了保证实现上述监管原则、目标和使命，FSA 在组织架构和治理机制方面有相应的制度保证：

1. FSA 的业务监管机构与合法权力

FSA 有下列九个业务监管机构：建筑融资互助社委员会、证券投资委员会（主管投资业务，包括票据清算与交换）、互助社委员会、互助社设立登记局（主管信用机构监管）、贸易与工业部保险业委员会、个人投资局（主管零售投资业务）、投资管理监管组织、证券期货管理局（主管证券及衍生性信用商品业务）及英格兰银行监管局（主管银行监管，包括批发货币市场）等。法律赋予 FSA 以下几个方面的权力：一是对银行、建筑互助社、投资公司、保险公司与互助社之授权与审慎监管；二是解决对影响公司企业、市场及清算支付系统之问题；三是对金融市场与清算支付系统之监管，在某些特殊状况下，如英格兰银行未能贯彻其利率政策，且影响危及经济体系稳定性时，FSA 将与英格兰银行协商合作。

2. FSA 对英国金融业的监管理念与措施

FSA 把"风险控制"作为对英国银行业进行监管的原则，英国银行业的实施法规拟根据《巴塞尔资本协议》的规则和要求来制定。对于银行业批发业务监管的改革，FSA 为从事批发业务的银行和零售业务银行设定了不同的市场准入条件和监管条例。对于英国证券业的改革，FSA 将借鉴欧共体改革证券业监管的经验，以此来构建英国证券业监管的法律框架。对于证券市场信息披露制度的改革，FSA 的目标是打破证券市场信息垄断的格局，那么，缓解伦敦证券交易所（London Stock Exchange）在信息披露中的垄断地位将是重要的着眼点。概括

① 乔海曙："金融监管体制改革：英国的实践与评价"，《欧洲研究》，2003 年第 2 期。

起来,FSA 对英国金融业的监管理念为:(1) 运用谨慎的规则来监管,而不是以“控制”为基础去实现监管;(2) 大量运用“外部”的、保持一定距离的监管,而不是以频频到银行内“查账”为基础去实施监管;(3) 在监管中充分重视被监管机构的会计报告;(4) 充分发挥专业技术人员的作用进行监管。①

3. FSA 掌管所有金融组织的目的和监管目标

FSA 对英国所有的金融组织行使监管职能目的在于提高对金融机构监管效率,保障金融消费者的合法权益,并改善金融监管机构的服务质量。具体是:保持金融服务消费者对伦敦城和英国金融系统的信心;促进公众能够对金融系统及与特殊金融产品相连的利益和风险的认识;为发现和阻止金融犯罪做出贡献;确保为金融服务消费者提供必要的保护。其法定所遵循的良好监管目标为:以最经济、最有效的方式使用 FSA 的资源;强化被监管者自身管理的责任;确保监管成本与监管收益成比例;便利金融部门的创新;保持英国金融服务业和金融市场的国际竞争地位;促进竞争,而非不必要地妨碍竞争。② FSA 作为英国唯一的、独立的和对英国金融业实行全面监管的强有力的执法机构,拥有制定金融监管法规、颁布与实施金融行业准则、给予被监管者以指引和建议以及开展工作的一般政策和准则的职能。③

4. FSA 在其性质上的界定与职责

法律规定,FSA 拥有监管金融业的全部法律权限,但其并不是政府机构,而是一个独立的非政府监管组织。从 2001 年 12 月 1 日起,FSA 开始行使其全部监管职能,它的经费收入直接来源于它所监管的金融机构。

依照英国《2000 年金融服务和金融市场法》,FSA 在性质上被界定为行使法定权力的独立的非政府机构——一家非营利性的私人公司(Accompany limited by guarantee),其运作资金来源于作为被监管者的金融业的缴费(年费、发牌费等),而不是来源于由纳税人贡献的公共部门(政府)财政拨款。作为一家特殊的私人公司,它没有股东,只有一个董事会。董事会成员由英国财政大臣任命,这种任命向社会公开,其程序是完全透明的,社会人士可以自由应征。董事会成

---

① 姚德良:“英国金融监管系统化改革”,《数字财富》,2004 年第 2 期。

② 胡汝银:“金融市场发展与监管改革”,《上海金融》,2004 年第 1 期。

③ 曾忠生:“英国信托业发展及其对中国的启示”,《南方金融》,2003 年第 10 期。

员任期3—5年,可以续约连任。目前的董事会成员共16人,包括11名非执行董事和5名执行董事。执行董事由1名执行董事长、1名首席执行官和3名执行董事组成。FSA的董事会负责制定总政策,执行层负责职员管理和日常运作决策的制定。

FSA的职权范围界定清晰:(1) 金融服务企业的发照与监管;(2) 金融服务人员的审核;(3) 聚焦于适当的商业执业标准和公司内部管理标准的审慎性监管;(4) 借助罚款、起诉、吊销执照等手段对机构和个人的市场违规行为进行处罚的执法活动。[①]

5. 被监管者的职责与义务

根据英国《2000年金融服务和市场法》的授权,FSA进一步明确了被监管机构的职责与义务,其规定更加符合金融机构的性质和其在金融市场中的定位。具体内容有:(1) 保持诚信:被监管者一定要诚实地开展业务;(2) 提高技能:被监管者一定要勤奋和细心地以应有的技能开展业务;(3) 加强管理:被监管者在适当的风险管理机制下,一定要负责和有效地采取适当的谨慎态度组织和管理其业务;(4) 稳定财政:被监管者一定要保持适当的金融资源和财力以应付可能的危机;(5) 遵守规则:被监管者一定要遵守相应的市场行为准则,公平竞争;(6) 客户为上:被监管者一定要公平对待其客户,并照顾不同客户的利益,对客户的意见给予应有的考虑和重视;(7) 信息公开:被监管者一定要提供给客户正确的信息支持,对客户进行正确的引导并对其客户的信息需求给予应有的重视;(8) 合理补救:当被监管者对其客户的资产负有责任时,一定要作出适当的安排以保证客户的资产不受损失;(9) 及时汇报:被监管者一定要以公开及合作的态度接受FSA的监管,被监管者一定要及时向FSA通报必要的信息。

6. 对FSA的监管、外部治理和权力制衡

FSA的董事由财政大臣任命,FSA的财务由财政部负责审计,而财政部负有向议院报告的责任;有一个独立的上诉委员会专门受理社会对FSA的投诉,此外,金融界对FSA的处罚有异议的可向大法官下辖的独立法庭投诉或起诉,并在其网站上公开投诉的内容和审判的结果;FSA起草任何规则都必须经过如下三个标准化的步骤,提出初稿,进行成本收益分析,进行公开咨询,与此相联系的

① 曾忠生:"英国信托业发展及其对中国的启示",《南方金融》,2003年第10期,第5页。

是成立了业界小组和消费者小组，积极地介入咨询过程和对 FSA 的日常监督过程；FSA 必须编制年报，举行公开的年会，任何有兴趣者皆可出席该年会，并要求 FSA 讲清楚自己究竟做了什么，同时，年报须呈报给议院，并放在议院图书馆。[①]

2001 年 12 月 1 日成立了制约金融监管的专门机构——“金融服务和市场特别法庭”（Financial Services and Market Tribunal）。该制约机构主要发挥三个方面的作用。其一，确保 FSA 能够正确地行使《2000 年金融服务和市场法》所赋予的权力，全面履行其负有的监管职责，避免冤假错案的发生。其二，制止 FSA 在金融监管中的不当行为，如以权谋私、渎职行为等。其三，负责审理发生在 FSA 与被监管机构之间难以解决的问题，经双方协商仍未达成协议的问题。其对金融监管案件的审理方式采取闭门（对公众保密）审理和公开审理两种，并以公开审理为主。

FSA 的监管对象是各类金融机构和消费者，针对不同的监管对象采取不同的监管手段，与其直接接触，对其实行全程监管，以达到增强公众参与、保护消费者、减少金融犯罪和维护市场信心等监管目标。法律赋予了 FSA 独特的监管手段与方式，使其发挥了最基本的金融功能，并为维护金融市场主体的公平作出贡献。

英国 FSA 作为功能性金融监管机构，最大的特点在于其整合了原有分立的金融监管机构，使其结构相对简化和清晰。对于急于进行金融法律制度改革的新兴市场国家而言，在起步阶段易于操作，值得借鉴，这也是其最大的吸引力之所在。纵观金融监管改革在世界的发展情形，有近 20 个国家进行了统一金融监管改革。金融监管改革已成为发展中国家发展金融市场的重要环节，也是处于经济转型时期的国家完善金融市场的重要之举。其中，许多经历了金融危机的新兴市场都已经或正在考虑将其不同金融监管机构整合为功能性监管机构，如韩国、新加坡、马来西亚、印度尼西亚、墨西哥、秘鲁、波兰、南非、乌克兰等。

虽然，FSA 模式已成为一个“国际模式”，但是，事实上 FSA 模式是依据英国自身的特色和条件（如大多数金融服务部门集中在伦敦金融城）为英国这样一个高度发达和集中的金融体系量身定做的。英国有 FSA 滋生的土壤，而这片土壤是大多新兴市场所不具备的。

---

① 曾忠生：“英国信托业发展及其对中国的启示”，《南方金融》，2003 年第 10 期，第 5 页。

次贷危机之后，英国改革了金融监管体系，进一步强化了功能监管，主要包括：

设立专门机构，强化金融稳定目标，高度重视对系统性风险的监管。《2009年银行法案》明确规定了英格兰银行作为中央银行在金融稳定中的法定职责和所处的核心地位，并强化了相关的金融稳定政策工具和权限。该法案要求在英格兰银行理事会下面成立金融稳定委员会（Financial Stability Committee，FSC），与英格兰银行已有的货币政策委员会（MPC）平级。该委员会由英格兰银行行长（担任主席）、两位副行长及四位英格兰银行非执行理事组成。《改革金融市场》白皮书则提出建立一个新的金融稳定理事会（Council for Financial Stability，CFS），全面负责监控金融业的风险和稳定。金融稳定理事会将替代原有的常务委员会，由英格兰银行、英国金融服务局和财政部共同组成，由财政大臣担任主席。这三个机构的人员将定期会商、报告并讨论与系统性风险和金融稳定相关的问题。

明确监管当局在危机银行处置中的权限和程序。危机发生之后，监管当局缺少有效的手段对失败的金融机构进行处置以防金融风险扩散。为了解决这一问题，《2009年银行法案》建立了特别处理机制（Special Resolution Regime，SRR）来干预和处置问题银行。在该机制中，财政部、英格兰银行和金融服务局三大机构分别承担着不同职责，共同协调采取相应措施。在这一框架中，首先由金融服务局确定是否对问题银行启动特别处理机制。作为监管部门，金融服务局通过对问题银行具体情形是否满足（以及将来能否满足）基本监管标准来进行评估确定，当然在评估中也需要听取英格兰银行和财政部的意见。一旦SRR启动，则由英格兰银行负责问题银行的整个处理程序，并协调财政部、金融服务局以及金融服务保险计划公司采取流动性支持等相应的具体措施。在处理进程中，涉及公共基金、国际债务以及国有股份等业务时，则需要财政部的批准。为了避免金融监管中的冲突，金融服务局不对机制中具体问题的处理承担责任。

改善金融监管部门之间的协调。《2009年银行法案》规定了有关金融监管部门在信息共享等方面的职权，规定金融服务局可获得英格兰银行和财政部在金融稳定方面的监管信息，同时要求加强与存款保险机构等在特别处理机制进程中的有关协作等内容。《改革金融市场》白皮书则提出建立一个新的金融稳定理事会，全面负责监控金融业的风险和稳定。这三个机构的人员将定期会商，报告并讨论与系统性风险和金融稳定相关的问题。[①]

四、日本——实现 FFG 金融目标的功能性监管

自 1998 年起,日本掀起了金融大改革的浪潮,曾用 Free、Fair、Global(简称 FFG)三个单词来表述改革的三大原则。日本所进行的金融改革围绕实现 FFG 目标而展开,其手段主要是修改有关法律、规定,形成金融经营新的制度环境。

改革前的大藏省设有专门的金融检查部,负责对不同的金融机构(如银行、证券、信托及保险业等)分别实施监管和检查。1998 年,金融监督厅成立,标志着日本的金融监管体制开始走向相对独立。原来由大藏省对民间金融机构的检查和监管职能均移交给金融监督厅,证券交易监视委员会也由大藏省移交给金融监督厅。

2000 年 7 月又将金融制度决策权(包括金融制度的规划、提案,以及金融机构危机处理和破产处置等)、企业财务制度检查等职能从大藏省分离出来,交由由金融监督厅更名为金融厅的新监管机构来进行统一监管。至此,日本拥有了摆脱大藏省行政干预和影响、真正独立行使金融监管权力的监管机构。金融厅的设立,是日本金融监管由过去政府主导下的机构性监管向重视市场功能的功能性监管的一个重要转变。

至 2001 年为止,一个以金融厅为核心的独立的中央银行和存款保险机构共同参与的新型金融监管体制已经形成。

(一) 机构性监管——管制型立法导致了破产风潮

1998 年的金融大改革以前,日本金融监管系统的管制型立法的机构性监管尤为突出。严格的市场准入管制、利率管制及日本政府配置金融资源等是以管制为主要特色的金融体制特征。然而,进入 20 世纪 90 年代以来,日本金融业问题迭起,金融体制改革势在必行。自 1997 年秋冬起,三洋证券、山一证券、北海道拓殖银行、德阳城市银行等连续破产。这些破产事件的发生将金融机构的险恶处境十分明显地摆在了人们面前。1997 年 11 月 3 日,三洋证券向东京地方法院申请破产保护,实际上意味着宣告破产。这是日本上市证券公司的首起破产

① 胡滨、尹振涛:"英国的金融监管改革",《中国金融》,2009 年第 17 期,第 24—25 页。

事件,同时它也拉开了日本金融机构连续破产的序幕。三洋证券破产引起的短期金融市场紧缩成为山一证券、北海道拓殖银行破产的直接导火索。在那之后,金融机构不断破产,金融机构的险恶处境十分明显地摆在了人们面前。[①] 金融机构出现破产风潮之后,日本发生了比较普遍的惜贷现象。惜贷现象如果长期持续下去会导致企业资金筹措困难,破产增加等,对于整个经济形势都将产生很大负面影响。

实际上,早在危机发生之前,日本已经认识到了自己金融体系所面临的问题,并努力寻找解决已发生和潜在金融问题的途径。为了金融体系的健全与稳定,日本最迫切要求改革原有的机构性金融监管体制,创造一种新的金融制度环境——建立起全面监管金融业务的功能性监管,以使金融系统正常、安全运转。

(二)为实现FFG金融目标的功能性监管立法

1996年11月,桥本内阁提出了对日本金融体系进行大改革的计划,1997年6月,大藏省正式发表金融制度改革方案。自1998年4月起,日本正式开始金融大改革(1997年年底开始,一些改革措施已陆续出台)。日本用Free、Fair、Global(简称FFG)三个单词来表述改革的三大原则。Free指消除参与不同金融业务的障碍,并实现商品开发及价格的自由化,建立自由的金融市场。Fair是指公开信息、增加透明度,使客户放心,争取客户依赖。Global指完善与全球化相适应的法律、会计、监督体制,建立符合全球惯例的金融运作方式。

日本所进行的金融改革围绕实现上述FFG目标而展开,其手段主要是修改有关法律、规定,形成金融经营新的制度环境。

1. 成立"金融厅"——为金融Free而立法的改革

Free的目标是为了实现商品开发及价格的自由化,消除参与不同金融业务的障碍,建立自由的金融市场。正是在这一目标的实现过程中催生了"金融厅",使银行、证券、保险等各领域综合经营和功能性金融监管的立法目标得以实现。其运作表现为:

---

① 孙震海:"金融体系的稳定与安全运行——日本案例研究",http://ijs.cass.cn,2005年7月10日。

（1）修改《日本银行法》，加强中央银行的独立性

在时隔半个世纪之后，对《日本银行法》即中央银行法进行了全面修改。“此次修改法律的核心内容是强化日本银行的独立性，确保决策的透明度，明确日本银行的‘说明义务’。”①“之所以要这样做，是因为金融政策很容易受到要求实行膨胀性运营政策的外部压力，为了排除这样的状况，就必须这样做。……作为货币发行人，日本银行为了维持货币价值稳定，对于通货膨胀十分敏感。当由于经济形势火热而有可能导致物价上升时，日本银行往往会早早收紧银根；相反地，对于松的金融政策则十分慎重。但是，政府、执政党、产业界却期望持续经济形势红火的局面，对于轻微的通货膨胀并不介意。为此，它们多希望慢些收紧银根，早些采取松的金融政策。”②这样一来，在中央银行与政府、执政党、产业界之间，就出现了相反的政策取向和期望。在这种情况下，如果日本银行的独立性得不到保障，后果可想而知。

为了保证日本银行政策运营的独立性，新法决定扩大政策委员会，增加委员人数，加强讨论内容及讨论备忘录的公开工作。新法规定政策委员会为金融政策最高决策机构，政策代表人数减少，政府解除日本银行总裁的权力，同时大藏省大臣对日本银行的业务命令权被废止。这样的调整使得政府对中央银行事务的干预能力被压缩。

关于政策决定过程的透明性，新法要求日本银行以发表政策委员会议事录、向国会提交业务报告书、日本银行总裁在国会陈述等方式向公众公开有关内容。这样做一方面有助于社会监督日本银行的政策运作，另一方面也有助于提高公众对金融主管当局的信任程度，由此最终使日本银行真正发挥积极作用。

（2）大藏省及金融行政的调整

“关于金融行政，最应该加以追究的是对发生严重不良债权问题的监督不力，以及大藏省没有能够发挥自由化的领导作用。”③在金融大改革中，金融行政也必须进行大的调整。

日本的行业行政，不论哪一个行业，一向都是由本行业的经济实体实际上决

① 立胁和夫：《修正日本银行法》，东洋经济新报社1998年版，“前言”第4页。

② 同上书，第82—83页。

③ 吉田和男：《金融改革与日本经济》，东京：生产性出版社1998年版，第187页。

定行政方针,即作为经济实体的企业(例如金融机构)的信息不断地汇集到行业行政当局,行政当局根据行业内众多经济实体的期望调整政策措施。这样一来,行政当局不会采取与行业内众多经济实体意见相悖的方针政策。就金融领域而言,日本因此逐渐成为“金融落后国家”。“日本未能跟上世界上70年代开始出现的潮流。由于大藏省在金融自由化方面的错误,造成日本的金融自由化步伐落后。”①

1998年4月,大藏省的金融部门被分离出来,组建金融监督厅,日本开始了新的金融行政。这时的金融监督厅隶属于总理府之下的金融再生委员会。该厅负责对民间金融机构的检查、监督。不过此时大藏省内仍保留有“金融企划局”,负责金融制度的规划、策定等。

在这里,最值得提及的是金融监督厅以及之后的金融厅统辖管理(包括银行、证券、保险等)全部金融领域的行政工作。这种统辖管理的方式可以灵活应对金融创新和新金融商品的开发,有效地进行制度完善、检查、监督工作。这种方式是符合国际潮流的。

2000年7月,金融厅成立,负责原来由金融监督厅及大藏省金融企划局分担的全部金融行政事务。

“近年来,金融机构经营业务的多元化、金融商品的跨领域化急速发展,从国际上看,银行、信托、证券、保险、投资顾问等通过控股公司方式,组建一个大的包括多种行业的联合金融机构来进行经营活动的经济方式日益兴盛”②,而且,银行、证券、保险等各领域所交易的各种金融商品的内容,也逐渐跨领域化,这时,为了有效实施金融行政,就必需摒弃传统的银行、证券、保险、直接金融、间接金融分类方法,改而采取统括金融各领域的行政监督的方法——按功能业务分类并加以监督管理的功能性监管模式,建立一种跨金融领域的,统揽各金融行业的金融行政制度和体系。

金融厅就是应这一形势而出现的。日本试图以金融厅这一方式来实现金融行政的透明化、公正化,并使行政行为符合市场经济规律的要求。

---

① 吉田和男:《金融改革与日本经济》,东京:生产性出版社1998年版,第188页。

② 日本《金融财政事情》周刊,2000年7月3日,第14页。

2. “外汇与外贸法”——推动金融 Fair 经营的自由化

自 2001 年 1 月起，金融再生委员会不再存在，金融厅成为总理府的直辖部门。日本通过成立金融厅，增加了透明度，实现了金融行政的透明化和信息的公开化，使客户放心，并赢得了客户的依赖，使行业行政符合了市场经济规律的要求。这一目标是通过打破专业分工和对“外汇与外贸管理法”进行修改(修改后更名为“外汇与外贸法”)，从而撤销对外汇业务的限制来营造经营外汇业务的自由环境实现的。

(1) 打破专业分工、废除专门金融机构制度

截止到金融大改革开始之前，日本的金融机构虽然以子公司方式也可以进行其他专业的经营活动，但银行、证券、保险、信托业等仍然分别由不同专业机构承担，不可相互进入其他专业领域进行经营活动。这种制约竞争的做法影响了日本金融业的总体活力，所以日本通过金融大改革来促进不同专业的金融机构可以相互开展业务、互通信息。

通过这次改革，取消了日本金融界对不同领域采取较严格经营活动的限制(例如，专门从事长期信贷的金融机构、专门面向中小企业的金融机构等)，实现了自由经营。

(2) 取消了对外汇业务的限制，营造经营外汇业务的自由环境

为了取消对外汇业务的限制和营造经营外汇业务的自由环境，日本专门修改了外汇法，其名称也由原来的“外汇与外贸管理法”改为“外汇与外贸法”。于 1949 年制定的原法是以“管理”、“限制”为特征的，外汇等业务由少数机构负责经营。

1997 年，日本彻底修改了外汇法，原有的限制被完全消除。修改后的外汇法由三大支柱构成。其一，国内外资本交易的自由化。实现了海外存款自由化、对外借贷自由化、本国居民间外汇计价交易的自由化、不经由银行等对外结算的自由化等。其二，外汇外币业务的自由化。内容包括外汇业务自由化和兑换业务的自由化。此项改革废除了外汇指定银行制度、指定证券公司制度、兑换商制度等。其三，对外直接投资的自由化。将废除对外直接投资的事前申请制度，改为事后报告制度，因而在海外的银行业务也实现了自由化。这项法律已于 1998

年 4 月起实施。[①]

3. 金融控股公司——实现金融 Global 的综合化立法

通过改革,金融机构获得了更多跨行业经营的机会和获取更多利益的可能性,同时也使它们之间的竞争更加激烈。从这方面说,金融大改革一方面使金融机构获得了新的发展机遇,另一方面在短期内由于加剧了竞争,一部分金融机构面临生存危机,同时又加剧了日本的金融危机。为此,日本解除了设立控股公司(包括金融控股公司)的禁令。

为了防止战前财阀支配经济的状况复活,战后 50 多年控股公司一直被禁。1997 年 6 月,国会通过了新的“禁止垄断法”,不再禁止设立控股公司,此法已于 1997 年 12 月起实施。

金融控股公司的设立为日本金融业提供了新的立法监管模式、增强了国际竞争力,为走向全球化提供了法律保障。金融控股公司设立的优势表现为:

(1) 母公司没有向子公司注入资本的义务。

在解禁之前,不少金融机构被自己系列的子公司的不良债权处理所困扰,而在引入金融控股公司制度后,发生问题时,子公司一般不会累及母公司。

(2) 在允许金融控股公司存在的情况下,为金融机构的合并提供了便利条件。

合并时只需某一家持有另一家一定数量的股份即可将对方纳入自己名下,而且被合并机构的原有名称可以保留不动。这样,金融控股公司解禁为金融机构的同业兼并提供了便利,使得实力更大的金融机构的诞生、Global 的实现和金融服务质量的提高都变得更加快捷。

对于日本来说,再造稳健、安定的金融体系,以及将强大的金融机构推上国际金融舞台,是至关重要的,金融控股公司的引入显然有益于此。

虽然日本经过了金融大改革,但仍有不足之处。例如,新的中央银行法已颁布实施,但是实际上,即使是从修改后形成的新的中央银行法中,人们仍能感觉到中央银行的独立性总是处于一种无法有效保障的地步。“修改后的法律仍明确,为了与政府的基本政策方针相协调,日本银行必须经常与政府保持联系,这

---

① 张蕴岭:《东亚经济社会发展的稳定与安全》,北京:中国社会科学出版社 2001 年版,第 312—313 页。

使人们担心政府仍将干预日本银行的决策。”①因此，如何确保中央银行真正的独立性，使功能性监管的优势充分得以发挥，仍然需要日本认真研究对待。

五、德国——单层“飞机型”功能性监管

（一）“伞型”功能性监管与“飞机形”功能性监管

如果说美国是“伞型”功能性监管，那么德国就好比“飞机形”功能性监管。德国是最早建立独立的综合金融监管机构的国家，这主要是由于德国长期实行全能银行制度，银行可以同时兼营证券和保险业务的缘故。值得一提的是，德国和美国都属综合经营，但两者却存在很大差别，德国是基于银行内部的综合经营，而美国是通过金融控股公司实现的综合经营，这是导致两国金融监管模式存在差异的一个直接原因。德国实行单层的综合金融监管制度，早在 1961 年，联邦德国通过了《银行法》，授权建立联邦银行监督局（隶属于德国财政部），统一实现对银行、证券与保险业务的监管。但银监局并非德国唯一的金融监管机构，与此同时，银监局自身缺乏分支机构，必须借助于德意志联邦银行的机构和网点，因此德意志联邦银行被要求参与银行监管。两者具有明确的职责分工：银监局负责制定和颁布联邦政府有关监管的规章制度，德意志联邦银行负责对金融机构的各种报告进行分析，进行日常的监管活动。银监局的主要职责是防止滥用内部信息、不定期收集监管信息以及监督重大的股权交易等。在涉及银行资本金和流动性的重大政策问题上，银监局需征得德意志联邦银行的同意。除此之外，德国还专门设立“联邦证券交易监督局（证监局）”负责对证券交易所、证券交易业务的管理。因此德国的金融监管以一架飞机作比喻的话，就是以银监局为机身，中央银行与证监局作为两翼的综合监管模式，使德国的金融业安全、稳健发展。

（二）德国的金融监管体制

德国金融监管部门有德意志联邦银行、联邦金融监督局、联邦保险监督局、联邦证券监管委员会。后三者都隶属于财政部，此外，州中央银行也协助联邦金融监督局实行管理。这些机构分工明确，共同构成德国完备而有层次的金融监

① 蒋立峰：《21 世纪日本沉浮辨》，北京：中国社会科学出版社 2000 年版，第 38 页。

管框架。①

1．德意志联邦银行

德意志联邦银行只有部分监管职责。其监管的重点：一是通过让各商业银行定期报送日常业务信息等报表的形式对银行资产的流动性监管；二是将所获信息财务数据报送联邦监管局，并向联邦监督局提供业务上的咨询，但无权对商业银行采取行动；三是联邦银行同时负责“集中风险办公室”，负责收集金融机构大额贷款的信息并与监督局共同使用，以监测大额贷款的风险集中程度。

2．联邦金融监督局

根据银行法第5条规定，联邦监督局为一个独立的联邦准部级机关，该局局长由联邦政府经联邦银行同意后提名，由总统任命，监管局隶属财政部。它的主要职责是负责金融机构的市场准入、市场退出和日常管理，主要是通过对银行提供的有关报表进行分析，一般不直接对银行进行现场检查，监督局没有自己的分支机构，依靠联邦银行的分支行执行实际工作。此外，联邦金融监督局还与联邦证券委员会共同负责对投资公司和投资银行进行监管，主要负责颁发牌照和偿付能力的管理。监督局总裁及其代表有权参加联邦银行中央理事会的讨论，但只有建议权，无表决权。

3．联邦保险监督局

负责对保险机构与保险业务的监管。

4．联邦证券委员会

依据《证券交易法案》，联邦证券委员会主要负责对证券机构和证券业务的管理。

5．各州中央银行

各州中央银行负责各银行具体业务的日常管理工作，协助联邦金融监督局进行具体的监管工作。联邦银行收集和评估各银行的财务报告，递交监督局并由监督局根据这些报告对被管理银行采取措施，联邦银行无权采取行动；当联邦银行发布有关业务标准细则时，必须事先与联邦银行达成协议。

6．其他机构

联邦卡特尔局起着辅助作用。它根据“反不正当竞争法”及“竞争限制法”

① 杜理达：“英、德两国银行监管机制比较及其对中国的启示”，《银行与经济》，2003年第9期。

等规定监督各金融机构的合并，禁止不正当竞争；各州政府协助对公营储汇银行与交易所进行管理。

（三）德国金融监管体制的特征分析

1. 银行监管侧重于风险监管而非银行业务的合规性监管

由于金融业务的快速发展，金融创新不断涌现，大部分金融监管法规制度的更新具有滞后性，使其有效性受到一定的限制。因此，各国在进一步加强合规性监管的同时，更加注重风险监管，注重对风险的早期识别、预警和控制，以此保护存款人的利益。德国金融监管当局强调对银行业风险的监管，其申报制度所要求的申报内容集中体现了金融监管当局对风险监管的重点。①

2. 强调金融机构的自律和行业协会的制约

德国金融业有较强的外部监管力量，有来自政府的监管，也有来自社会的监督。如对银行业的监管，既有来自信贷监管局和德意志联邦银行的监督，也有来自审计师事务所的社会审计，前者强调对银行业风险性的监管，而后者强调对银行经营的合法性进行监督。但这些来自政府和社会的监督都是建立在德国银行建立一个行之有效的企业内部控制和行业协会的制约基础之上的。

3. 权责明确、合理分工是有效监管的基础

在德国，中央银行、联邦金融监督管理局、联邦审计院以及其他金融监督机构各自作为金融监督体系的组成部分，其职责和定位都有相关的法律授权和明确规定，这既避免了职责交叉，减少了部门重叠带来的资源浪费，又防止了因职责划分不清所带来的部门间相互扯皮，提高了效率。在中国，监管职责划分不清、职能定位模糊的现象在金融监管领域还依然存在。比如，中国的人民银行直到现在仍然是货币政策制定和行业监管两个角色的结合体，它既要承担制定货币政策，实现稳定币值，以此促进经济发展的目标，又要承担对商业银行、政策银行和股份制银行的规定制度和日常监管。换言之，中国央行既是政策的制定部门，又是政策实施结果的监管部门，这种角色的错位影响了它对银行监管的有效性。再如，目前中国拥有对银行监督检查权利的部门非常多，既有人民银行、银行监事会，又有财政部、审计署等，各个部门之间的监督检查范围并没有明确地划分，存在职责交叉；同时，部门间的协作相对较差，经常存在各部门同时对一个

① 参见中华人民共和国审计署《2002 年赴德国金融审计培训班综合报告》(8.1)。

金融机构开展检查的情况，这既影响了金融机构业务的正常开展，又由于部门间信息的不对称，降低了监督检查效果。因此建议，一是将中国人民银行的货币政策和行业监管两个职能分开；二是全面整合现有各银行监督部门的职责，力争做到职责明确，既避免监管真空，又避免监管重叠，提高行业监管效率和力度。

4. 监管行为的独立性是保证监管工作深入开展的前提

在德国中央银行具有很高的独立性，同时其银行业经营主体的自主性也很大。德国央行的独立性既有《德意志联邦银行法》的法律支持，又有相关的制度规定保障。银行业非国有化的实际状况使得各银行能够完全按照市场化的经营方式运作，而不受政府等外部因素的干扰。在中国，这两方面的独立性都受到很大限制。一方面，中国央行作为政府下属的一个组成机构，它所承担的职责远远超出了仅仅作为货币政策制定者的范围，直到现在，央行依然承担了部分财政职责；另一方面，由于中国银行业的主体仍然是国有商业银行，这些国有商业银行至今没有建立起真正有效的现代企业制度，其行为方式距离真正的市场化尚有很大差距，从近几年审计情况看，地方行政干预依然十分严重，成为影响国有商业银行资产质量的一个重要方面。因此建议，一方面理顺中央银行与政府之间的关系，真正切断财政和中央银行的联系，确保中央银行的独立性；另一方面，要加快国有商业银行股份制改造的试点，完善法人治理结构，促进国有商业银行建立现代企业制度，以保证银行经营的自主性。

5. 健全完善的法律体系是监管工作的重要保障

作为金融业十分发达的市场化国家，德国有健全完备的法律体系保障金融业的顺利运行和发展。无论是中央银行、联邦金融监管局的职责以及组织框架，还是商业银行各项日常经营业务，都有详尽的法律规定，且实际操作性很强。在中国，尽管也建立了《人民银行法》、《商业银行法》、《担保法》等很多相关法律，但是一方面法律的时效性较差，很多法律制定时的环境与现在已经相差甚远，致使现实操作性不强；另一方面，法律的漏洞和真空很多，导致无法可依的情况比较普遍，比如，近两年银行出现的许多新的金融衍生产品缺乏明确的法律规定，使得业务经营混乱的状况比较普遍；此外，在实际执行过程中，有法不依的情况也处处可见，这也在一定程度上降低了法规的约束力。因此建议，国家应尽快清理相关法规，健全完善金融法律体系，在制定法规时，要定性与定量相结合，注重法规的可操作性。在执行过程中，要加大执法力度，提高监管执法的震撼力和威慑力，对发现的违规行为要严肃追究责任，决不能姑息迁就。

6. 社会审计机构的参与是加强对金融业监管的有益补充

德国的商业银行每年必须接受经济审计公司的审计，并且其审计报告直接作为联邦金融监管局评价银行的重要依据，而每年由该局直接审计的银行只占银行总数的极小比例，这决定了社会审计在德国金融监管中扮演着重要角色。而在中国，由于监管和审计力量有限，目前我们无法做到对所有金融机构每年进行全面审计和检查，导致监管漏洞依然存在，同时，尽管近几年社会中介机构已经进入金融审计领域，但是与国家监管和审计机关的沟通渠道还不畅通，相互之间的合作也刚刚起步，还没有成为中国金融监管体系的重要组成部分。因此建议，在加强管理，提高信用的前提下，将中国社会审计力量分阶段、有步骤地引入金融审计领域，增加中国的审计力度和提高审计效率。

7. 提高整体社会信用是保证金融业正常健康成长的重要环节

在德国，无论是政府部门、金融机构，还是贷款企业都纳入了统一的社会信用体系，违规的巨大代价使得各参与方自律意识极强，有力地保障了金融市场的健康发展。在中国，由于至今没有建立起一个完善的社会信用系统，导致各方自律意识不高，金融机构违规作弊，贷款企业千方百计逃废银行债务，监管部门渎职等种种违规违纪行为层出不穷，财务报表虚假更是相当普遍，致使中国金融业发展的外部环境十分恶劣。因此建议，中国应尽快建立一个覆盖金融机构、政府机关、工商企业及其从业人员等的社会诚信系统，提高信息透明度，以促进各方自律意识的提高，为金融业的发展培育一个良好的社会信用环境。由于德国实行的是综合银行制度，即金融机构可以提供包括银行、证券、信托和保险业务在内的全方位金融服务。银行监管由联邦银行业监管局和联邦银行负责。联邦银行业监管局是一个独立的联邦准部级机关，其办公地点在柏林。该局由五个司组成，一个司负责全面综合性问题，其余四个司分别负责对四类不同银行的监管。《银行法》规定联邦银行业监管局要和联邦银行通力合作。这是因为监管局自身没有分支机构，它本身要利用联邦银行对各地情况的了解及其专业知识，为了履行各自的职责，双方必须密切交换信息。当联邦银行业监管局需要制定总的监管法制时，必须与联邦银行进行磋商。联邦银行还通过各州中央银行进行银行常规监督，信用机构需要提供月度收益情况报告和年度账目报告。联邦银行把这些材料和自己的意见一并交给联邦银行业监管局，由联邦银行业监管局来采取相应的监管措施。此外,联邦银行业监管当局直接向联邦财政部报告。①

六、欧盟——超国家一体化组织的功能性监管

随着金融业务向自由化、综合化、全球化的发展,对金融企业集团的监管便成为一国或区域性国际金融组织金融监管制度构建的核心。从欧盟对金融企业集团的立法和监管实践上看,金融监管力度不断加大,金融监管呈现出渐进性的特点:从对同质金融企业集团的监管走向异质金融企业集团的监管、从分业监管走向综合监管。欧盟功能性监管框架已经确立。

(一) 欧盟功能性监管

1. 机构性监管——欧盟分业监管立法的错位

以分业监管为基础的立法是欧盟曾经对金融企业集团监管中所采取的模式。1989 年的《第二银行指令》(SBCD)在对银行业监管上是居于核心地位的法律。该指令允许银行在欧盟范围内从事广泛的金融服务业务。《第二银行指令》和 1989 年的《清偿比率指令》(BSRD)、1989 年的《自有资金指令》(OFD)、1992 年的《第二联合监管指令》(SCSD)、1992 年的《大额风险指令》(LED)、1994 年的《存款担保指令》(DGD)一起构建了银行业共同监管框架;居于核心地位的《资本充足指令》、1993 年的《投资服务指令》(ISD)、《大额持股指令》及《内幕交易指令》等一同建立了证券业监管框架。鉴于金融创新与监管的关系,该框架在金融全球化、一体化形势下无疑是一种监管立法的错位。例如,在对银行集团、投资公司集团及保险集团的重大审慎性监管的问题中,对混合型或异质金融企业集团的监管就出现了失控现象。②

2. 欧盟功能性监管的特点

从混合型或异质性金融企业集团诞生之日起,欧盟的金融监管框架必须重构,建立起全新的功能性监管框架。欧盟是一个为实现欧洲一体化由众多欧洲国家而形成的紧密联系的超国家一体化组织,所以欧盟在构建功能性监管时不

① 中华人民共和国审计署:《2002 年赴德国金融审计培训班综合报告》, http://www.audit.gov.cn, 2005 年 6 月 10 日。

② 杨亮、林晓君:“欧盟对投资公司资本充足率的监管”,《法学评论》,2000 年第 18 卷第 3 期。

能像一个主权国家那样进行构架。因此,欧盟功能性监管同一个经济主权国家有其不同的特点:

(1)欧盟功能性监管框架存在的前提和基础

欧盟各国之间所达成的以最低协调为基础的相互承认原则是其功能性监管框架存在的前提和基础。为此,和一个实行混业经营的主权国家所实施的功能性监管框架相比,就决定了在一定程度上这种框架存在着不确定性。其表现是,欧盟在对金融企业集团的关联交易与风险集的数量限额的设定上采取的是回避的做法;而在适宜性监管时,只能是采取迂回的方法。例如,欧盟的2001年指令建议案并没有确定董事、经理等人员适宜性的确认标准,而将该问题留给各成员国。

(2)欧盟的相关立法规定了协调员制度

由于欧盟不能如主权国家那样确立一个主导性的金融监管机构来保证功能性监管的实现,比如像英国那样设立一个金融服务局,因此,为了保证功能性监管的实现,欧盟的相关立法规定了协调员制度

(3)欧盟确立了以功能性监管为主导的监管模式

实行功能性监管并不意味着必须摒弃机构性监管。2001年指令建议案第8条第2款规定,在不有损于降低欧盟立法所规定的特定监管权力及职责的可能性下,具有特定的补充性监管职责的协调员的存在不应影响行业规则所规定的适合当局的职责与任务。实际上,这就是采取了有限度的承认、修订的务实做法,而不是完全摒弃以前的行业监管指令。

在处理功能性监管与机构性监管的关系上,确立了"以功能性监管为主、以机构性监管为辅"的监管框架。正像银行经营体制中,不管采取哪种经营模式,不存在绝对的分业经营,也不存在绝对的综合经营一样,对跨行业性的金融企业集团的监管,尽管对其实施功能性监管,但由于集团内毕竟存在着受管制的实体,对这些实体依机构性进行监管有时还具有一定的比较优势,因此,该种监管模式并不能够完全排斥功能性监管。理想的模式是确定功能性监管为主导性监管模式,实行功能性监管与机构性监管两者的并存、融合、统一。

(4)欧盟功能性监管框架的未来

欧盟只是在形式上、宏观上拟确立与金融企业集团相适应的功能性监管框架。欧盟2001年的建议案中确立了协调员制度,但实际上,欧盟各成员国的金

融监管体制是各异的,如英国、丹麦、瑞典等实行的是跨行业监管的体制;比利时、卢森堡与芬兰对功能性监管具有一定的倾向和意向,然而,还有其他七个国家仍然采用机构型监管模式。因此,欧盟指令建议案中的协调员制度成为其成员国在微观上将确立功能性监管框架的先导,但统一的泛欧盟的金融监管机构的确立对于欧盟而言依然是任重而道远。

(二)欧盟理念对国际金融监管协调与合作的意义

欧盟功能性监管的构建理念为国际金融业的协作与协调做出了巨大贡献。该框架的确立代表了国际金融监管协调与合作的一大趋势——随着银行业务向综合化、全能化的发展,相应的国际金融监管的规范与协调的发展方向必然是开发功能性的监管框架。① 从个体国家看,英国的金融服务局为功能性监管的主导;美国的美联储(FRB)为功能性监管的主导②;日本的金融监督厅为功能性监管的主导。从全球视角来分析,巴塞尔银行监管委员会的关于金融企业集团监管的诸文件(由巴塞尔银行监管委员会的联合论坛所发布的)为功能性监管的主导。欧盟功能性监管框架的确立便属于全球区域范围内合作对金融企业集团监管的范畴,这一理念的形成过程势必对全球化功能性监管框架的构建具有参考价值和推动作用。③

第三节　对中国实施功能性金融监管体制的构想

通过上文的分析和比较,结合中国实际,笔者认为中国宜借鉴美国的伞型功能性监管模式,在中国银监会、证监会和保监会之上,由国务院设立"金融监管协调委员会",由其对金融集团的运营进行监管,在不改变原有监管结构模式的情况下,对金融集团实行有效监管,各金融子公司的单项业务,仍由银监会、证监会、保监会按各自功能分别监管。

① 王桂梅:《国外金融监管组织结构的演变及中国的对策》,《国际金融研究》,2000 年第 9 期。
② 李早航:《现代金融监管》,北京:中国金融出版社 1999 年版,第 189—202 页。
③ 黎四奇:"评析《2001 年欧盟金融企业集团监管指令建议案》",《欧洲》,2002 年第 2 期。

功能性金融监管关注金融体系的基本功能,据此而设计的监管具有连续性和一致性,是一种跨产品、跨机构、跨市场的综合性金融监管。在关注金融机构的业务活动及其所能发挥的功能的同时,寻找最有效地实现既定功能的制度结构和立法组合。①

2004 年 2 月 1 日起实施的《中华人民共和国银行业监督法》明确了银行业监督管理机构的监管范围和职责;明确规定了银行业金融机构审慎经营规则。因此规定了中国现行金融监管体制是机构性监管,即在分业体制下,对金融机构的监管基本是按照不同的金融机构分别由不同监管主体进行监管。作为中国金融业发展初级阶段的机构性监管,为防范金融风险在银行业、证券业、保险业之间传递,维护整个金融体系的安全与稳定起到了很大的作用。中国加入 WTO 后,直接面对国际金融业综合经营的挑战。随着金融全球化的发展和金融改革的逐步深化,在金融机构和业务边界日趋模糊的情况下,中国目前的金融监管模式的不适应性决定了对其进行改革的迫切性,而功能性金融监管模式则是这一改革的必然选择。

一、架构协调机制——“金融监管协调委员会”

虽然目前中国尚没有进入真正的混业经营时代,在全球的金融综合经营的大趋势下,中国金融业无法游离于国际社会综合经营的大环境,想独善其身是不可能的。因此,中国应在银行、证券、保险的分业监管的基础上形成监管合力,强化金融监管的有效性,确立一个高效的协调机制十分必要。中国金融监管部门除银监会、证监会、保监会外,还涉及中央银行和财政部,在这几个部门之间建立有效的协调机制,避免监管交叉和重复,以保障中国金融监管的顺利进行。②

(一)明确协调主体的定位

为了确保监管协调机制的正常运行,需要结合中国的实际,借鉴国外的经验,比如日本,中央银行的职能由日本银行担任,金融监管的职能由日本金融厅执行。根据日本的经验,由于中央银行作为协调主体有得天独厚的条件,所以建议在中国人民银行设立作为金融监管协调机构的“金融监管协调委员会”,肩负

① 单丹:“论入世后中国的银行业改革”,《湖南大众传媒职业技术学院学报》,2002 年第 2 期。

② 燕小青、徐建国:“论中国金融监管的策略选择”,《当代经济研究》,2004 年第 10 期。

起中国的金融监管与协调工作。

（二）"金融监管协调委员会"的合法性

2005年11月7日，中国人民银行发布了《中国金融稳定报告》，其中明确提出："监管协调机制是指在中国人民银行、财政部和金融监管机构之间，中央和地方之间，国内与国外之间建立有效的金融风险监测和处置的协调机制。为了维护金融稳定，还需要加强其他金融基础设施建设，包括完善公司治理，提高会计和审计标准，加强信用制度建设等。"同时，还提出要"探索建立由中国人民银行、财政部、银监会、证监会和保监会参与的制度化的金融监管协调机制"。显然，金融监管协调机制已经被提到议事日程上来，为构架"金融监管协调委员会"综合协调机制提供了法律前提。[①] 而修订后的《中国人民银行法》第二条之规定："中国人民银行在国务院领导下，制定和执行货币政策，防范和化解金融风险，维护金融稳定。"这一规定则为"金融监管协调委员会"成立实施赋予了法律保障。

二、"金融监管协调委员会"——强化功能性监管

自从中国的货币政策和银行监管两种职能分离以后，部门内目标冲突转变为部门间冲突，只有加强部门间的信息共享和协调合作，减少摩擦成本，加大金融相关部门之间及与其他政府部门的协调力度，强化合力监管，才能使金融监管当局以最低成本实现既定的监管目标。应对业务交叉领域和从事综合经营的金融集团，实施联合监管，建立监管机构之间的信息交流和共享机制。以功能性监管为主导的"金融监管协调委员会"将是实现上述目标的强有力的监管机构。

（一）制定章程，加强功能性协调

"金融监管协调委员会"作为金融监管协调的常设机构，要通过制定《金融监管协调委员会章程》规定具体运作程序和协调方式。明确相关部门权利、义务，加强各部门的协调配合，达到分工合理、沟通顺畅、决策正确的目的，这样才能充分发挥人民银行在协调银监会、证监会、保监会方面充当最后贷款人的职能。人民银行的货币政策职责和监管机构的监管职责是紧密联系的，人民银行

① "中国金融监管机构间协调合作机制研究"，http://www.p5w.net/futures/zhzx，2006年2月23日。

货币政策职责的实施,是以监管职责为前提的。人民银行通过有效而全面的监管,为货币政策的制定提供实践基础,也为货币政策的执行创造有利条件。[①] 为防止这种协调机制流于形式,建议制定有关金融监管协调的条例,使得这种协调机制成为有约束力的制度性安排。

(二)机构性监管向功能性监管转变

金融监管应从传统的机构性监管模式向功能性监管转变。功能性监管是指中央银行同其他功能监管者(包括证券交易委员会、商品交易委员会、证券交易商协会、保险委员会)相互配合,共同识别单个金融实体的风险以及整个金融持股公司的整体风险。功能性金融监管关注的重点不再是金融机构本身,而是金融机构的业务活动及其所能发挥的基本功能,是依据金融体系基本功能而设计的监管。它由于跨产品、跨机构、跨市场的进行监管,因此克服了多个监管机构所造成的重复监管和监管"真空"现象的出现,实现从原来的对金融机构的监管转向对金融的功能主体进行监管。[②]

三、"金融监管协调委员会"的功能性结构调整

功能性金融监管体制更关注金融业务,而不再是机构本身,与传统的重视机构的金融监管体制相比有着根本上的区别。针对中国金融业的发展,应不断完善金融监管体制,并对金融创新不断调整功能性金融监管结构。[③]

(一)"金融监管协调委员会"对"三会"功能性业务监管的调整

按照金融产品所能实现的基本功能,"金融监管协调委员会"对银监会、证监会、保监会的监管职责要进行明确分工——无论什么机构只要从事银行业务就必须接受银监会的监管;同样,从事证券业务、保险业务分别接受证监会、保监会的监管。实现对"三会"功能性业务监管的调整。同时建立三大监管机构之间的信息沟通和共享制度,加强监管协调,以增强监管合力,提高监管效率,降低监管成本及摩擦成本。另外对以集团公司运作方式实行事实上的综合经营的金

---

① "中国金融监管机构间协调合作机制研究", http://www.p5w.net/futures/zhzx,2006 年 2 月 23 日。

② 郑泽华:"中国金融监管的历史演进与改革重点",《海南金融》,2004 年第 7 期。

③ 丁俊:"功能性金融监管:中国金融监管体制发展的新方向",《国际金融研究》,2001 年第 3 期。

融集团建立主监管制度。根据这些金融集团具体的业务性质和不同业务的相对重要性确定监管部门。[①] 由其他监管机构予以配合的主监管部门对整个金融集团进行并表监管以及对风险和管理状况进行综合评价,并加强各个监管机构之间的信息通报。

（二）督促“三会”拟定监管细则以应对风险

随着金融创新产品的不断涌现,不可避免地将会出现某类金融产品所实现的金融功能不同于传统金融产品的现象。对此,“金融监管协调委员会”针对中国出现的发展金融集团的趋势,金融监管机构要督促和协调下辖的银监会、证监会、保监会拟定各自的监管规则和实施细则,并在此基础上制定对金融集团予以监管的一般原则以及总体要求。还需强调的是,金融监管机构还必须积极采取行动以应付外资金融机构涌入所带来的监管问题。这要求金融监管机构应依据国外监管的成功经验以及中国的具体国情制定出行之有效的监管制度,以防范由此可能引发的金融风险。[②] 同时要求金融监管机构必须对该类出现的新型功能性金融产品的未来发展趋势加以分析,以决定是否需要调整监管机构,以便更好地实现对金融业的监管。

以上是对中国实施功能性金融监管体制的构想。该构想建立的功能性金融监管体制能够更好地适应现阶段分业经营对监管的要求,同时实现金融业综合经营发展对监管体制的基本要求的满足。因此,在中国由分业经营向综合经营转变过程中,这一金融监管体制是中国金融监管体制的理想选择,也是中国金融体系向着建立真正意义上的功能性金融监管体制的目标。令人振奋的是,从目前的种种迹象来看,在银监会、证监会、保监会之上设立更高级别的金融监管机构,这样的设想正在越来越接近现实。[③]

---

① 范旭斌:“建立中国功能性金融监管体制的构想”,《河海大学学报(哲学社会科学版)》,2003 年第 2 期。

② 宋之杰、陈红梅:“功能性统一监管:入世后中国金融监管的新选择”,《技术经济》,2003 年第 2 期。

③ 欧阳晓红、田芸:“金融监管协调委员会胎动”,《经济观察报》,2010 年 5 月 3 日,第 17 版。

第八章 跨国银行监管的博弈分析

第一节 “公地悲剧”与银行监管的博弈分析

金融恐慌是导致银行挤兑的直接原因，也是造成银行系统性危机和引发全球金融危机——甚至是全球性经济危机的主要原因。最为典型的是20世纪30年代初的美国，在1930年至1933年4年间就发生了三次银行挤兑浪潮，有超过9 000家银行破产，仅继1930年和1931年两次银行挤兑浪潮之后的1933年——第三次银行挤兑浪潮就倒闭了4 000家银行，使美国金融经济陷入瘫痪状态。由金融恐慌所引起的三次银行挤兑浪潮直接反映了由于货币乘数的急剧下降致使美国货币供给的急剧紧缩。[①] 这些典型事件的发生，让人们在沉痛反思的同时更要加强对其产生的原因进行研究和分析，以为国家乃至世界金融恐慌的治理提供模型分析、方法论上的契合和理论上的指导。

一、“公地悲剧”与嵌套式金融恐慌模型

（一）“公地悲剧”的博弈模型分析

“公地悲剧”是信息连锁反应所导致的集体行为选择而产生的不良后果，当个体依据其他行为主体的行为而选取类似的行动时就会产生“公地悲剧”。集体行动的非理性行为选择发生时，个体理性会导向于一致行动，社会整体出现一点较小的冲击就有可能会导致集体行为产生巨大的偏离，个体对自己行为的选择甚至可能放弃私人信息而只依赖于公共信息，从而不可避免地导致由于集体行为选择而产生不良的后果。

在“公地悲剧”的博弈模型中，英国科学家哈丁（G. Hadin，1968）描述了个人

---

① 劳埃德·B.托马斯：《货币、银行与金融市场》，马晓萍等译，北京：机械工业出版社1999年版，第283页。

理性地追求利益最大化的行为在没有法律规范时,如何由个人理性导致集体非理性的行为选择,从而导致公共利益受到损害而产生恶劣后果的过程。① 哈丁的假设是:一个遥远的小山村里有一片公共的草地,村里有 n 个牧羊人,都在这片公共的草地上自由放牧,每个牧羊人直接收益的大小取决于其放牧羊的数量。假定羊是连续可分割的,牧羊人 i 的一个战略就是他选择的在公共草地上放牧羊的数量 g_i,则公共草地上羊的总数 $G = g_1 + \cdots + g_n$。购买一只羔羊的成本为 c,c 不随任一牧羊人拥有羊的数量多少而变化。当公共草地上放牧羊的总数量为 G 时,一个牧羊人牧养一只羊的价值为 $v(G)$。由于每只羊的生存都需要一定量的青草,草地可以放牧羊的总数的上限为 G_{max}:当 $G < G_{max}$时,$v(G) > 0$,草场的饲养量处于帕累托最优;但 $G \geq G_{max}$时,$v(G) = 0$。诚然,起初有充足的草量用以牧羊时,增牧一只羔羊未必会对已放牧的羊有多大影响。一旦草地上放牧羊的总数已多到恰好饱和刚好维生时,公共资源的供给(草场的饲养量)就达到了帕累托临界状态(G 恰好等于 G_{max}),再多增牧一只羊就不能满足其他已牧养羊的食草量,这时公地悲剧随其过度放牧悄然发生了。给每一牧羊人随后带来的便是收益函数的减少,甚至是所有的羊都因没有草吃而致使全体牧羊人血本无归(如图 8-1 所示)。

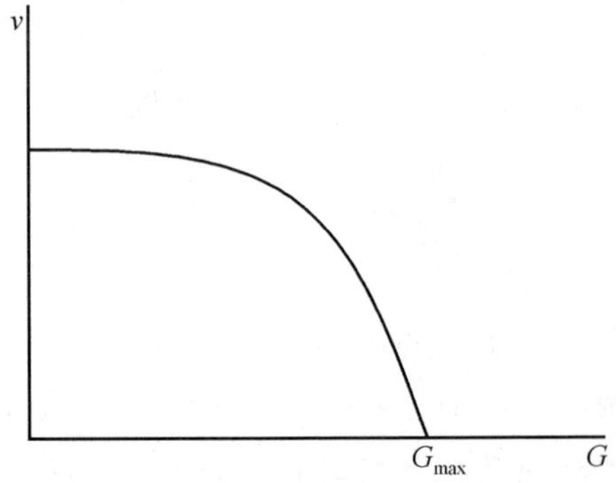

图 8-1　每只羊的价值函数随牧羊总数量的递增而下滑

每增牧一只羊有正负两方面的效应,正的效应是这只羊的总成本并不由其牧羊人一个人来承担,每一个牧羊人考虑的只是羊本身的价值;负的效应是增加

① 罗伯特·吉本斯:《博弈论基础》,高峰译,北京:中国社会科学出版社 1999 年版,第 21—23 页。

的这只羊降低了可供所有在此之前所存牧羊食取草的数量,从而使其价值下降。尽管每个牧羊人决定增加牧羊量时,事先已考虑到对现有牧畜的价值的负效应,但他考虑的只是对自己已牧羊的影响,并非所有牧羊人总体羊的损失和影响。于是,最优点上的个人边际成本小于社会边际成本——每人增牧一只羊为其所带来的收益可能大于对他的其他羊所造成的损失,但小于对所有羊所造成的损失。因此,每一个牧羊人都愿意增牧一只羊来获取收益,可这样的收益所造成的损失要由所有牧羊人来承担,这样就不太可能在所有的牧羊人之间达成都不增牧一只羊的约定或协议。纳什均衡总牧羊量大于社会最优牧羊量,公共草地被过度使用了,公地的悲剧就这样发生了。正如哈丁所说:“这是悲剧的根本所在,每个牧羊人都被困在一个迫使他在公共资源有限范围内无节制地增牧羊的数量的制度中。毁灭将成为所有人都奔向的目的地,因为在信奉公有物品自由的社会中,每个人均追求自己的最大利益。”这表明一个没有法律明确产权的公共物品或金融服务市场势必要由个体的理性导致集体非理性的严重后果。这一博弈分析的意义就在于如何使监管(法律)有效地在作为经营主体的金融机构(如银行)经营的集体行动中达成一致,以维护一国金融市场的稳健发展,防范金融风险如同“公地悲剧”一样发生而给一国以及每一金融机构带来收益上的损失。

(二)基于“公地悲剧”博弈的嵌套式金融恐慌模型

在确定集体行动问题的潜在性时,作为分析者,必须找到一个最适合该问题的模型来理解相互发生作用的来龙去脉。孤立的博弈通常是一个正在进行的小型博弈,这时的孤立博弈往往是嵌套在一个更大的博弈之中。“将一个小型的博弈嵌入一个更大的博弈之中常常能为理解该小型博弈的运行提供巨大的启发。”[①]笔者试图通过基于“公地悲剧”的博弈分析,构建嵌套式金融恐慌模型——运用嵌套式连锁结构对银行经营的集体行动困境及银行挤兑的成因进行分析。我们假设:

(1)每一银行在经营过程中都是理性的,即追求利益最大化;

(2)参与者为参与经营中的银行;

① 拜尔、格特纳和皮克:《法律的博弈分析》,严旭扬译,北京:法律出版社1999年版,第206—207页。

(3) 所有银行都有风险偏好与风险规避的选择策略；

(4) 银行的期望收益均为经营所得。

这一模型表现为：(Ⅰ)每一银行利益最大化经营的集体行动选择可能会引起金融市场不稳定因素的出现；(Ⅱ)由于银行不稳定信息（风险）的暴露，使存款人存款的安全受到威胁，最终都放弃自己已有的信息而依赖于公共信息，这将极易导致所有存款人产生心理恐慌，从而引起非理性集体行动的银行挤兑。其原因还在于存款人都知道银行取款的规则，即先到先取款，晚来的提款人很可能无款可提，因此，都纷纷抢在前面去挤提。由(Ⅰ)的行动而引起(Ⅱ)的双层级非理性集体行动的嵌套式连锁结构反应的形成，这是由于理性行为主体收益的外部性、"信息追从"(informational cascade)等因素所导致的非理性跟风的群众行为——从众行为(herd behavior)。理性的从众行为源于收益的外部性。作为经营主体的金融机构之间的收益关系密切，各自有独立的收益目标，彼此经营于金融市场，利益获得路径相关且相互作用，利益博弈时互为前提，任何一个金融经营主体的行为都会影响其相关主体目标的实现。

嵌套式金融恐慌模型表明，进行违规操作的动力直接源于金融机构利益最大化的目标，这样的风险经营具有很强的示范性和传递性。一旦这种风险信息被传递，决定这些金融机构资产和经营的债权人的心理就会发生恐慌，从众心理随之将会产生，这种情景被称为"信息追从"。若分散的私人信息不能有效加总，导致决策者采取序列互补行动时，就会出现非理性的从众行为，即宁愿放弃自己已有的信息而依从于公共信息——当"一个追从一个"的行动发生时，信息传递就会像瀑布一样漫流而泄。由于行动处于不确定性、互补性和分散信息状态下，即使不是序列行动，也可能使群体协调行为处于失灵状态，这会导致帕累托无效率的结果，从而由个人的理性引起了集体行动的非理性，金融危机的灾难有可能就此引发。这也就是谢林所说的"微观的小冲击放大为宏观的大问题"。

(三) 集体行动的嵌套式连锁反应及银行挤兑

运用嵌套式金融恐慌模型，从博弈论的视角对银行无序竞争可能导致经营风险的社会集体行动困境的产生及银行挤兑的嵌套式连锁结构的成因进行了分析，以便寻找这一博弈的均衡解。对集体行动的嵌套式金融恐慌模型进行阐释和分析，为监管（法律）如何发挥作用来调解和避免公地悲剧发生问题，并依此制订解决银行经营的集体行动博弈困境的适当监管方案提供了实证基础。

1. 模型披露银行风险经营的动因及金融恐慌的产生

金融市场如同公共草地一样具有公共产品的属性。如果一种公共资源具有经济利益不可分割性和非排他性的所有权,就会不可避免地导致对此资源的过度使用。一个有效的金融产品或服务对整个社会经济来说,作为一种公共产品就会出现“搭便车”现象,即如同每个人都乐此不疲地享受着在公共草地上每增牧一只羊所带来的好处,但缺乏为公共草地提供维护作出贡献的动力一样,每一银行都在金融市场上无节制地追求着自己利益的最大化,但都不会考虑到对一国金融市场的公平和稳定负责问题。例如,借以利率的私自变动或违规的金融创新来获得竞争优势等都会给金融市场带来恐慌。下面我们假定:银行通过高息吸储的手段来吸收社会资金获取竞争优势,并以此为例来分析银行利益最大化经营的集体行动选择可能会引起金融市场不稳定因素出现的原因。

每一经营中的银行并不完全承担提高吸收社会资金利率所带来的金融风险的总成本(因为同时也提高了其他银行经营的利率风险)。每增加一个提高吸收社会资金利率的银行就会减少其他银行的吸储份额。每一银行提高吸收社会资金的利率为其所带来的收益可能大于对他自身所造成的损失,但小于对所有其他银行所造成的损失。每一银行享受了提高吸收社会资金的利率所带来收益的愉悦。而且,正因为所有银行都享受了提高吸收社会资金的利率所带来的好处,从而在他们之间要达成共同认可的协议是不太可能的。因此,银行都为攫取利益而提高吸收社会资金的利率。于是,各银行的经营形成利率竞争,竞相以高利息吸收社会资金。而为了支付高利息成本并获取高额利润,银行就不得不投资于高收入的金融创新项目。但随即而来的往往是高风险,这样便形成了“高利息成本——高收益预期——高风险投资”的恶性循环。由于存款者在选择自己的行动策略时,优先考虑的是如何维护自己的最大化利益而使损失最小,因此,银行经营的不稳定性信息(风险)一旦暴露或有不利于银行的消息传出,就会像“公地悲剧”的形成一样,不可避免地导致金融恐慌的产生。

2. 非良性经营导致金融恐慌的银行挤兑

“公地悲剧”博弈模型分析了银行之间无序竞争的集体行动给金融市场带来的不可避免的风险,这是(Ⅰ)层级的集体行动选择,进而由于第(Ⅰ)层级给金融市场带来的动荡而引起存款者心理恐慌导致了第(Ⅱ)层级集体行动非理性选择的银行挤兑。第(Ⅱ)层级是嵌入在第(Ⅰ)层级里的,构成了导致银行挤兑的双层级非理性集体行动选择的嵌套式"公地悲剧"连锁反应的金融恐慌模型。

银行从社会吸收了不同期限的存款,并将存款者的存款用于长期项目投资并以一定合理的收益率回报存款者,银行这一目标得以实现的前提是不会发生集体行动的非理性行为选择,即所有存款人不会在同一时间进行提款,因此,银行经营的生存基础当是社会信用。一旦存款人觉得银行的经营风险过高而使其存款的安全受到威胁,存款者的恐慌心理将随之产生,银行的社会信用基础就会出现动荡(存款人都知道银行是无力将所有的投资和贷款立即收回,来满足所有提款者的要求),这将不可避免地会导致集体行动的银行挤兑现象发生。对于"不可避免地"行为产生的原因与银行"顺序服务约束"(sequential service constrains)的机制密切相关。

由于"顺序服务约束",集体行动选择的银行挤兑行为与存款者的心理极度恐慌紧密相连——存款者去银行提款随机而至,由于银行的流动资金有限,银行被迫将其长期生产性投资项目提前终止,破坏了存款者之间的最优风险分担,使得银行将遭受巨大损失而无法偿还所有存款者的本金和利息。这样银行支付存款者的存款只能取决于存款者在提款队伍中占据的位置,先提款的存款者遭受的损失最小,排在后面的存款者将有可能面临着无款可提。排在前面的存款者提款之后如果还能有部分资产剩余,则在存款者中间进行平均分配。因此,不管何种原因都会使存款者确信其他人提款行为会提前发生,那么每一存款人的理性选择会立刻成为从银行挤提的集体行动,这意味着存款者试图离开即将倒闭银行的行为将使得所有人的利益受到损害,而且每一个存款者都有提前提取存款的激励。

由金融恐慌引起集体行动银行挤兑的结果,最终导致所有存款者集体遭受损失的金融运行实现低效率的均衡,这时金融系统的瓦解以及其他一连串的经济问题都会出现,银行挤兑和金融危机就有可能难以避免地发生。因此,银行必须对保持存款者的信心予以特别关注,防止非理性集体行动选择嵌套式"公地悲剧"连锁反应的金融恐慌的发生。

二、集体行动困境与激励约束的博弈均衡

在对"公地悲剧"的分析中,以往通常是通过对符合个体利益最大化的牧羊

人的个人理性导致集体非理性的总牧养量与符合社会帕累托最优(Pareto optimum)的总牧养量进行静态的比较分析,自然会得出公共草地被过度放牧悲剧发生的结论。这是因为在分析的过程中,忽略了牧羊人在决定羊的牧养量时存在的相互制约和牵制的激励机制。而运用博弈分析的"事前有效"(ex ante efficient)的"事前研究"(ex ante approach),能为监管框架的构想和运作提供更加清晰的脉络。在此前提下,构建一个与激励相容约束机制相关联的博弈模型,充分考虑银行间风险分摊的相互约束和牵制及公共知识(common knowledge)可信性的以牙还牙(tit for tat)的策略,从而使银行监管的制度实现内生的、自实施的博弈均衡规则成为可能。

银行经营的集体行动困境是客观存在的社会金融现象,是行动个体理性行为的非合作博弈结果,然而,银行个体效用最大化行为的个体理性并不能保证集体理性,却可能陷入由个体理性导致非理性集体行动的困境,因此,银行经营集体行动危机的出现似乎在所难免。集体行动危机的克服有赖于银行这一行动个体的自愿性责任行为,但更有赖于制定完善的制度。因为制度的构建是长期不断迭演博弈所选择的均衡结果,它是银行这一行动个体由不合作走向合作的路径依赖。因此可以说,"关于非合作博弈的研究表面上是描述非合作的规律,更深层的目标其实是寻找合作之路"。①

(一)激励约束机制的博弈模型

激励具有正向与反向的双重特性,即奖励与处罚的统一。正向激励是一种"积极"的约束,包括"自我"约束,反向激励是外部"强制"的约束;即"被动"约束。激励机制——正向激励与反向激励,其实质是具有相容性而存在的。正向激励是可以自实施的——具有主动性和自愿性,即在对经营者进行有效性激励的同时,也使其受到相应的约束;而反向激励是一种外部约束——具有被动性和强制性。因此,激励本身,就是一种具有激励相容性的约束。

1. 模型建立的前提假设:

(1)银行在经营过程中都有追求利益最大化的理性选择;

(2)博弈各方为参与经营中的银行,彼此间的信息是不完全的——对相互间的战略空间、支付函数具有不确定信息;

① 赵汀阳:"博弈问题的哲学分析",《读书》,2003年第2期,第77页。

(3) 所有银行都有风险偏好与风险规避的选择策略(风险中性策略);

(4) 在设定正常收益(收入的均衡值)条件下,银行的最终经营收益为正常经营收益与违规经营额外收益之和(违规者收益),或正常经营收益与其他银行违规经营对其所造成的损失之差(守规者收益);

(5) 最优激励合同具有线性形式,采用线性契约具有合理性;

(6) 博弈双方在客观条件约束下,都能做出实现自我决策目标的最优理性选择。

2. 线性激励契约简化函数关系及其均衡解

在"公地悲剧"模型中,假定对公共草地的使用时,设立一个对资源配置具有调节作用的政府机构,且对所有的牧羊人具有完全信息,同时具有绝对管理权——规定不守规的经营者要对守规经营者因其所造成的损失进行补偿,且对守规经营者进行的奖励恰好是对违规的处罚,这就是经济学中的"补偿准则"。为使这一"准则"有效率,在此建立一个最为简单的线性激励契约简化函数关系,为了研究方便,在不影响结论准确性的基础上,简化其推导和求解过程,旨在说明该"激励契约函数"中可调节变量对"补偿准则"约束效率的等量关系、"公共知识"约束的形成条件及在实现激励均衡中的作用,使分析简约化、模型化。

在线性激励契约简化函数中,设定经营者的总收益为 w,直接同违规经营收益 y 相关。用变量 s 和 b 分别代表正常守规经营的激励分享系数,它们不随着经营时期 t 的改变而改变。其线性函数为 $w_t = s + b \cdot y_t$。这一函数中,s 也是一个变量,即随着系数 b 的变化而变化。这种线性契约形式的一个重要特征是能够对银行经营产生统一的激励。由于 s 仅是参照变量,当银行经营的博弈达到均衡时,就成为恒值,它与调控不产生直接关系,因此,所有银行间达成"合约"的关键就是要明确激励分享系数 b,b 这个变量是政府机构可以控制的。

从上述的线性契约函数关系还可以看出,所有银行都守规经营时,y 为 0,得出 $w = s$,这就是所有参与者的最优策略,即银行经营的博弈均衡解——霍姆斯特姆和米尔格罗姆(Holmstrom and Milgrom, 1987)已经证明了最优激励契约具有线性形式,而且线性契约是能够达到最优的。

政府机构通过对 b 的控制,使违规的经营者没有额外收获(甚至有更大损失),而守规经营者的损失得到了补偿(还可能因奖励而多得),这一制度策略一旦在银行间形成公共知识,"公地悲剧"式的金融恐慌就能够得到有效控制,金融市场的运行就会由个体理性走向集体理性,实现集体利益最大化的博弈均衡。

（二）激励相容约束调节机制对非理性集体行动的改进

激励约束机制,是一个激励相容的约束机制。为了达到资源配置最有效率,政府机构通过对变量 b 的调节,使奖励或处罚都能成为银行共同认可的激励约束——不守规者无利可图,而使守规者不因为守规经营而蒙受损失,两者互补、互为条件。如,在“公地悲剧”的博弈中,银行经过理性地盘点自己最大收益函数后,能够自觉遵从这一激励机制,使由个体理性博弈导致集体非理性竞争最终走向集体的理性合作(即 $w=s$)。

在“公地悲剧”的博弈模型中,每个牧羊人力图使自己的效用最大化时都只考虑自己的收益而没有考虑其他人的损失,结果既没有实现个人效用最大化,也没有实现全体牧羊人的最大收益。这时无论对个人还是对整个社会都不是最优的,这种低效率不能达到帕累托最优($G \geqslant G_{max}$时,$v(G)=0$)。如果集体是理性的($G0$),可最终却未能达到高效预期。同样,银行的非理性经营给自身及金融市场所带来不良经营的低效率信息会传递给存款者而导致银行挤兑,还可能会带来系统性、区域性甚至全球性的金融危机。

“公地悲剧”博弈分析的模型中对每个牧羊人或银行的占优策略是增牧或违规经营,作为一个理性的经营主体,是不会有积极性去打破增牧或违规经营这一纳什均衡的,这只会陷入低效率利用资源的困境。为了达到资源的高效利用,应由政府来建立一个有权威的调解机构来制定奖惩激励机制,使全体参与者能够一致地按照这一机制规定执行,那么这一机制一定是所有参与者理性地思考自己最大化收益得以实现的激励体现,同时使得在资源利用配置上达到有效均衡,这将是讨论解决公地悲剧帕累托改进的途径。

通常情况下,有经营主体有所得就会有经营主体有所失(由于公共草地的资源是恒值,因此,经营主体之间是零和博弈)。这种失和得的利害关系该如何进行平衡?这里提出了“补偿准则”——如果一个经营主体由于违规经营而获得了额外收益,那么,就应该使其补偿另一个经营主体由于守规经营而受到的损失,从而整体的效益就得到了改进。[①] 这一原理能使激励约束实现均衡,为制定对银行进行监管的激励相容性的监管制度提供了可靠的依据。

---

① 赵汀阳:“博弈问题的哲学分析”,《读书》,2003 年第 2 期,第 77 页。

假定在“公地悲剧”博弈模型中存在一个对公共草地有效利用负责的政府权威机构，且对所有的牧羊人具有完全信息，同时具有绝对管理权，其决定具有可信性以及强制力，对于银行来说，这一权威机构便是政府所属的银行监督管理机构。该机构从整体效用出发，依据每个银行按小于各银行自主吸收存款利率浮动区间理论上最高值（$G < G_{max}$）的平均数向社会吸收资金为数理临界制定相关的监管规则，建立一激励互容的监管机制以达到有效均衡的结果。因为一银行高息吸储会降低其他守法者的客户数量而对其造成损失，所以可以用相关机制规定：如果有超出这一标准的银行，将对其予以处罚，并且对守规者进行奖励，确保其效用不受损失。在模型中，所有银行都遵守此规定的效用没有发生变化，都不遵守时（$G \geqslant G_{max}$），每一银行的效用函数为：$v(G)=0$。此时任一银行无论其他银行怎样选择，选择守规经营是自己的占优策略，这一策略形成了群体之间对事实“知道”的关系——公共知识，每一银行都能够保证在其他银行任何决策下自己的效用最大化。这样，各银行在外部激励约束和公共知识的引导下实现了个体与集体理性的统一，实现了都守规经营这一纳什均衡，金融市场的资源得到了有效率的利用，达到了帕累托最优。这一结果是社会与个人翘首以盼的，而且是双赢的。

（三）公共知识可信性传递的自愿性激励约束均衡

公共知识（common knowledge）有别于普通意义上的“知识”，它是博弈论中用以研究人“知道”的结构。按照2005年诺贝尔经济学奖获得者奥曼（1976）的描述，如果每个局中人都知道某个事实，每个局中人都知道每个局中人都知道，如此下去……[①]亦即：你知道我知道该事实，你知道我知道你知道该事实……这是一个无穷的过程。

从线性激励契约简化函数关系（$w_t = s + b \cdot y_t$）可以看出，如果所有局中人都愿意将一种经营状况转为另一种经营状况（$w = s$），那么这个契约（协议）的达成一致，一定是局中人（所有经营者）的公共知识，b为这一公共知识的充要条件。

将这个结构推广到金融经营市场，就构成了银行经营公共知识的“结点”——任一银行无论其他银行怎样决策，选择守规经营是自己占优策略的这

---

① 豪尔森：《博弈论：矛盾冲突分析》，于寅等译，北京：中国经济出版社2001年版，第400页。

一事实,是每个银行在金融市场中经营的最佳选择(即 $y=0, w=s$)。该公共知识的"结点",即是"自愿性"激励约束的均衡解。

博弈结果是由局中人的选择来决定的,但当局中人的实际选择未知时,解决问题的调节者——政府机构,对实际结果是很难预测的,即政府机构只能知道机制的制定,但无法判断其结果。因此,霍姆斯特龙和 2007 年诺贝尔经济学奖获得者迈尔森(1983)主张,不完全信息博弈的有效性应该适用于机制而非结果,而且决定一个特定的机制是否有效,应该只取决于博弈的公共知识结构,而不取决于私人拥有的个人选择信息。也就是要让局中人对奖励或处罚运行的整个过程及后果的信息真实地传递给每一局中人使其成为共同具有可信性的公共知识,并依此做出行为选择,这样才能使所建立的奖惩机制不依赖于个人信息选择而有效率地运行。

激励约束机制使银行排除了在其他银行违规经营时,自己的效用会遭到损失的疑虑;处罚制度则使违规经营的银行确信不守规会无利可图。这一激励相容有效机制一旦成为公共知识,所有银行都将自觉地选择守规经营。在探讨确定一个可用以调节的机制时,一定要将注意力集中到激励的相容性上来,在探讨激励机制的过程中,如果局中人能达成一致地去执行,那么,所达成的这一契约(协议),一定是这个机制在所有局中人中实现激励约束均衡的公共知识所致。这是一项制度建设并得以实现的充要条件。

公共知识的自愿性约束机制,将使银行不在隐瞒自己私人信息的情况下违规经营,保证了银行在按自己真实信息行动时的收益不小于非真实信息行动的收益——这正所谓,每个银行都知道这一事实,每个银行都知道每个银行都知道这一事实……一直下去,这种"知道"关系——公共知识激励约束均衡,会稳定金融市场的资源配置。这样,整个社会的效益达到最大、资源配置最有效率。这一目标得以实现的过程,恰恰是银行自愿的、内生的和公共知识可信性传递激励约束的过程。这一过程将鼓励各银行合法利用金融市场公共资源的自觉性和自发行为。

如同合作博弈一样,激励相容的有效性均衡,会使银行自身诚实地参与到金融市场的经营博弈中去。这种自身诚实参与的博弈均衡将是乐观有效的——"从选择这个机制的事实中,你不应该推断我的类型(偏好),因为无论我的类型是什么,我都提议这个机制。注意,给定无人在做这种推断的情况下,每个人都诚实地参与这个机制是一个均衡。所以,让我们大家都计划诚实地参与这个计划吧!”①

(四)激励均衡与“银行挤兑”的约束

“嵌套式金融恐慌模型”表明,银行由于个体理性导致集体非理性的风险经营(大的博弈)是银行挤兑(小的博弈)的第一诱因,小的博弈嵌套在大的博弈里,受制于大的博弈。因此,解决银行挤兑的问题,首先,要遏制银行间的风险经营,这是克服银行挤兑的根源。从激励约束机制模型的博弈分析得知,在线性契约函数关系($w_t = s + b \cdot y_t$)中,有效地控制变量 b,使“补偿准则”成为银行间共同认可的激励约束机制,可以有效地克服银行非理性风险经营所导致“公地悲剧”的发生,使银行挤兑起于风险经营,止于激励约束均衡。

其次,对“银行挤兑”的防治要有长效性。在公共知识可信性传递的作用下,在所有经营中的银行之间形成对“补偿准则”都“知道”的关系——选择守规经营是自己的占优策略,即每一银行都能够保证在其他银行任何决策下自己的效用最大化。这样,会使激励约束均衡保持长效性,长期消除存款者的恐慌心理。

再次,要避免“信息追从”现象的发生。“信息追从”现象是存款者自身由于不对称信息所导致的从众行为。要充分发挥公共知识可信性传递的作用,使分散的私人信息能够有效加总,让存款人能够获得完全信息,克服信息不对称现象的发生,使银行挤兑的直接原因得到有效控制。

最后,建立存款保险制度,有助于防止由于金融恐慌所导致的银行挤兑。存款保险制度,保证了全部或部分债权人的合法利益不会遭受损失,特别是对大多数中小存款人的利益能够起到保护作用,有助于稳定存款人的信心,防止由于悲观预期转化为对银行的挤兑行为,能有效控制挤兑风波的扩散,对维护银行信用和金融秩序的稳定起到了重要作用——为防止银行挤兑筑起了一道防线。

总之,激励约束机制的博弈均衡,改变了单靠处罚不考虑守规者损失的制裁型模式——通过对违规经营的银行实施处罚而给予受损失者以补偿的原则,促进了银行经营效率的改善和提高。银行之间经过这样的重复博弈会形成关于守规经营的公共知识,自觉将其上升为一种无形的规范,这是银行自愿性社会责任

① 豪尔森:《博弈论:矛盾冲突分析》,于寅等译,北京:中国经济出版社2001年版,第407页。

行为约束的深层次表达，它体现了内生的博弈规则，因而能够自实施。这样，激励约束的相容性、公共知识的可信性使整个社会效益达到了最大、公共资源实现了最有效配置——银行经营的效用达到了帕累托最优。

线性契约函数关系的分析还表明，在激励约束博弈模型中，如果所有银行都选择守规经营的占优策略，在给定每一银行策略的情况下，每个银行选择的策略都是针对其他银行守规经营策略选择的最优反应，此时，没有任何一个银行愿意选择其违规经营的劣策略，这样的结果可以自实施并构成一种稳定的均衡。

第二节　跨国银行监管的博弈分析

一、跨国银行监管的管辖原则

依据国际法中的国家主权原则，一国有权力对在该国进行经营活动的跨国公司进行监督和管制，而经济主权原则明确肯定了国家对境内的外国投资以及跨国公司的活动享有监督管理权。① 这种监管权是由国家通过属地管辖和属人管辖来行使的。"作为跨国公司的特殊表现形式，跨国银行无论以何种方式进入东道国市场，都必须接受东道国政府的管辖与监督，这是东道国行使经济主权和属地管辖权的突出体现。"②

（一）东道国对跨国银行监管的属地管辖原则

1. 属地管辖原则

属地管辖原则（territorial jurisdiction）是指国家对其领土内的一切财产、人以及行为事件等实行管辖权，这是国家主权的体现，也是国际公法明确赋予国家这一国际法主体的重要权利。

对于东道国而言，外资银行资本的全部或部分来自海外的金融机构，即东道国对跨国银行的监管实际上是东道国对境内外资银行的监管。外资银行在东道

① 陈安：《国际经济法学》，北京：北京大学出版社 1994 年版，第 89 页。

② 蔡奕：《跨国银行监管的主要法律问题研究》，厦门：厦门大学出版社 2004 年版，第 23 页。

国领域内从事日常经营活动，因此，外资银行与东道国之间的联系首先基于外资银行在东道国领域内的存在，即属地性。属地管辖权是国家领土主权的体现，所以，国家在行使这种管辖权时，明确领土范围非常重要。根据国际法原则，国家领土包括领陆、领水和领水下的底土，以及领陆和领水之上的领空。① 领土是国家主权独立的物质表现，是构成国家的要素和必不可少的条件。国家领土处于国家主权支配和管辖之下，是国家行使主权的空间范围，是神圣不可侵犯的。这里，国家领土不是一个地理概念，而是一个法律概念。② 因此，国家属地管辖权是东道国对其领土范围内跨国银行的经营活动实施监管的法理依据。

2. 属地管辖原则的国际法依据

根据“领土内的一切都属于领土”（quidquid est in territorio，estetiam de territorio）的法律格言，作为国际法主体，国家可以对其领土上的所有人、财产和行为享有管辖权。这即是国家的属地优越权，也称领域管辖权。该管辖权在诸多国际性法律文件上得到了确认。1949 年联合国大会通过的《国家权利义务宣言草案》第 2 条明确规定：“各国对其领土以及境内之一切人与物，除国际法公认豁免者外，有行使管辖之权。”1974 年联合国大会通过的《建立国际经济新秩序宣言》和《各国经济权利与义务宪章》更具体指出，接纳跨国公司从事经营活动的国家，根据它们所拥有的完整主权，可以通过本国法律、条例和采取各种有利于本国经济发展的措施来管制和监督跨国公司的活动。③ 跨国银行作为跨国公司的特殊表现形式，必须在东道国行使经济主权和属地管辖权中接受东道国政府的管辖与监督。④

（二）东道国对跨国银行监管的属人管辖原则

1. 属人管辖原则

属人管辖原则（personal jurisdiction）也称国籍原则。作为国际法主体，国家的属人管辖权是指国家有权对一切具有本国国籍的国民包括法人和自然人根据本国的法律和政策实行管辖。属人原则是以人的国籍为标准来确定国家行使管

---

① 黄晋：“国家对跨国公司并购的管制”，中国法制网，http://www.iolaw.org.cn/。

② 李安民：“‘海洋国土’提法之我见”，《中国海洋报》，2005 年 2 月 18 日第 1384 期，理论探讨版。

③ 联合国大会：《建立国际经济新秩序宣言》第 4 部分第 7 点，《各国经济权利与义务宪章》第 2 条第 2 款第 1、2 项。

④ 蔡奕：《跨国银行监管的主要法律问题研究》，厦门：厦门大学出版社 2004 年版，第 22—23 页。

辖权范围的,而不必考虑他们是居住在境内还是境外。属人管辖为东道国对跨国银行在本国经营的监管提供了基本的法理依据。

2. 属人管辖权从于属地管辖权

跨国银行的子行与合资银行均为在东道国境内注册登记成立的法人,东道国依据其成立地来确定法人国籍,那么子行、合资银行与东道国之间同时具有属人性。因此东道国对跨国银行往往同时具有属人管辖权和属地管辖权。但根据行使管辖权的属地性优先原则,即属地管辖权优于属人管辖权,东道国将依据属地管辖原则,并以东道国国内法为监管的准据法对跨国银行实行法定管辖权。

3. 跨国银行市场准入的立法原则

东道国对跨国银行的市场准入监管,是其地域监管的首要环节,因为市场准入是跨国银行合法进入东道国市场的先决条件,同时,市场准入待遇的宽松与否也关系到跨国银行后续经营的成效。市场准入监管一般是指跨国银行进入的限制程度,申请进入的跨国银行应具备的条件以及机构形式要求等。市场准入限制反映一国对外资金融机构进入本国的基本态度。立法与监管的目的在于避免金融业的过度竞争,保护国内金融业发展,维护本国金融体系安全。国际上,绝大多数国家对跨国银行进入本国市场都有控制,只是控制程度不同。①

二战以后,国际金融体系最鲜明、最突出的特征就是金融全球化。金融全球化带来了国际金融市场的空前繁荣,其中,跨国银行业一体化的迅猛发展已成为金融全球化的主流,它吸引了全世界的目光。跨国银行到国外设立分支机构的同时,又有更多的国外跨国银行来东道国设立分支机构,它们在全球范围内建立起一个庞大而高效的银行网络体系。很显然,金融全球化不仅使资金的跨境流动变得十分频繁,而且使资金在各个市场之间的转移也变得十分容易,这就为发展中国家和地区利用廉价的国外资金提供了便利的渠道,从而促进了发展中国家乃至全球的经济增长。但不可否认的是,金融全球化是把"双刃剑",因为与金融全球化利益共生相伴而来的是金融风险。因此,发展中国家在纷纷开放国内金融市场的同时,为了防范和化解金融风险,维护自身的金融安全,又都对跨国银行实行了不同程度的法律管制。事实上,由于金融业的特殊性质所在,它在

① 张宇:"跨国银行监管中的属地管辖原则研究",复旦大学 2008 年硕士论文。

各个国家通常是监管非常严格的行业。①

各国对跨国银行的监管，一般都是从市场准入监管开始的。目前，世界上几乎所有国家都允许跨国银行在本国设立分支机构并开展业务活动。然而，由于发展中国家民族银行业的竞争能力较弱，它们无法与外国银行展开全面的竞争②，因此，相对于发达国家对跨国银行较为宽松的限制而言，发展中国家的限制则较为严格。

法律首先要讲主体地位，每种企业的形态不同，其地位就不同，能力也不同，权限范围自然也不同，甚至所承担的责任也会有所差异。同理，对于一个国家的金融监管当局来说，对跨国银行的监管从一开始便要把好市场准入这一关，解决好跨国银行的主体资格问题，从而使其依法获准设立并取得法律上的主体资格。对东道国来说，一般都会从法律上设立一个“高门槛”，择优拒劣，这样既能把那些素质较差、有可能对存款人利益或对本国金融业安全与稳定造成危害的跨国银行拒之于国门之外，又能引进本国真正需要的、能带来先进金融管理经验和经济发展所需外资的银行。而且，在经济全球化和金融国际化的潮流下，一个国家的国内金融市场开放的程度与状况也成了各国在国际经济竞争大舞台上讨价还价的一个非常重要的谈判砝码。

(1) 跨国银行市场准入的立法原则

跨国银行的市场准入，从法律上讲，是指跨国银行依法获准设立，实际取得法律上的主体资格，可以以自己的名义从事活动的行为。根据各国政治、经济、金融发展的实际情况，法律制度尤其银行监管制度的完善程度，以及所承担的相关国际条约义务，各国往往会采取不同的立法原则。从世界范围看，由于各国银行业发展水平和监管指导思想的不同，跨国银行准入待遇标准也有较大差异。一般说来有以下四种类型：

a. 保护主义原则(Protectionism)。所谓保护主义，是指在对跨国银行的准入监管中，将重点放在保护本国银行业免受外来控制或干扰上，从严审核，限制准入。保护主义分为绝对保护主义和相对保护主义(有限保护主义)。当前，由

---

① WTO Council For Trade in Services, Background Note by the Secretariat, in FINANCIAL SERVICES, 2 Dec. 1998, p.9.

② 陈安:《国际经济法概论》,北京:北京大学出版社2001年版,第459页。

于绝对保护主义所受国际压力极大,也阻碍了本国金融业的对外交流与发展,因此,采取绝对保护主义的国家愈来愈少,转而实行有条件、有限度的相对保护主义政策,来抵消跨国银行对本国金融业的负面影响。特别是乌拉圭回合谈判达成《服务贸易总协定》后,各国金融业对外开放的障碍大大减少。①

b. 对等互惠原则(Reciprocal Treatment)。对等互惠原则是指以对等互利政策和措施来对待进入本国经营的外资金融机构,如只要该国对本国银行没有实行歧视性的业务限制,则这个国家的银行便可以享有与本国银行同类的经营自由。

一般做法为:一是严格对等。如对跨国银行进入数量、组织形式、业务范围等方面一律按严格对等的条件对待;二是基本对等。即只要别国允许本国跨国银行进入,即该国也可允许别国跨国银行进入本国市场,而在跨国银行进入数量、组织形式、业务范围等方面并不作严格的对等限制;三是非互惠原则。在实践中,具有国际金融中心地位的国家或地区以及某些国家对特定国家的跨国银行的准入,并不以别国给予互惠为前提条件。

c. 单方优惠待遇(Unilateral Preference Treatment)。单方优惠待遇是指东道国给予其境内的外资银行单方面的优惠待遇,允许外资银行从事国内银行所不能从事的某些业务,或在其他方面给予优惠,不以受惠国对等互惠为条件。② 这种待遇是东道国为了吸引外国银行的进入而采取的优惠措施,目的是利用外资促进本国金融业的发展。

d. 国民待遇原则(National Treatment)。按照国际惯例,国民待遇是指条约的缔约国一方在本国领域内对缔约国另一方的自然人、法人、商船和产品等给予本国的自然人、法人、商船和产品相同的权利或特权待遇。③ 在这里则是指东道国对跨国银行实施与本国银行同样的监管措施,避免采取歧视性的措施。乌拉圭回合《服务贸易总协定》,每一成员国在有关服务供应的所有措施方面给予任何另一成员国服务和服务供应者的待遇,不应低于它给予其本国相同服务或服务供应者的待遇。作为服务贸易中非常重要的金融服务贸易自然也不例外,但

---

① 蔡奕:"试论跨国银行市场准入的待遇标准问题", http://www.chinalawedu.com/news/2003_11。
② 同上。
③ 曾令良:《世界贸易组织法》,武汉:武汉大学出版社 1996 年版,第 159 页。

实行国民待遇原则的国家或地区一般需要具备一定的条件，尽管许多国家原则上公开宣称对跨国银行给予国民待遇，但实际上不可能是无条件、无限制的国民待遇。

各国往往会根据本国经济及金融发展水平选择相应的监管政策。大多数国家在实际监管中所采取的政策都是不同原则的不同组合，即以“某一原则为主，另一原则为辅”，并适应国内经济金融发展变化作适时调整。如韩国在 20 世纪 70 年代金融开放初期即采取“保护主义原则为主，对等互惠为辅”的政策，这样既保护了本国尚不发达的银行业，又可以适当引进跨国银行以促进本国银行的进步及外资的引进，后来，韩国国内银行实力大大提高，韩国全面调整了有关政策，开始实行“国民待遇为主，辅以对等互惠”，从而提高了韩国对跨国银行的吸引力，又促进了国内银行进一步提升国际竞争力。①

（2）跨国银行市场准入的立法限制

《英格兰银行法》是世界上第一部现代资本主义银行法。此后，各资本主义国家相继颁布了各自的银行法。其立法目标之一，就是监督银行从设立、经营直至清盘的具体过程。在历史上，金融机构的设立曾出现过特许主义和准则主义等市场准入制度。特许主义，就是金融机构成立的依据是国王颁发的特许状或国会的特别法令。如 1694 年英格兰银行就是由英国国会决议以敕令设立。准则主义，也叫登记主义，即设立金融机构不需报请有关机关批准，只要符合法律规定的成立条件即可申请注册。如 1837 年美国密歇根州议会通过的《自由银行条例》的规定。

金融是现代市场经济的核心，金融秩序直接关系到国民经济健康稳定协调发展。因此，如今的银行设立，都需经过开业前的审查核准，未经有关监管当局审查批准不得成立开业。这就是核准主义，也叫许可主义，是以审批制来实现的。事先的行政许可，是金融机构登记及成立的前提条件。跨国银行的市场准入也不例外，而且由于跨国银行的特殊性，各国在对跨国银行组织形式限制、进入条件限制、业务范围和地域范围等方面的规定则更是严格和复杂化。

一是组织形式的限制。

跨国银行采取何种组织形式进入东道国，直接关系到其在东道国的法律地

① 伍海华：《跨国银行论》，北京：经济科学出版社 1996 年版，第 283 页。

位、权利能力和行为能力的大小以及接受监管的程度。各种组织形式自有长短,具体如何选择,不仅决定于跨国银行自身的发展战略,同时受制于东道国的法律。法律授权与规范的分支机构的形式有:

a. 代表处(representative office)。主要工作是代表总行与东道政府和工商界联系,为总行招揽生意,扩大影响,对顾客进行信用评估,并搜集东道国的经济情报,为总行经营决策提供依据。代表处的设立,大多数国家规定必须事先取得设立许可,但有的国家只要求向东道国主管机关申报,其不具有东道国的法人资格。因此,不被允许从事任何直接营利的经营活动,通常由为数不多的人员组成,是外国银行在东道国设立的办事机构。对于大型的跨国银行,代表处往往还负责该行一定区域内海外机构的管理和协调工作。代表处的活动情况需定期或不定期向东道国报告,这是其义务所在。

b. 经理处(agency)。是美国银行法的特殊产物。不能办理存款业务,所需资金只能从其他银行拆借,或向总行及其分支机构筹借,是一种特殊形式的分行。美国有些州禁止外国银行在本州设立分行,但允许设立经理处。还有一种空壳分行(shell branch),是海外分行的另一种特殊形式。空壳分行通常只有几名职员和必要的通讯设施,多设于低税率、少管制的离岸金融中心,如开曼岛、巴哈马群岛,其主要功能在于避税。

c. 分行(bank branch)。是外国银行在东道国设立的营业性分支机构,不具有独立的法人资格,在东道国以总行的名义开展业务,是总行的组成部分。分行不拥有独立的资本,不被允许发行自己的股份。各国国内金融市场开放程度虽然不同,但一般都会允许外国银行设立分行,并可经营东道国法律允许的一切或大部分银行业务,业务功能齐全,同时,总行对其能够全面控制,从而能更好地实施其全球化战略,提高竞争实力。所以,分行是跨国银行在国外设立分支机构的最重要形式,是跨国银行开拓国际市场极为有效的机构形态。一般认为,银行总行的资本为其所有分行提供了资本基础,但是许多东道国法律要求外国银行分行带入一定数量的资本或营运资金。由于分行受其母行控制太深,又不具备东道国法人地位,使东道国很难对其实施有效的监管。这种组织形式最主要的不足在于总行必须对分行的债务承担无限责任,一旦分行经营失败或爆出丑闻,总行将直接遭受巨大的经济或非经济损失。

d. 银行子公司(subsidiary)。具有东道国的法人资格,是独立于总行的经济实体，既可以由总行全资拥有，也可以合资设立，但总行对其拥有控制权，是外国银行依照东道国法律在东道国设立或收购的银行或非银行公司。银行子公司有独立的资本和法律地位，东道国金融监督能对其行使完全和有效的监督，同时，与其设立和收购相关，其还要受到公司法、证券法、反垄断法等相关法律的规制。与分行相比，子公司是东道国法人，外国银行借此可以规避母国对其海外分行业务的种种限制，而且外国银行作为子公司的股东，承担的仅仅是有限责任，因而不会因子公司卷入过多的诉讼，其损失也仅限于其对子公司的出资。但是，当外国银行不拥有银行子公司全部股权时，其控制权容易受到少数股东影响，并且在贷款额度的计算上看，与分行相比，竞争力相对较弱。

e. 合资或联合银行(joint venture)。与银行子公司一样，都具有东道独立的法人资格，是由两个或两个以上不同国籍的银行按一定的比例出资所拥有的独立注册银行，不拥有半数以上的股权且无控制权。它可以由同一国籍的几家银行联合在国外设立，也可以由不同国籍的几家银行(也可以有东道国银行)联合在东道国设立，还可以有国际金融组织参股。合资银行主要在欧洲货币市场经营中期信贷业务。采取这种组织形式十分有利于中小银行通过参股进入国际金融市场，并通过股东银行和合资银行之间相互提供业务和便利使各方受益。但其股权安排决定了各银行之间总会有一些利益冲突，特别是在合资银行遭遇困难或危机时，往往很难获得关系本来就很疏远的相关中央银行的最后贷款支持。

二是开业条件的限制。

各国或地区对跨国银行的开业均规定了一系列的严格条件。[①] 主要包括：

a. 开业资本要求。为了确保跨国银行分支机构安全有效运营，减少客户尤其是东道国居民客户的存款风险，各国通常要求跨国银行在东道国境内的分支机构必须有最低数额的开业资本。如日本银行法规定，银行开业最低资本金额不得少于 10 亿日元；英国规定跨国银行在伦敦设立分行的，其总行的资本额须在 10 亿美元以上；波兰规定外国银行可以自由兑换外币计值的股本不得少于 600 万美元或等值的其他外币；韩国《银行法》规定，跨国银行在韩设立业务机构必须带入不少于 30 亿韩元的资本金。

① 严骏伟:《国际监管:跨国银行的金融规范.上海》,上海:上海社会科学院出版社 2001 年版,第 100—135 页。

b. 资产总额规模的规定。有的国家和地区对资产规模做出了规定，如中国香港特别行政区 1986 年通过并实施的《银行法》明确规定，外国银行在港设立分支机构，其资产总额（不计对冲科目中）不得少于 140 亿美元，同时申请银行资产总额的衡量和计算，应以非合并资产负债为基础，这个规定一般不能改变，除非在申请银行的国家对香港的银行提供对等优惠的情况下，才可视情况予以相应的调整。

c. 银行资质要求。东道国想引进的是资质良好、合格的和有影响力的跨国银行，申请银行的经营状况和财务状况是东道国监管当局审核是否允许其进入本国设立分支机构时要考虑的重要因素之一，并且要求在国际金融界有一定的地位。如新加坡对跨国银行设立分支机构由新加坡金融管理局对其母行的资信级别进行考察，要求母行必须排在世界前 200 名；法国规定外国银行申请设立分行的，必须向法国全国信贷委员会申请经营许可证并提供有关资料，其中就要求提供申请银行“总体经济效益情况”。

d. 管理层素质要求。各国对外国银行拟设分支机构的管理层素质要求普遍较高，特别是对发展中国家来说，引进国际上先进的金融业管理经验也是其开放国内金融市场的目的之一。如德国要求银行的经理人员是值得信赖的，有良好的声誉及具备有关必需的专业证书，任何一家银行至少得有两名经理才能开展工作（著名的“两双眼睛”原则），并应具备足够的德语能力，按惯例，其中一名经理通常聘用德国人担任①；英国要求经营银行业务，必须向英格兰银行申请“核准机构”的牌照，其中必须由该外国银行所在国的中央银行出具安抚信，证明该外国银行信誉可靠，负责人大致称职，并有专门人才管理银行业务；新加坡《银行法》规定要对跨国银行负责人的业务水平、管理能力、道德观念、法制意识进行审查，要求其向金融管理局承诺，保证其在银行资金充足而发生亏损时负责赔偿；法国要求申请设立经营许可证要提供有关经理人员的声誉的资料。

e. 母国监管的要求。越来越多的国家要求申请银行母国须有健全的金融管理体制，并能对拟设立分支机构实行有效的监管。如美国国会 1991 年颁布了《加强对外国银行监督的法案》（FBSEA）。FBSEA 强化了拥有银行机构的外国银行设立的下列两条强制性标准：一是外国银行须直接从事美国以外的银行业

① 李有祥：“欧共体国家对外国银行业的管理”，《国际金融导刊》，1992 年第 1 期。

务，并须遵守其母国法令的统一综合监督；二是外国银行必须向联储提交评估其申请所需的充分情报。[①]

三是跨国银行经营的限制。

为受到法律保护，外国银行在东道国设立的分支机构必须在核准的业务范围内从事经营。核准业务范围是跨国银行市场准入监管的重要内容，各国根据自身的目的和要求，对跨国银行业务经营进行不同程度的监管。跨国银行进入东道国之后，东道国对其经营活动管制的宽严程度取决于东道国跨国银行市场准入的立法原则和根据本国国内法及相关国际法采取的对跨国银行的不同的待遇标准。许多发展中国家由于本国银行业实力较弱，一般对跨国银行的经营实行限制，但1995年世界贸易组织成立以来，特别是《服务贸易总协定》和《金融服务协议》实施以来，一些发达国家由于金融监管体制健全，金融业竞争实力雄厚，有条件对跨国银行实行与本国银行同等待遇，当然仍会存在对跨国银行相当程度的限制。一些国家则要求本国与外国在互惠的基础上给予对方银行以国民待遇。也有的国家和地区实行过实质性对等原则，只允许跨国银行经营本国银行在该国所能经营的业务。

各国对外国银行经营实行管制的措施是多种多样的。[②] 主要有：

a. 业务范围和市场份额限制。例如禁止或限制在当地吸收居民存款，禁止或限制跨国银行经营本币业务，对跨国银行的市场份额加以限制等。美国对外资银行业务经营的管制主要包括：① 存款准备金制度。国会授权联邦储备体系单独制定对外资银行的存款准备金制度，并在存款准备率不超过22%的限度内，根据对外资银行管理的特点、国内外金融市场变化和货币政策的需要对之随时进行调整。外资银行须根据存款准备金制度的具体要求，向所在地区的联邦储备体系上缴存款准备金。② 存款保证金制度。外资银行分行或办事处必须将一笔保证金存入当地的某一家美国联邦储备体系的会员银行。保证金的数量必须相当于该分行或办事处全部负债的5%，或是相当于美国国民银行开业时规定的注册资金最低限额。③ 存款保险管理。允许外资银行选择是否参加联邦保险公司的存款保险，但是《国际银行法》同时又对没有参加保险的外资银行

---

① 张娥、李燕燕："美国对外资银行监管制度框架的演进"，《金融理论与实践》，2004年第12期。

② 陈安：《国际经济法概论》，北京：北京大学出版社2001年版，第458—463页。

作了一些业务经营的限制规定。④ 利率管制。外资银行须和美国国内银行一样，对客户存款所付利息，不能超过联邦储备体系规定的上限。⑤ 财务活动的监督，包括按月、季、年分别向联邦储备体系、通货管理局等管理机构报送资产负债表。[①] 其他要求还有：跨国银行的母国要给予美国银行以国民待遇，否则就限制该国的银行在美国的业务活动；跨国银行通过其参加保险的附属机构才可以吸收 10 万美元以下的存款；跨国银行不能从事证券、保险、投资，信托业务；跨州经营也受限。加拿大规定外国银行的本地资产总值不得超过加拿大全部银行资产总值的 16 倍。

b. 存款准备金要求和再贴现便利限制。有的国家要求外国银行向东道国中央银行缴纳较高比例的存款准备金，对内外资金融机构存款准备金实行差别比率。如美国国会授权联邦储备体系单独制定对跨国银行的存款准备金制度。一般来说，跨国银行的分支机构可与当地银行一样，享受东道国中央银行提供的再贴现融资，以缓解出现的暂时性资金周转困难，但有些国家却规定外国银行的分支机构无权利用东道国的再贴现便利。

c. 用工限制。扩大本国的就业是发展中国家引进外资的重要目的之一，通常要求外国投资企业尽可能雇佣当地职工以提高本国职工素质，培养本国的技术力量。同样地，相当多的发展中国家特别要求跨国银行雇佣一定数量当地人为高层管理人员和一定比例的当地人作为其工作人员。如委内瑞拉就规定跨国银行的雇员必须四分之三是本国人，根据要求合资银行总裁需要由本国人担任。

d. 地域分布和机构数量限制。多数国家对外国银行在本国境内设立分支机构，从数量和地区分布上加以限制。有的将现有跨国银行限制在首都和一些大城市，有的国家则指定一些地方对跨国银行开放。如我国台湾地区长时期将跨国银行地域分布限于高雄和台北，且只限设一家，直到 1990 年年底，才又新增设台中并扩大设立分行数量至三家；韩国规定跨国银行只能在同一城市开设一个办事机构，且分行个数不能超过两家；泰国规定跨国银行只能在曼谷设立分行。

最后是跨国银行进入的对等要求和公共利益保留。

各国在开放国内金融市场的同时，必然要考虑其对本国经济金融业可能带

---

① 亦冬："美国对外资银行的监管"，《国际金融报》，2001 年 10 月 8 日，第 6 版。

来的负面影响,因而各国都要求外国银行的进入必须符合本国的公共利益。如1978年美国《国际银行法》规定,是否准许外国银行进入,必须考虑其所带来的"社会便利"和"竞争影响";菲律宾《普通银行法》则要求符合"当地总的公共利益"和"经济环境"等。其实,公共利益保留在国际法上是一个弹性概念,各国往往可以根据需要作出灵活解释,因而成为必要时阻挡跨国银行进入的最后一道"安全阀";再有,大多数国家在开放国内金融市场时都坚持和强调对等互惠,特别是欧盟和美国,更是将对等原则作为迫使其他国家进一步开放其金融市场的重要砝码。如加拿大和美国在1960年就曾只允许对方银行在本国内设立代表处。

二、跨国银行监管与博弈论的竞洽

(一)非合作博弈与合作博弈的竞合

亚当·斯密在其经典著作《国富论》中曾指出,在市场经济"看不见的手"的指引下,追求自身利益最大化的经济个体的自利行为会自动实现整体社会福利的最大化。[①] 显然,这里的经济个体不仅指单个的人,还指包括跨国公司及作为跨国公司的特殊表现形式的跨国银行在内的各种营利性经济组织。

与一国银行经营的集体行动困境一样,跨国银行经营的集体行动困境也是客观存在的社会金融现象,也是行动个体理性行为的非合作博弈结果,同样可能陷入由个体理性导致非理性集体行动的困境。因此,处于东道国的跨国银行经营集体行动危机的出现似乎在所难免。克服集体行动危机取决于跨国银行这一行动个体的自愿性责任行为,但更有赖于一国(东道国)制定完善的监管体系和法律制度。金融监管及立法是长期不断迭演博弈所选择的均衡结果,它是跨国银行这一行动个体由不合作走向合作的必要条件。

(二)激励相容约束机制的融洽

激励相容约束机制指的是奖励与处罚相结合的激励相容机制,将对违规者的罚款作为对守法者的奖励,使守法者不因为合法经营而蒙受损失,而使不守法者无利可图。两者互补、互为条件,使由个体理性博弈导致集体的非理性竞争走

① 亚当·斯密:《国富论》(上下卷),郭大力、王亚南译,北京:商务印书馆1972年版,第315页(上卷);第27页(下卷)。

向集体理性合作。对于跨国银行监管，要求法律监管制度的设计要使跨国银行真实地按照制定的法律法规承诺执行，不在隐瞒自己私人信息的情况下违规经营，保证跨国银行在按自己真实信息行动时的收益不小于非真实信息行动的收益，从而达到法律法规的设计者所预期的目标，避免出现不希望出现的结果。跨国银行之间对奖励与惩罚收益均衡的公共知识在这一目标得以实现的过程中是至关重要的。它将鼓励各跨国银行合法利用东道国金融市场公共资源的自觉性和自发行为。从而，在适度有效的政策、法律和法规的规范和约束下，使整个社会的效益达到最大、资源配置最有效率，进而实现东道国对跨国银行监管的帕累托最优状态。

（三）金融市场经营主体的经营与法律监管的均衡

跨国银行监管法理与博弈的竞洽就是通过博弈分析并依据法理原则使各种社会资源公平合理地向金融市场主体的跨国银行开放，使各跨国银行在市场竞争中享有同等待遇的同时，法律的成本最小而收益最大。因为在立法及其贯彻于社会中时，成本是必然会有的，应当在法律贯彻的效果及其成本之间做出利益的权衡考虑。法律的博弈分析所取得的一个颇有意义的成果是分析了法律在何种情况下才会有最低的成本和最好的效益。这就会使法律处于一种均衡——法律不是供过于求，也不是供不应求。在机会成本最小的那一点上使金融市场经营主体的合法经营与法律监管的最小成本达到持续均衡。[①]

三、跨国银行监管的帕累托最优

（一）帕累托最优与帕累托改进的普释

在跨国银行经营中，如果经济运行使东道国金融资源配置已达到最高效率，那么，任何跨国银行要进一步改善处境，就必须以另外一些跨国银行的处境变坏为代价。那么，怎样才能既改善一部分跨国银行的处境又不损害其他跨国银行的利益呢？意大利著名经济学家帕累托考察了资源的最优配置和产品的最优分配问题，提出通过改变资源的配置方法来实现“最优供需配置状态”，故称“帕累

① 冯玉军：《论法律均衡》，《西北师范大学学报》，2000 年 7 月第 37 卷第 4 期，第 79 页。

托最优”。[①] 帕累托最优是指资源分配的一种状态,当资源的分配和使用已经达到一种状态——资源的任何重新配置已经不可能使任何一个人的处境变好,而不使另一个人的处境恶化。换言之,在不使任何人境况变坏的情况下,不可能再使某些人的处境变好。这就意味着资源的配置已经使社会经济福利达于极大值的帕累托临界。

以帕累托最优为准据,金融市场上任何一项变革,它不使任何跨国银行受损而使一些跨国银行获益,那就是一种改进,即社会福利会因此而增加,这就是“帕累托改进”(Pareto improvement)。

一方面,帕累托最优是指已处于没有进行帕累托改进余地的状态,如果一个经济体不是帕累托最优,即存在一些跨国银行可以在不使其他跨国银行的境况变坏的情况下使自己的境况变好的情形。另一方面,在实际生活中,通常情况下有的经营主体有所得就会使有的经营主体有所失。这种失和得的利害关系该如何进行平衡?经济学家们提出的“补偿准则”——如果一个人的境况由于变革而变好,因而他能补偿另一人的损失还有剩余,那么整体的效益就得到了改进。[②] 此原理为制定作为对跨国银行进行监管的激励相容性机制的法律制度提供了可靠的依据。

(二)帕累托最优与优化监管立法对金融恐慌的治理

帕累托最优的效用机制应该是一个激励相容的有效调节机制。在为了达到资源配置最有效率的过程中,奖励或惩罚都能成为参与人共同认可的激励机制并理性地盘点自己的最大收益函数且自觉遵守执行时,调节资源有效配置的机制具有帕累托最优效用机制的激励相容性。

1. 奖惩制度的激励相容性

“公地悲剧”博弈分析的模型中对每个牧羊人和跨国银行的占优策略是增牧和非合法性经营,作为一个理性的经营主体,是不会有积极性去打破增牧和非合法性经营这一纳什均衡的,这只会陷入低效率利用资源的困境。为了达到资源的高效利用,应由政府来建立一个有效的权威调节机构来制定奖惩激励机制,

---

① 《萨缪尔森的〈经济分析基础〉与现代西方经济学的数学化》,北望经济学园网, http://www.beiwang.com/, 2002年10月20日。

② 同上。

使全体参与者能够一致地按照这一机制规定执行,那么这一机制一定是所有参与者理性地思考自己最大化收益得以实现的激励的体现,同时使得在资源利用配置上达到有效均衡,这将是讨论解决公地悲剧帕累托改进的途径。

2. 公共知识的可信性

适度的奖励政策使跨国银行在其他跨国银行非合法性经营时,排除了自己的效用会遭到损失的疑虑;处罚制度则使非合法性经营的跨国银行确信不守法会无利可图。这一激励相容有效机制一旦成为公共知识,所有的跨国银行都将自觉地选择合法性经营。在东道国探讨确定一个可用以调节监管机制时,一定要将注意力集中到激励的相容性上来,在探讨监管机制的过程中,如果参与人能对此达成一致地去执行,那么,在达成这一协议时一定是这个奖惩机制在被监管的参与者中成为达成均衡的公共知识。这是政策、法律制度得以实现的充要条件。

3. 社会成本的节约性

对本国金融市场资源有效利用进行监管的东道国政府从金融市场的全局高度出发,克服了跨国银行追求利益最大化而不顾其他经营主体损失的自我理性。在这种情况下东道国通过制定合适有效的政策、法律制度并且让所有的跨国银行深感可信和无疑地执行,这样,"公地悲剧"的发生就可以避免了,该结果的出现当是全社会的期盼。从理论分析中,还可能探索出东道国政府的奖励与处罚措施的这一激励相容的有效调节机制只需用来作为一个可信的制度来影响跨国银行的判断和预期,没有必要可能也没有机会实际执行(但在实际的跨国银行经营中,再经过无限重复博弈,至少非合法性经营者比率会大幅下降)。这将大大地降低东道国的监管成本,将节省的成本用于研究制定合适的政策、法律制度和巩固其可信度以及维持东道国政府的威信上。

通过帕累托最优的激励相容有效机制的博弈分析,东道国依据国际法上的国家主权原则,通过属地管辖权对在本国金融市场经营的跨国银行进行监管时,根据"领土内的一切都属于领土"来制定关注利益受损者的适当合理的奖励政策和制定有效处罚的本国法律、法规,采取奖励与处罚相结合的激励相容机制,二者相互补充、互为条件,使由个体理性博弈导致集体的非理性竞争走向集体理性合作。奖励与处罚结合的激励相容机制,改变了单靠处罚不考虑守法者损失的制裁型监管,大大地鼓励了各跨国银行合法利用东道国金融市场公共资源的自觉性和自发行为。从而,在适度有效的政策、法律制度的规范和约束下,整个社会的效益达到了最大、公共资源实现了最有效配置。就这样,奖惩机制的激励相容性、公共知识的可信性和监管的节约性使东道国对跨国银行的监管实现了帕累托最优。

上述分析再次证明,对于监管立法措施而言,关键是如何从动态上把因守法遭到的损失分摊给因非合法性经营而造成损失的跨国银行,通过对非合法性经营而造成损失的跨国银行实施处罚而给予受损失者以补偿,以此警告非合法经营者,鼓励守法经营者继续坚持,不断促进我国跨国银行监管法律效率的改善和提高。我们相信,跨国银行之间经过这样的重复博弈会形成关于合法经营的公共知识,自觉将其上升为一种无形的规范,是跨国银行自愿性社会责任行为,这种行为体现了内生的博弈规则,因而能够自实施。这必将促使东道国对跨国银行的监管自动向帕累托最优状态演进并最终得以实现。

第三节　中国对跨国银行的监管

中国为履行加入 WTO 的承诺而特别制定的《中华人民共和国外资银行管理条例》于 2006 年 12 月 11 日正式开始实施,同时,2001 年 12 月 20 日国务院公布的《中华人民共和国外资金融机构管理条例》废止。根据《外资银行管理条例》及其《实施细则》的规定,从 12 月 11 日起,将取消外资银行在中国境内经营人民币业务的地域和客户对象限制,在承诺和审慎监管的框架下,对外资银行实行国民待遇。外资法人银行可以经营全面外汇和人民币业务,外资银行分行在现有业务范围的基础上,可以吸收中国境内公民每笔不少于 100 万元人民币的定期存款,并由中国的银行监管部门负责监管。外商独资银行、中外合资银行的注册资本最低限额为 10 亿元人民币或者等值的自由兑换货币且注册资本应当是实缴资本。外商独资银行、中外合资银行在中华人民共和国境内设立的分行,应当由其总行无偿拨给不少于 1 亿元人民币或者等值的自由兑换货币的营运资金。外商独资银行、中外合资银行拨给各分支机构营运资金的总和,不得超过总行资本金总额的 60%。外国银行分行应当由其总行无偿拨给不少于 2 亿元人民币或者等值的自由兑换货币的营运资金。另外，国务院银行业监督管理机构根据外资银行营业性机构的业务范围和审慎监管的需要，可以提高注册资本或者营运资金的最低限额，并规定其中的人民币份额。这就意味着中国的金融发展和监管水平都要迈上一个新台阶，特别是金融监管立法的发展与完善对促进和维护经济金融快速稳健发展的护航作用，在经济一体化、金融全球化的进程中更将凸显其重要性。

随着经济和金融全球化的迅速发展，金融资本在全球范围内频繁流动，其表现出来的金融市场的全球联动和金融机构的跨国经营对中国的银行监管立法提出了新的挑战。

根据加入 WTO 的有关协议，中国已于 2006 年 12 月 11 日向外国全面开放了银行业。中国巨大的经济潜力和广阔的金融市场前景还将吸引了大量跨国银行进入，这必将对原有的监管理念和政策提出挑战。目前，中国虽然已准许跨国银行经营部分人民币业务，但中国金融业仍然是一个缺少竞争锻炼和市场洗涤的行业，对跨国银行的监管始终是一个薄弱点。

中国对于跨国银行的监管，主要包括对跨国银行市场准入和经营管理的监管。

第一个层次是对跨国银行市场准入的监管主要包括：

第一，跨国银行的组织形式。根据中国的法律，其主要包括：总行在中国境内的外国资本的银行，即外资独资银行；外国金融机构同中国金融机构在中国境内合资经营的银行，即合资银行；外国银行在中国境内的分行，即外国银行分行。由于中国涉外银行监管体系还不完善，目前中国较为主要的跨国银行的组织形式是外国银行分行，这种形式可以要求其母国监管当局承担主要监管责任。

第二，根据 2006 年 12 月 11 日正式开始实施的《中华人民共和国外资银行管理条例》的资本或运营资金方面的最低标准，外资独资银行、合资银行的最低注册资本为 10 亿元人民币或等值的自由兑换货币，注册资本应当是实缴资本，外国银行分行应当由其总行无偿拨给 1 亿元人民币等值的自由兑换货币的营运资金。另外，设立独资银行、合资银行，其申请人，外国合资者提出申请前 1 年年末的总资产不得少于 100 亿美元，提出设立申请前 1 年年末总资产不少于 200 亿美元。在这些规定中，特别是对申请者的资产实力的要求，它是不同于中资银行的设立标准的，这体现了涉外金融监管审慎性的特点。

第三，双重监管要求。设立独资银行、合资银行或外国银行分行时，对于其申请人或外国合资者所在的国家、地区来说，应该具有完善的金融监管制度，并应接受所在国家或地区有关主管当局的有效监管。

第四，合格高级管理人员要求。随着金融业务日趋复杂化，具有外资背景的银行机构所特有的国际化因素使得涉外金融监管工作将面临更大的挑战，跨国银行的“自我约束”机制成为增强金融业安全稳定的重要手段之一，然而，内控机制的有效性在很大程度上又依赖于其管理层。为此，《中华人民共和国外资银行管理条例》对不合格高级管理人员的处罚作出了详细的规定。

第五，代表处前置。即申请设立独资银行和外国银行分行的申请者，必须在中国境内设立代表机构 2 年以上；设立合资银行的外国合资者，必须在中国境内已设有代表机构。这是中国独创的一种准入条件。

第六，其他审慎性条件。包括具有良好的行业声誉和社会形象；具有良好的持续经营业绩，资产质量良好，管理层具有良好的专业素质和管理能力；具有健全的风险管理体系，能够有效控制关联交易风险；具有健全的内部控制制度和有效的管理信息系统；按照审慎会计原则编制财务会计报告，且会计师事务所对申请前 3 年的财务会计报告持无保留意见；无重大违法违规记录；具备有效的资本约束与资本补充机制；具有健全的公司治理结构等。

第二层次是对跨国银行经营管理的监管包括：

第一，对跨国银行的管制型措施。首先体现在经营成本的管制。外资银行营业性机构应按照规定确定存款、贷款利率及各种手续费率，应按照中国人民银行的规定缴交存款准备金和计提呆账准备金。国务院银行业监督管理机构可以要求风险较高、风险管理能力较弱的独资银行、合资银行提高资本充足率。其次体现在市场份额的管制。注册成为法人银行的外资银行如果满足“开业三年，盈利二年”等要求，才允许全面经营人民币业务；不愿意注册为法人银行的外资银行，只能吸收中国居民个人 100 万元以上人民币定期存款，并且不能开展银行卡业务及提供资信调查和咨询服务。外资银行本地注册完成之后仍然需要银监会的审批，才能获得全面经营人民币业务的资格。

第二，对跨国银行的风险管理。这包括对银行的资本充足率、资产质量、流动性、盈利性和管理水平等实施的监管。如外商独资银行、中外合资银行应当遵守《中华人民共和国商业银行法》关于资产负债比例管理的规定。外国银行分行变更的由其总行单独出资的外商独资银行以及本条例施行前设立的外商独资银行、中外合资银行，其资产负债比例不符合规定的，应当在国务院银行业监督管理机构规定的期限内达到规定要求。再如外国银行分行营运资金加准备金等项之和中的人民币份额与其人民币风险资产的比例不得低于8%。

一般认为，市场准入监管是合规性监管，而市场准入后的业务监管才是风险监管的范畴。这种观念应该得到更新，风险监管应从市场准入就开始。中国对跨国银行的监管已由过去的合规性准入监管转变为经营性准入监管，在风险控制监管上得到了加强，它涉及市场准入和业务经营监管这两方面。在市场准入上，中国采取适当的保护主义和非单纯对等互惠政策相结合，以缓冲跨国银行的大规模进入对中国银行业造成的威胁；在业务监管上，则适宜实行保护主义和国民待遇相结合的原则，一方面限制跨国银行的业务范围，在某些地方实行较高于中国银行、独资银行和合资银行的监管标准，例如，外资银行分行在现有业务范围的基础上，可以吸收中国境内公民每笔不少于100万元人民币的定期存款。另一方面则在跨国银行获准经营的业务领域内逐步实行国民待遇原则。要在现有的法制框架下进一步完善监管法规体系，加强有关法规的可操作性。为了提高在监管得到有效实施，我们可以从以下几方面加以考虑：

(1) 控制跨国银行的进入形式。跨国银行进入的各种形式对国内银行业的冲击轻重不一，因此慎重选择跨国银行的进入形式是中国考虑的首要问题，目前中国适宜采用分行和合资银行的形式。采用分行形式可以相对削弱其对中国国内商业银行的冲击，有利于国内商业银行加强竞争力；采用合资形式共同参与经营管理，可以使中国对重大经营决策有更多的发言权，有利于对经济、金融的宏观调控，有利于更好地掌握国际先进的经营方式和管理经验，熟悉并掌握对方在国外的业务发展状况和创新状况。

(2) 协调好各监管部门的关系。以人民银行监管为核心，处理好人民银行专业监管与财税、审计等其他非专业监管机构的关系，避免其监管受到各方面的行政干预，保证其独立实施货币政策和行使监管职能，营造出一个公平有序的竞争环境。

(3) 发挥社会中介组织作用，制定同业公约，加强行业自律管理。[①] 中国加

① 周建根："银行业自律机制研究"，《金融研究》，1996年第9期。

入 WTO 后，跨国银行将取得与国内商业银行同等的待遇，人民银行的监管任务因而将更加繁重，行业自律将更加迫切。银行同业公约是银行同业协会成员行共同协商制定的合乎国家法律和中央银行监管政策的业务活动准则，它必须是在共同讨论、相互协商的基础上制定出来的，并以此作为维系各成员行的利益和社会利益的依据。人民银行要积极协助跨国银行建立行业自律机构，强化社会中介的约束机制，发挥外资金融机构的自我管理作用，减少监管成本。①

（4）加快金融监管的现代化、知识化建设，对金融监管提出更高要求。目前，中国某些地区的监管还停留在手工阶段，其他地区也或多或少地存在着一些观念落后、体制僵化的问题。要从根本上改变这种现象，关键是要培养一支现代监管人才队伍。要培养现代监管人才，首先，必须要有观念上的转变，监管人员不仅要有高学历，还必须要有实践经验。在国外，监管人员一般必须要有在商业银行工作五年以上的经历。因此，要大胆下放人才去基层锻炼，培养新的高学历、有实际经验的人才，建立人员素质的自我提高机制、监管人员的激励竞争和知识更新的培训机制。其次，加大监管的财力和物力投入。加快监管硬件的现代化建设，建设网络资源，建立有效的信息共享机制，降低监管的信息成本。

（5）建立全面的风险控制体系。作为东道国，在市场准入上我们首先应该选择母国监管相对完善的外国跨国银行，对于母国监管薄弱、本身又缺乏有效内部控制机制的跨国银行不应颁发执照。在发达国家，为避免跨国银行在本国经营不善而破产倒闭或面临更大的风险可能引起的不良反应，其对跨国银行都要进行预防性的风险管理。

（6）加强与母国监管当局的合作。“对外资银行的监管，国际上一直实行两大原则，即母国监管原则和东道国监管原则。两大原则各有利弊，世界金融发展史表明，单独实行其中任一原则都不可行，都会导致监管的不力和缺失；而如果对这两大原则平行使用，不分主次，也会引起监管的责权不清、主次不分，使得监管效率难以保障。如何适当地平衡两种监管原则成了对外资银行监管的关键。”②对于东道国来说，由于其只能对外国银行业务中有限的一部分进行监管，

---

① 陈益民、张翔、李新民，“集体理性下的契约性组织行为”，《金融研究》，2001 年第 6 期。

② 郭德香：“后危机时代跨国银行监管制度改革之思考”，《河南省政法管理干部学院学报》，2011 年第 1 期，第 190 页。

因此,与母国监管当局的合作就变得尤为重要了。根据《巴塞尔协议》,对跨国银行的监管实行母国监管为主的原则,东道国要从信息、法律等方面配合母国监管的有效实施,而且在向外国银行机构发照之前应征求母国监管当局的意见。当前,国际上采用的是综合并表监管,所以,中国必须确认外资金融机构的母国当局对该银行的国内及海外业务实施了综合并表监管,并要求其提供在中国的地区分部报告和业务分部报告。同时,在实际工作中必须建立与监管相关的互通信息机制,在不违背中国法律和信息保密的情况下,创造各种条件以使母国当局对外资金融机构实施有效的监管,并对跨国银行监管中出现的问题及时通知母国的有关部门,通过这种国际监管合作,将更大范围地提高监管效果和监管质量。

结束语　总结与金融监管的再思考

一、总结

金融机构与金融监管部门之间一开始就存在于不断的博弈之中。而两者之间的一种良性而均衡的博弈，既能满足金融机构的创新和利益最大化的要求，又能使金融监管部门实现有效监管，维护金融安全与稳定的绩效得以实现，这就是博弈的一种均衡。如何实现两者之间的良性而均衡的博弈，就是本文的思考主旨、研究的思路和所要回答的问题之所在。

第一，我们必须认识到全球背景是我们不可脱离的硬约束。通过对金融全球化特征和国际金融监管立法发展趋势的阐释和分析，明确了金融业的全球化发展特点，从而认清一国金融业不可能脱离全球经济的大环境而独立存在和运营。我们必须在金融全球化的大背景下，结合世界各国，特别是金融业发达国家成功的实践经验通盘考虑我国的金融监管规则和立法问题，同时加强对先进的金融理论和研究方法的深入研究，从而使我国金融业的监管理论对监管和立法实践更具指导意义。

在金融全球化的背景下，对金融监管中的金融创新理论和金融功能理论的思路进行分析和研究，发掘金融创新及其功能性的内在规律，从而有的放矢地按照规律进行监管规则的制定和实施有效金融监管。

第二，采用综合监管与功能监管以维护与鼓励金融创新。金融业务的全球化发展使金融创新产品和衍生工具层出不穷，同时要求金融监管不是遏制金融创新而是鼓励、支持和保护积极金融创新，按照创新理论和博弈的分析方法论证和推导出了金融创新是金融业发展的必然趋势，只有创新才是金融业发展的动力和源泉。所以要用立法的手段规范创新，使金融机构按照国际惯例的要求稳步健康发展。同时，金融全球化使金融分业经营的界限越来越模糊，综合经营态势变得越发明显，机构性监管的问题也越来越突出，致使原有的分业监管陷入困境，综合经营综合监管的要求也因金融全球化的发展逐渐明朗化。通过比较发达国家综合经营和功能性监管的成功经验，结合我国金融业发展的实际状况，我国金融监管的出路和发展方向应是在金融全球化的框架下，坚持以鼓励金融创新的原则实施监管，以综合性监管和功能性监管来支持金融创新。

第三，采用综合监管与功能监管以应对金融风险。金融全球化给世界各国的金融发展带来了增进经济发展机会的同时，也给世界各国的金融业带来了风险与挑战。如金融投机者更能便利地以金融全球化为杠杆来对世界各国的金融业市场进行操控，从而给金融市场带来了发生危机的可能性。根据功能理论提出的功能性监管的优势，解决了机构性监管的弊端，即研究了在功能性监管的框架下发挥机构性监管的优势对金融业按业务所实现功能的要求实行全面监管和全程监管，以适应金融创新的要求和金融业的发展，而这些都能够更好地应对金融风险。

第四，采用"公地悲剧"的博弈模型分析来解决对跨国银行由个人理性导致集体非理性的监管。对跨国银行的监管，在我国还是"新生事物"。2006 年 12 月 11 日，外资银行才正式入驻我国的金融市场，无论在对外资银行的内部运作、创新能力，还是规避监管的能力等方面对我国来说都尚无先期历史经验可谈，但监管成本的降低，效率的提高，自愿性社会责任的增强等无疑对金融稳定与安全起到了有效、理想的监管作用。通过以"公地悲剧"的个人理性导致集体非理性的模型框架为实证研究的博弈过程分析，推导出了跨国银行经营集体行动的嵌套式连锁反应所导致的金融恐慌，以及由此引起的存款者银行挤兑的成因，为进一步制定和完善既能满足跨国银行利益最大化的理性要求，又能实现自愿性社会责任的监管法律制度提供了逻辑推理依据。

本书从博弈分析的角度，将立法者所理解的"公平"、"正义"这些理念演绎为具体的调整平等主体之间的效率关系和自愿性社会责任行为关系的法律规则，加深了人们对法律体系与经济关系的认识——法律如何起作用来调节经济主体的运行和如何避免人们以往对法律孤立地、单调地强调处罚结果的偏见认识。正如法经济学所认为的"法律的经济分析通过对法律规则进行成本和收益分析及经济效率分析，使我们可以就法律实施的结果得出结论，并对特定的法律安排的社会价值做出评价"。① 在此基础上，博弈论更能在金融机构和金融监管部门之间对多主体行为作进一步的分析和研究——使监管成本最低，金融机构

① 罗宾·保罗·麦乐怡：《法与经济学》，孙潮译，杭州：浙江人民出版社 1999 年版，第 2 页。

经营的收益最大,达到既利他又利己的帕累托最优,也是金融监管的最理想状态。以上所述的途径能够实现金融机构与金融监管部门之间良性而均衡的博弈。

二、次贷危机、金融创新与监管的再思考

金融创新与金融监管的博弈均衡分析表明(见第五章),既有的创新与监管之间的均衡一经打破,就有爆发危机的可能。创新与监管之间的错位越大,爆发危机的可能性越大,危机的程度也更深。2007 年美国爆发次贷危机而至金融危机,进而发展到全球性的金融和经济危机,正是过度的金融衍生产品创新打破了与监管体制之间的既有均衡、而监管体系没有及时做出相应调整以建立新的均衡的必然结果。

(一) 次贷与次贷证券化创新

21 世纪伊始,网络经济泡沫崩溃和“9 · 11”事件使美国经济陷于低谷。为了挽救经济免于衰退,美国长期实行极度宽松的货币政策。从 2001 年年初至 2003 年 6 月,美联储先后 13 次降低利率,由最高 6.5% 降至 1% ,此后整整一年,联邦基金利率都维持在 1% 这一 46 年来的历史最低水平。长期宽松的货币政策环境造就了超强的流动性,并流向房地产市场。受逐利驱动,一些银行和金融机构纷纷降低贷款信用门槛,创新出新的融资工具,促发了连续多年的房贷市场繁荣。房地产繁荣虽然扼制了经济下滑,但也导致了美国房地产市场泡沫的不断膨胀和金融风险的扩张。

房地产繁荣期间主要的融资工具创新就是次贷及次贷证券化。

次贷(次级贷款,次级抵押贷款)指一些贷款机构向信用程度较差和收入不高的借款人提供的贷款。与标准抵押贷款的区别在于,次级抵押贷款对贷款者信用记录和还款能力要求不高,但贷款利率相应地要比一般抵押贷款高出很多。因而,次贷是一种典型的高风险、高收益的融资工具。

在 20 世纪,对金融机构而言,次级贷款的贷款对象还主要是企业客户。但是在房地产繁荣期,为了获得更大收益,一些金融机构不惜降低放贷标准开始向那些因信用记录不好或偿还能力较弱而被银行拒绝提供优质抵押贷款的人提供次级抵押贷款。金融机构以贷款申请人现有住房升值的部分作为抵押发放新的

贷款，并不需要借款人提供任何收入、资产等证明文件，甚至不考虑其真实偿还能力。随着房价的不断上涨，借贷人可以通过新的贷款偿还旧的贷款，如此循环，维持着借贷人、金融监管和金融市场之间的资金链，推进了房地产的虚假繁荣。次级贷款是在美国房地产市场繁荣和利率较低阶段发放的，一旦利率上升或楼价下跌，借款人无法还贷之后，这个资金链就会断裂。

显然，次贷难以抵挡系统性风险的冲击。而次贷证券化加剧了风险的传播性和传染性。

在房地产市场繁荣时期，为提高资金周转率，并转移次贷的风险，许多金融机构将大量次级贷款进行证券化。即从资产负债表中剥离出一部分次级贷款债权，以此为基础发行住房抵押贷款支持证券（MBS）。再由投资银行对 MBS 进行信用评级和信用增级，以中间级 MBS 为基础发行抵押债务债券（CDO），经过层层包装后，向社会出售。房贷证券化将金融机构的风险转移给了投资者。

次贷证券化将次级贷款的风险扩张至整个金融市场，加剧了金融市场的脆弱性。一旦经济下滑，借贷人无力偿还贷款，资金链的崩溃就会形成多米诺骨牌，将危机迅速传播到整个金融市场。

（二）美国金融监管体系的应对性

金融创新往往会突破原有的金融监管制度，需要监管随着创新的不断发展进行调整，以有效地对新型金融风险进行预警和防范。

第一，金融衍生产品的高风险性要求相应的金融监管。次贷及次贷证券化等创新使得金融资产的风险分布变得不透明，因而风险集中程度的识别、分类、评估日趋复杂化和困难。大量金融衍生品场外交易导致金融机构表外业务不断增加，使得金融机构会计报表的透明度和各项数据的准确性大打折扣，影响了对衍生金融产品的市场真实价值及其损益情况的估算。要避免风险的扩散和危机的发生，就要求金融监管当局能够对金融体系的风险做出正确判断，并建立相应的风险预警机制及防范措施。

第二，美国监管放松管制的理念主观上造成监管缺失。受新自由主义思潮的影响，20 世纪 80 年代以来，美国一直奉行鼓励创新、放松管制的监管理念，主观上造成了金融监管的缺失和松懈。

20 世纪 80 年代之后，美国不断通过制定和修改法律，放宽对金融业的限制，推进金融自由化和金融创新。诸如 1982 年通过《加恩-圣杰曼储蓄机构法》,赋予储蓄机构与银行相似的业务范围,但却不受美联储的管制。此后的《1987 年公平竞争银行法》、《1989 年金融机构改革、复兴和实施方案》和 1999 年《金融服务现代化法》等众多金融法规,彻底废除了 1933 年《格拉斯-斯蒂格尔法案》基本原则,消除了银行业与证券、保险等投资行业之间的业务壁垒,为金融市场的创新提供了宽松的环境,同时也为金融投机打开了方便之门。因而当 21 世纪初利率不断走低、流动性日益扩张的超宽松宏观环境下,资产证券化和金融衍生产品创新速度不断加快,金融风险不断积累,也就不足为奇了。

第三,美国金融监管体系的漏洞客观上限制其有效性。实际上,为了应对金融业日益发展的混业经营趋势,以 1999 年《金融服务现代化法》为标志,美国已经实现了由机构监管向功能监管的转变。但是多层级的监管体制客观上限制了其有效性。

2005 年,美国在联邦和各州共有 115 个金融监管机构,每家机构都在其监管范围之内颁布法规并实施监管,不可避免会受到部门内利益集团的压力和影响。而监管机构为了争取在监管权限和监管资源上的特定利益,总是倾向于尽力维持自己的监管范围、积极侵入和消减其他监管机构的势力范围。监管竞争中的这种“地盘之争”带来了监管标准的“竞次”,最终导致美国监管水平整体下降。多重监管体系还容易引发“监管套利”行为。因为不同监管者在规则、标准和执法实践上不尽一致,金融机构为规避监管将尽可能改变其类属,将自己置于监管标准最宽松或者监管手段最平和的监管机构管辖之下,由此可能导致金融风险的扩大化和金融监管的低效率。①

由此可见,美国的金融监管体系并没有自动调整应对各种高杠杆率的金融衍生工具的机制,很多领域存在监管真空。就次级贷款证券化这一金融创新来说,美国虽然是资产证券化最为发达的国家,也是全球最大的资产证券化市场,但对住房抵押贷款证券化这一创新并没有专门的法律,无论是市场准入、运行过程还是风险防范都没有形成一个相应的监管体系。当房地产繁荣赖以存在的宏观形势发生变化后,次贷危机的发生就不可避免了。

---

① 罗培新:“美国金融监管的法律与政策困局之反思——兼论对我国金融监管之启示”,《中国法学》,2009 年第 3 期。

（三）次贷危机引发对国际金融体系的重新审视

从2004年6月起，为了抑制通货膨胀，美联储的低利率政策开始逆转，开始了一个连续17次的加息周期。到2006年8月，联邦基金利率从1%提高到5.25%。连续加息提高了房屋借贷成本，同时引发了房价下跌，抵押违约风险大量增加，金融监管的资金链逐渐断裂。但整个2006年，世界经济总体形势还是一片大好，各国专家在做2007年全球经济展望时普遍都持积极乐观的态度，只有索罗斯依旧在各种场合不断声称全球将爆发金融危机。其实之前几年索罗斯一直在发出“狼来了”的警告，但全球经济一直增长强劲，包括笔者在内，虽然隐隐感觉到危机的不可避免性，都没有意识到次贷危机来得如此之快、之猛、之广。

2007年，如索罗斯所言，次贷危机这只“狼”真的来了，而且来势汹涌，迅速蔓延至全球各个国家。

2007年4月2日，美国第二大次级贷款发行商新世纪金融公司申请破产保护，宣布裁员54%，标志着次贷危机爆发。紧接着，美国各大投行不断爆出创纪录的巨额亏损，高管们纷纷引咎辞职，员工遭大幅裁减，美国股市因此全面下挫，投资者纷纷撤离资本市场。美国经济转眼掉头直下，房地产业愈发萧条，银行业步履维艰，零售业不断萎缩，汽车制造业也一直在破产边缘挣扎，失业率不断攀升。进入2008年，次贷危机已经扩展到金融危机、进而经济危机。

次贷危机及金融危机也加速了美元的贬值速度，在国际商品市场上，油价、粮价一路上涨，屡创历史新高。这种原材料价格上升引发的通货膨胀也传到了世界各国，使各国经济均面临经济增长停滞、通货膨胀并存的“滞涨”风险。金融危机、经济危机席卷全球。

次贷危机必然使各国政府重新审视现有的国际金融体系。

三、次贷危机与国际金融监管体系改革

笔者认为建立或恢复创新与监管之间的再平衡是促进金融体系健康发展的必由之路。次贷危机及全球性金融危机的爆发，必将引发国际金融监管的反思与调整。如2010年7月21日美国总统奥巴马签署金融监管改革法案，一改过去30年放松管制的基调，正是为了寻求与金融创新的再平衡。

（一）美国的金融监管立法改革

2008年金融危机全面爆发之后，美国成立了总统金融市场工作小组

(PWG),对全球金融市场和金融机构的诸多缺陷进行全面反思,并对美国未能有效抑制金融危机的监管体系及政策进行了细致梳理。此后,为解决金融危机暴露出来的金融监管缺陷,美国先后出台了《美国金融监管体系现代化蓝图》、《紧急经济稳定法案》、《金融监管改革——新基础:重建金融监管》、《金融监管改革法案》等文件及法律开始对金融监管体系进行系统改革。尤其是2010年7月正式生效的《金融监管改革法案》(全名为《多德-弗兰克华尔街改革与消费者保护法》),是美国监管者和立法者对金融危机全面反思的集中体现,被认为是20世纪30年代大萧条之后《格拉斯-斯蒂格尔法案》颁布以来,对美国金融业影响最为深远、对金融监管改革最为彻底的一项法案。

该法案的主要内容处处体现了针对金融创新与金融危机而调整的特性:如鉴于此次金融危机中系统性风险的全面集中爆发,制定了"成立金融稳定监督委员会"等多项举措以防范未来可能的系统性风险;针对过去几十年金融市场的大规模扩张和金融机构高杠杆运营的愈演愈烈,制定"提高资本金要求"、"限制隐含从事高风险业务"等多项措施,以期降低杠杆率,提高安全性;针对长期以来对冲基金监管缺位以及评级机构在金融市场中影响力与约束机制高度不对称等问题,法案试图逐步弥补一些监管漏洞和监管真空;针对近年来衍生产品市场出现的过度投机和金融产品的高度复杂性,法案强调了投资者保护机制、维护消费者利益、增加衍生品等金融产品透明度等内容。[①] 总之,以金融监管改革法案为标志,美国调整了过去30年放松管制的主色调,开始加强金融监管。这种调整是对金融创新而至金融危机之后金融监管模式的必然的反思与修正,也是对本书研究结论的绝佳验证。

(二)欧盟金融监管改革

2009年6月,欧盟理事会在1999年金融服务行动计划(FSAP)的基础上,通过了《欧盟金融监管体系改革》(Reform of EU's Supervisory Framework for Financial Services),成立欧盟系统风险委员会,从欧盟层面监控系统性风险并加强宏观审慎监管;同时成立欧洲金融监管系统,负责欧盟微观审慎监管。同年7月,欧盟经济与金融会议就如何减少金融监管的顺周期性达成共识,并讨论了发展坏账准备动态模型、建立逆周期资本缓冲、加强业绩与报酬关联度、引入前瞻性

① 祁斌:"美国金融监管改革法案:历程、内容、影响和借鉴",《金融发展评论》,2010年第9期。

会计标准,推动修改公允价值会计准则等一系列改革措施。

针对金融产品创新风险引发的系统性金融风险,欧盟议会于2010年9月通过了金融监管新法案,成立欧洲系统风险评估委员会以加强欧盟宏观系统性金融风险的监管。该委员会由欧盟各成员国的中央银行行长组成,负责监管整个欧盟金融市场可能出现的宏观系统性风险,及时发出预警,并提出应对措施。根据该法案,还新成立欧洲银行管理局、欧洲证券与市场管理局、欧洲保险与职业年金管理局等三家金融监管机构,建立欧洲银行业、证券业和保险业监管协调机制,分别负责对银行业、证券业和保险业实施监管。

(三)巴塞尔委员会的金融监管机制改革

2004年6月最终定稿的巴塞尔Ⅱ(巴塞尔新资本协议)已经关注了金融产品创新风险的评估与监管,但对流动性风险和金融产品创新风险的关注仍然跟不上国际金融产品创新的发展,对资产证券化的监管框架也跟不上金融产品创新的监管要求。针对次贷危机和金融危机中暴露出的局限性,巴塞尔委员会决定在巴塞尔Ⅱ的基础上研究制定巴塞尔Ⅲ改革方案。

2010年9月12日,巴塞尔委员会的27个经济体的央行和银行监管机构负责人一致通过了巴塞尔Ⅲ改革方案。以微观审慎监管和全系统风险的宏观审慎监管为改革目标,巴塞尔Ⅲ提出了更严格的资本定义范围、更高的最低资本比例要求和资本留存缓冲比例要求,推进了全球金融产品创新风险的监管,尤其强化了金融衍生产品和证券化产品等金融创新产品的资本监管。

巴塞尔Ⅲ改革方案的主要内容包括:为提高银行金融产品创新风险的承受能力,促进金融稳定发展,提高了银行最低资本要求比例:将扣除扣减项后的普通股比例从原来的2%提高到4.5%,将一级资本最低要求比例从4%提高到6%,并将总资本比例提高到8%,以提高银行对金融风险与金融危机冲击的抵抗力;要求银行在最低资本要求比例的基础上,保留2.5%的资本留存缓冲,以限制银行收益分配促进公司治理机制的完善;要求银行建立逆周期缓冲资本或其他能充分吸收损失的资本,比例为普通股的0—2.5%,以应对系统性金融风险,降低市场顺周期效应;要求系统重要性银行建立资本附加费、或有资本、保释债等附加资本,以降低“大而不能倒”带来的金融风险。

(四)国际金融监管体系改革的基本特征

纵观世界主要国家及金融机构的金融监管改革,不难发现,金融创新及金融危机推进了金融监管理念、监管目标、监管机制、监管方法和技术等方面的深化。①

第一，金融创新产品风险导向监管理念的认识进一步提高，监管范围进一步扩大。

从改革内容来看，金融衍生产品等更多的金融创新产品被纳入监管范围。对金融创新产品的高风险性、高杠杆性、风险透明度不高等特点，金融机构推动创新产品风险扩张的薪酬激励机制，以及信用评级机构对金融创新产品风险的作用机制等，从监管角度提高了认识。

第二，从改革内容来看，金融创新产品引发的系统性金融风险被明确纳入改革目标，并成立相关部门专门负责系统性风险的防范和处理。同时，不管是对金融创新产品风险引发的一国金融市场的系统性风险还是全球金融市场的系统性风险，不管是英美两国的金融监管机制改革还是国际金融监管协调与合作机制改革，都强化了中央银行对金融创新产品风险的监管职能，以促进维护金融稳定目标。

第三，各成员国国内金融监管机制进一步完善，金融监管国际协调与合作机制进一步强化。此次危机表明金融创新产品风险已不仅仅涉及一国金融监管，更涉及全球金融监管。英美等国家在加强国内金融监管机制改革的同时，也积极促进国际金融监管机制的协调与合作。从欧盟到 G20 峰会等，都一直在建立健全金融监管的国际协调与合作机制。

第四，金融产品创新风险的监管方法进一步科学化，监管技术进一步提高。不管是英美等国家关于提高金融信息披露与收集机制、风险计量方法与模型的改进、压力测试的应用等，还是巴塞尔Ⅲ对资本计量的方法与技术改革、对国际会计准则的改进等，都在推进对金融产品创新风险的监管方法与技术的科学化。

四、次贷危机后的中国金融监管选择

从次贷危机后各国金融监管改革的总体展望可以发现，虽然金融创新的观念、技术、手段，金融危机发生的原因、机制等发生了重大变化，但是金融产品的

① 余海斌、王慧琴："国际金融监管改革前沿及监管深化分析"，《经济研究导刊》，2011 年第 10 期。

性质没有变化、金融行业的本质没有变化,金融创新与金融监管之间的互动规律没有变化,因此,本书立足金融发展基本规律,采用博弈分析方法对金融监管分析得出的结论仍然有较强的适用性,同时在某种程度上说明了处于全球化进程中的中国金融监管改革的必要性和迫切性。现将其中大要简述如下:

第一,金融监管当以金融创新为基本前提。从博弈论的角度看,监管当局监管,金融机构创新是各自的最佳行为选择。这一均衡结论为金融监管制度的制定提供了前瞻性,金融创新是金融业未来发展的必然趋势,这就要求中国在制定监管政策、制度时要考虑未来金融市场创新,预测金融机构内部诸要素可能发生的变化。在加强对金融体系安全性监测和保证金融体系稳健运行的前提下,我们就要鼓励和支持金融的积极创新,抑制消极金融创新。在立法模式的选择上,中国应在侧重于外部监管模式的基础上,更加关注于内部监管,并将其归结为五个方面以实现支持金融创新的监管:一是鼓励积极创新的监管,利用激励相容原理,引导金融机构的内控和市场约束合力实现监管目标;二是保护金融创新的监管,面向过程,强调事先预防与判断风险的事前性监管,而非事后性监管;三是实现成本均衡创新的监管,成本收益均衡,实现理想监管强度均衡,降低金融创新的监管服从成本;推进连续性创新的监管,转向功能性,关注的是金融产品所实现的基本功能,减少监管职能的冲突、交叉重叠和监管盲区;增加金融创新活力的监管,奉行国际化标准,通过创新在新巴塞尔新资本协议的框架下可以赢得市场竞争的主动。

第二,分业与混业的选择取决于金融行业对环境的适应性。中国金融业走向混业是符合当下经济社会条件的理性选择。中国金融监管应对此做出积极反应:从分业到混业的法律演变中,坚持立法的整合与重构是中国的最优选择;通过金融控股公司的形式再造银行业,用银行的规模经济效益冲抵不良债权;中国应建立国务院直属的金融监管机构,对银监会、证监会和保监会协同监管;中国金融行业自身应大力发展电子化、信息化,努力降低交易成本,同时优化内部治理结构,培训高级管理人员,提高自我监管水平。

第三,金融监管应当以消除银行间的风险经营为重点。“嵌套式金融恐慌模型”表明,银行由于个体理性导致集体非理性的风险经营(大的博弈)是银行挤兑(小的博弈)的第一诱因,小的博弈嵌套在大的博弈里,受制于大的博弈。因此,解决银行挤兑的问题,首先要遏制银行间的风险经营,这是克服银行挤兑的根源。此外，建立长效的防治“银行挤兑”的机制，以及建立存款保险制度，都是防治金融恐慌所导致的银行挤兑的重要手段。

第四，依据通过帕累托最优的激励相容有效机制来完善跨国银行监管机制。对于跨国银行监管立法措施而言，关键是如何从动态上把因守法遭到的损失分摊给因非合法性经营而造成损失的跨国银行，通过对非合法性经营而造成损失的跨国银行实施处罚而给予受损失者以补偿，以此警告非合法经营者，鼓励守法经营者继续坚持，不断促进我国跨国银行监管法律效率的改善和提高。跨国银行之间经过这样的重复博弈会形成关于合法经营的公共知识，自觉将其上升为一种无形的规范，是跨国银行自愿性社会责任行为，这种行为体现了内生的博弈规则，因而能够自实施。这必将促使东道国对跨国银行的监管自动向帕累托最优状态演进并最终得以实现。

第五，中国应当建立适合实际情况的功能性监管体系。以功能性监管为主导的“金融监管协调委员会”是可行的途径。按照金融产品所能实现的基本功能，“金融监管协调委员会”对银监会、证监会、保监会的监管职责要进行明确分工——无论什么机构只要从事银行业务就必须接受银监会的监管；同样，从事证券业务、保险业务分别接受证监会、保监会的监管。“金融监管协调委员会”针对中国出现的发展金融集团的趋势，金融监管机构要督促和协调下辖的银监会、证监会、保监会拟定各自的监管规则和实施细则，并在此基础上制定对金融集团予以监管的一般性原则以及总体要求。

本书最后需要强调的是，任何一次金融危机的爆发，最终都是一次金融创新与监管博弈均衡的再创造。单就次贷危机及其暴露出的金融风险而言，这一轮全球性的金融监管体系改革似乎完成了危机处理的制度使命，但是就创新与监管的博弈关系来看，次贷危机及其针对次贷危机的监管变革只是金融发展史中一个由失衡走向再平衡的环节，新的监管体系必然激发更新的金融创新，与创新相伴的风险又会对监管带来新的挑战。各国的监管者们需要时刻警醒风险，努力找寻创新与监管之间的均衡。

主要参考文献

一、论文

1. Adams M. B. and G. D. Tower, "Theories of Regulation: Some Reflection on the Statutory Supervision of Insurance Companies in Anglo American Countries", Geneva papers on Risks and Insurance, No. 71, April, 1994.

2. Allen, Franklin, Jun Qian and Meijun Qian, "Law, Institutions, Finance, and Economic Growth in China", IMF Seminar paper, 2003.

3. Booth, "The Political Economy of Regulation", *British Actuarial Journal* 3, III., 1997.

4. Diamond, D. W. and R. G Rajan, *Liquidity Risk, Liquidity Creation and Financial Fragility: A Theory of Banking*, Mimeo, University of Chicago, 1999.

5. Ferguson. R., "Alternative Approaches to Financial Supervision and Regulation", *Journal of Financial Services Research* 17, 2000.

6. Kane, E. J., "Accelerating inflation, technological innovation, and the decreasing effectiveness of banking regulation", *Journal of Finance* 36, 1981, pp. 355—367.

7. Stephen A. Ross, "Institutional Markets, Financial Marketing, and Financial Innovation", *Journal of Finance*, July 1989, p. 541.

8. 巴曙松:"金融改革:国际化亟需解决五大新问题",《中国经济周刊》,2005 年第 51 期。

9. 巴曙松、毛晓威:"巴塞尔委员会资本协议的演变与国际银行业风险管理的新进展",《国际金融研究》,2001 年第 4 期。

10. 巴曙松:"金融监管框架的演变趋势与商业银行的发展空间",《当代财经》,2004 年第 1 期。

11. 巴曙松:"巴塞尔Ⅲ代表国际金融监管改革大趋势",《中国经济时报》,2012 年 1 月 4 日,第 3 版。

12. 巴曙松等:"鞭打慢牛——评央行差别存款准备金率政策",《中国金融》,2004 年第 8 期,第 24 页。

13. 白钦先:"金融监管理论和实践的历史性回顾与反思",《现代金融监管研究丛书》总序,北京:中国金融出版社 2003 年版。

14. 本杰明・弗里德曼:"从危机中学习:中央银行能做什么?",《金融评论》,2011 年第 6 期,第 29 页。

15. 常健:"美国金融监管的法律变革与特点评析",《中国矿业大学学报》,2011 年第 4 期,第 34 页。

16. 常健:"我国金融控股公司立法:一个分析框架",《上海财经大学学报》,2004 年第 4 期。

17. 陈红:"美国证券市场发展的历史演进",《经济经纬》,2006 年第 1 期。

18. 陈九振等:"从美国金融监管立法改革看我国金融监管的立法完善",《法律适用》,2011 年第 5 期。

19. 陈麟、曾莉森:"功能性监管、面向过程监管——当代金融监管的趋势",《天府新论》,2005 年 11 月,第 224—225 页。

20. 陈启清:"竞争还是合作国际金融监管的博弈论分析",《金融研究》,2008 年第 10 期。

21. 陈琼:"中国金融分业经营与监管的制度选择",《金融时报》,2004 年 11 月 23 日。

22. 陈全伟、王彤:"金融监管理论的演变",《金融信息参考》,2002 年第 3 期。

23. 陈卫东:"金融创新工具的演化及最新发展",《国际金融研究》,1999 年第 11 期,第 32—36 页。

24. 陈益民、张翔、李新民:"集体理性下的契约性组织行为",《金融研究》,2001 年第 6 期。

25. 陈正勇:"激励相容:我国银行监管的现实选择",《济南金融》,2004 年第 4 期,第 30 页。

26. 戴相龙:"全球化趋势下的国际金融形势及我国的金融政策",《中央财经大学学报》,1999 年第 12 期,第 2 页。

27. 邓艾:"激励相容理论在金融监管中的效用探析",《经济理论研究》,2005 年第 6 期,第 41—43 页。

28. 邓立立:"浅谈国际金融服务贸易自由化与中国的参与",《市场与发展》,2003 年第 10 期,第 37 页。

29. 邓伟、邓勇:"金融监管体系:国际的变革与我国的调整",《金融理论与实践》,2003 年第 1 期,第 4—6 页。

30. 丁俊:"功能性金融监管:中国金融监管体制发展的新方向",《国际金融研究》,2001 年第 3 期。

31. 董秋仙等:"金融监管效率机制的博弈分析",《江西教育学院学报(自然科学版)》,

2000 年第 6 期。

32. 董彦岭、陈琳:“金融危机下美英金融监管的改革与比较”,《海南金融》,2010 年第 1 期。

33. 杜婧:“金融自由化对经济影响的研究综述”,《太原师范学院学报(社会科学版)》,2011 年第 6 期,第 78 页。

34. 杜理达:“英、德两国银行监管机制比较及其对中国的启示”,《银行与经济》,2003 年第 9 期。

35. 范小清、周伟贤:“上市公司再融资监管的博弈分析”,《特区经济》,2006 年第 8 期。

36. 范旭斌:“建立中国功能性金融监管体制的构想”,《河海大学学报(哲学社会科学版)》,2003 年第 2 期。

37. 冯玉军:《论法律均衡》,《西北师范大学学报》,2000 年 7 月第 37 卷第 4 期,第 79 页。

38. 高峰:“国际金融监管发展的新趋势及对我国的启示”,《中央财经大学学报》,2001 年第 7 期,第 17—21 页。

39. 高连和:“论金融监管与金融创新的关系”,《现代经济探讨》,2004 年第 6 期,第 10 页。

40. 葛敏、席月民:“中国金融衍生品市场统一监管模式选择”,《法学杂志》,2005 年第 2 期,第 57—58 页。

41. 谷秀娟:“金融混业与完善我国金融监管体系问题研究”,《郑州大学学报(哲学社会科学版)》,2004 年第 6 期,第 64—68 页。

42. 郭敏:“浅议金融创新与金融监管的博弈关系”,《时代金融》,2009 年第 12 期。

43. 韩志文:“金融监管的博弈分析”,《金融纵横》,2002 年第 12 期。

44. 何德旭:“金融监管:世界趋势与中国的选择——兼论中国银监会的设立”,《管理世界》,2003 年第 9 期。

45. 何德旭等:“美国金融监管制度改革的新趋势及启示”,《上海金融》,2011 年第 1 期。

46. 贺力平:“全球化和金融监管理论的创新”,《中国经济信息》,2001 年第 19 期。

47. 胡金焱:“论金融创新与中国金融体制改革”,《济南金融》,2002 年第 1 期。

48. 胡汝银:“金融市场发展与监管改革”,《上海金融》,2004 年第 1 期。

49. 胡燕玲:“‘激励相容’理论在金融监管中的运用”,《河北经贸大学学报(综合版)》,2004 年第 4 卷第 3 期,第 62—65 页。

50. 胡玉婷:“美国金融监管与金融创新的博弈”,《人民论坛》,2011 年第 2 期。

51. 黄红珠:“拉美国家的金融体系(下)”,《拉丁美洲研究》,2001 年第 4 期。

52. 黄庭:“从美国伞型监管体制看我国金融监管体制发展方向”,《重庆工商大学学报》,2004 年第 4 期。

53. 黄卫红、周蓉蓉:"国际银行业混业经营趋势与我国商业银行的对策",《金融论坛》,2001 年第 10 期。

54. 季立刚:"金融监管与金融安全",《文汇报》,2006 年 6 月 19 日,第 14 版。

55. 江时学:"论英国的金融监管",《欧洲研究》,2009 年第 6 期。

56. 金雪军、王义中:"非对称金融全球化、次贷危机与全球新型金融危机",《浙江大学学报(人文社会科学版)》,2010 年第 5 期,第 135 页。

57. 康灿华、马琴芳:"论金融创新效应",《金融理论与实践》,2002 年第 6 期。

58. 李成、马国校、李佳:"基于进化博弈论对我国金融监管协调机制的解读",《金融研究》,2009 年第 5 期。

59. 李健:"金融全球化进程中的风险防范",《国际金融研究》,2000 年第 2 期。

60. 李强:"货币虚拟化、资本虚拟化及泡沫经济",《商业研究》,2010 年第 6 期,第 23 页。

61. 李仁真、何焰:"金融全球化与国际金融法的晚近发展",《武大国际法评论》,2003 年第 1 卷。

62. 李巍:"国际货币基金改革在即 二十三国反对改变投票额",《21 世纪经济报道》,2006 年 9 月 21 日。

63. 李文泓、陈璐:"美国、欧盟和英国金融监管改革方案比较:措施、展望与启示",《中国金融》,2009 年第 20 期,第 31 页。

64. 李扬:"金融全球化的三大特征",《国际金融报》,2002 年 7 月 4 日,第 4 版。

65. 李杨勇:"析金融监管与金融创新之关系",《新金融》,2004 年第 7 期。

66. 李有祥:"欧共体国家对外国银行业的管理",《国际金融导刊》,1992 年第 1 期。

67. 李玉红、麻卫华:"论国际金融业的产业融合",《金融教学与研究》,2003 年第 1 期。

68. 黎和贵:"英国金融监管体制的改革及启示",《金融时报》,2003 年 9 月 29 日。

69. 黎四奇:"评析《2001 年欧盟金融企业集团监管指令建议案》",《欧洲》,2002 年第 2 期。

70. 廖凡:"中国金融混业监管的模式选择与协调机制",《证券市场导报》,2006 年第 11 期。

71. 刘常青:"市场约束机制的前提条件——对央行强化信息披露机制的冷思考",《汉江论坛》,2006 年第 7 期,第 46 页。

72. 刘立平:"金融创新中的银行信用风险及其管理",《运筹与管理》,2000 年第 2 期,第 123 页。

73. 刘纪显、熊文:“我国地下金融监管困境的博弈分析”,《改革与战略》,2008年第10期。

74. 刘雯、谭燕芝:“金融衍生产品投资与监管的博弈分析”,《金融经济》,2008年第18期。

75. 刘夏、蒲勇健、陈斌:“混业经营模式下的有效金融监管组织体系研究”,《金融研究》,2005年第9期。

76. 刘相友、梁锐、李成:“基于博弈理论的金融监管协调机制与整体效率研究”,《统计与决策》,2010年第1期。

77. 刘晓星、何建敏:“对我国金融监管运行机制的博弈分析”,《数理统计与管理》,2004年第6期。

78. 刘亚军:“金融全球化对金融监管法律制度的影响”,《世界经济与政治》,2005年第8期,第72—73页。

79. 刘艺欣:“国际资本流动与金融全球化”,《当代经济研究》,2000年第6期。

80. 刘志云等:“金融调控法与金融监管法关系论”,《西南政法大学学报》,2005年第4期。

81. 罗本正:“银行重组:银行救助与创新发展”,《财经科学》,2003年第3期。

82. 罗伯特·蒙代尔:“论国际货币体系的重建”,《厦门大学学报(哲学社会科学版)》,2012年第1期。

83. 罗培新:“美国金融监管的法律与政策困局之反思——兼论对我国金融监管之启示”,《中国法学》,2009年第3期。

84. 罗友山:“关于金融监管的博弈分析”,《经济评论》,2002年第1期。

85. 马宏伟:“经济发展与制度创新”,《经济评论》,2003年第1期。

86. 牛播坤:“美国保险监管体系改革主基调:整合而非取代”,《中国金融》,2010年第1期。

87. 欧阳晓红、田芸:“金融监管协调委员会胎动”,《经济观察报》,2010年5月3日,第17版。

88. 祁斌:“美国金融监管改革法案:历程、内容、影响和借鉴”,《金融发展评论》,2010年第9期。

89. 乔海曙:“金融监管体制改革:英国的实践与评价”,《欧洲研究》,2003年第2期。

90. 齐亚莉:“功能性监管:现代金融业发展的必然选择”,《金融教学与研究》,2005年第4期。

91. 全先银、闫小娜:“美国的金融监管改革”,《中国金融》,2009年第17期,第17页。

92. 阙方平:“加强银行监管亟待解决的若干问题”,《武汉金融》,2003 年第 4 期,第 12—14 页。

93. 邱永红:“证券跨国发行与交易中的法律监管问题刍议”,《河北经贸大学学报》,1998 年第 5 期,第 52—56 页。

94. 单丹:“论入世后中国的银行业改革”,《湖南大众传媒职业技术学院学报》,2002 年第 2 期。

95. 盛学军:“后危机时代下对金融监管法价值的省思”,《重庆大学学报(社会科学版)》,2011 年第 1 期。

96. 盛学军:“金融监管法制的源与流”,《社会科学研究》,2009 年第 2 期。

97. 石安臣:“金融控股公司探析”,《商业研究》,2003 年第 23 期。

98. 宿景祥:“金融全球化呼唤全球化监管”,《人民日报》,2010 年 2 月 23 日,第 22 版。

99. 宋海鹰:“《金融服务与市场法》对英国金融监管的变革”,《国际金融研究》,2001 年第 5 期。

100. 宋丽智、胡宏兵:“美国《多德-弗兰克法案》解读”,《宏观经济研究》,2011 年第 1 期。

101. 宋之杰、陈红梅:“功能性统一监管:入世后中国金融监管的新选择”,《技术经济》,2003 年第 2 期。

102. 孙爱林、尹振涛:“法国的金融监管改革”,《中国金融》,2009 年第 17 期,第 27 页。

103. 孙鳌、陈雪梅:“新古典经济学的假设与演变”,《江苏社会科学》,2005 年第 5 期。

104. 孙涛:“国际金融监管的新进展”,《世界经济》,2002 年第 4 期。

105. 孙伍琴:“关于金融结构比较分析理论框架的设计思路”,《金融论坛》,2003 年第 4 期。

106. 汤凌霄:“英国金融监管制度的变迁及其对中国的启示”,《湖南社会科学》,2003 年第 2 期。

107. 唐玉兰、陈春:“借鉴成功经验,进一步推进我国银行业并购”,《华东经济管理》,2003 年第 2 期。

108. 万翔:“对经济金融全球化的思考”,《消费导刊》,2010 年第 4 期。

109. 王桂梅:“国外金融监管组织结构的演变及中国的对策”,《国际金融研究》,2000 年第 9 期。

110. 王丽、徐加:“金融经营及监管体制探讨”,《现代管理科学》,2004 年第 6 期。

111. 王维强、于振玫:“投资基金制度会取代商业银行制度吗——关于两种制度的比较研究”,《国际金融研究》,2003 年第 12 期。

112. 王霞:“金融自由化与金融监管的关系探讨”,《兰州商学院学报》,2002 年第 6 期,第 106—108 页。

113. 王晓芳、田军伟:“金融混业经营趋势与证券公司发展战略”,《财贸经济》,2003 年第 5 期,第 44 页。

114. 王燕:“从私人股份银行到中央银行”,《上海金融》,1995 年第 10 期。

115. 王振富、冯涛:“对我国金融监管的博弈分析及立法建议”,《西安交通大学学报(社会科学版)》,1999 年第 4 期。

116. 魏迎宁,转引自钟加勇的“‘综合经营’下的监管博弈”,《商务周刊》,2005 年第 11 期。

117. 吴念鲁:“期待金融安全立法”,《中国企业家》,2006 年第 11 期,第 48 页。

118. 吴淑君、徐小庆:“金融危机背景下德国的金融监管体制及其启示”,《中国行政管理》,2009 年第 2 期。

119. 吴素萍:“银行会在未来消失吗?”,《经济导刊》,2000 年第 2 期。

120. 吴文劲:“金融自由化对中国金融国际化影响分析”,《社会主义研究》,2006 年第 2 期,第 110 页。

121. 武长河、李灿:“中西方金融创新动因比较研究”,《上海金融学院学报》,2004 年第 2 期。

122. 项卫星:“当前各国金融监管体制安排及其变革:兼论金融监管体制安排的理论模式”,《世界经济》,2004 年第 9 期。

123. 谢冰:“对金融混业经营问题的再思考”,《首都经济》,2001 年第 4 期。

124. 谢春刚:“金融创新及其对我国商业银行中间业务发展的影响”,《山东教育学院学报》,2003 年第 6 期。

125. 谢非:“利益冲突与金融管制‘三墙’”,《现代经济探讨》,2000 年第 9 期。

126. 谢世清:“后危机时代国际货币基金组织的职能改革”,《国际贸易》,2011 年第 11 期,第 46—51 页。

127. 许多奇:“从‘分业’到‘混业’:日本金融业的法律转变及其借鉴”,《法学评论》,2003 年第 4 期。

128. 徐文彬:“德国全能银行制度对我国商业银行的启示”,《经济研究参考》,2011 年第 5 期。

129. 颜钰文:“金融创新与金融监管的博弈分析”,《现代经济信息》,2009 年第 11 期。

130. 燕小青、徐建国:“论中国金融监管的策略选择”,《当代经济研究》,2004 年第 10 期。

131. 杨亮、林晓君:“欧盟对投资公司资本充足率的监管”,《法学评论》,2000年第18卷第3期。

132. 杨琳:“美国债务结构、‘国际货币’地位及其未来潜质”,《改革》,2012年第1期。

133. 姚德良:“英国金融监管系统化改革”,《数字财富》,2004年第2期。

134. 亦冬:“美国对外资银行的监管”,《国际金融报》,2001年10月8日,第6版。

135. 余海斌、王慧琴:“国际金融监管改革前沿及监管深化分析”,《经济研究导刊》,2011年第10期。

136. 余文建、黎桂林:“后危机时代的金融监管”,《中国金融》,2009年第17期,第32页。

137. 虞群娥:“论全球金融监管模式变革与我国监管模式选择”,《财贸经济》,2002年第6期,第53页。

138. 曾志耕:“加强金融监管 规范金融创新”,《经济研究》,2012年第2期,第160页。

139. 曾忠生:“英国信托业发展及其对中国的启示”,《南方金融》,2003年第10期。

140. 张长弓等:“从美国《金融服务现代法案》看全球银行体制的变迁”,《南方金融》,2000年第4期。

141. 张娥、李燕燕:“美国对外资银行监管制度框架的演进”,《金融理论与实践》,2004年第12期。

142. 张国喜:“金融工程对货币政策的负效应及对策研究”,《经济体制改革》,2002年第6期,第85—87页。

143. 张军、杜征征、殷裕品:“美国金融监管改革能够成功吗”,《财经科学》,2012年第1期。

144. 张丽、陈漓高:“近期国外金融全球化与世界经济周期研究评述”,《中国城市经济》,2011年第9期,第75页。

145. 张前程:“农村金融监管中的博弈行为分析”,《技术经济》,2009年第9期。

146. 张松涛:“当前在对外经济领域应当给予关注和研究的两个问题”,《国际贸易论坛》,2001年第1期,第26—31页。

147. 张松涛:“主动应对——经济全球化再认识及中国‘入世’”,《国际贸易》,2001年第2期。

148. 张显吉:“金融全球化及中国的应对措施”,《吉林金融研究》,2001年第6期,第41页。

149. 张仰谦、叶民强:“金融监管的动态博弈分析”,《经济论坛》,2007年第20期。

150. 张幼文:“通过全球化改变我国地位(WTO与中国‘入世’)”,《国际金融报》,2000

年8月2日,第1版。

151. 张自力:“论我国金融监管体制中市场约束机制的建立与强化”,《中国市场》,2006年第17期,第52页。

152. 赵汀阳:“博弈问题的哲学分析”,《读书》,2003年第2期,第77页。

153. 赵锡军:转引自钟加勇的“‘综合经营’下的监管博弈”,《商务周刊》,2005年第11期。

154. 赵耀:“对防范我国商业银行金融风险的法律思考”,《武汉金融》,2002年第2期,第51—54页。

155. 郑超愚等:“外部性、不确定性、非对称信息与金融监管”,《经济研究》,2000年第2期。

156. 郑德权、杨文奇:“金融监管的博弈论分析”,《商业研究》,2003年第11期。

157. 郑泽华:“中国金融监管的历史演进与改革重点”,《海南金融》,2004年第7期。

158. 郑楚琳:“澳大利亚金融改革与启示”,《华南金融电脑》,2009年第7期。

159. 郑志:“金融监管要兼顾效率和安全,提高行政监管效率”,《人民日报海外版》,2006年8月4日。

160. 周恒山:“浅析全球金融监管模式变革与我国监管模式选择”,《湖北社会科学》,2004年第9期,第36页。

161. 周建根:“银行业自律机制研究”,《金融研究》,1996年第9期。

162. 周丽莉、丁东洋:“东亚金融市场一体化程度实证分析”,《经济与管理》,2009年第6期。

163. 朱芳:“金融全球化对国际关系的影响”,《暨南学报(人文科学与社会科学版)》,2001年第4期。

164. 朱石明:“英国金融监管模式改革分析”,《金融理论与实践》,2004年第6期。

165. 卓尚进:“金融全球化加速:我们如何积极应对”,《金融时报》,2011年2月17日,第5版。

二、著作

1. Anthony Saunders, Ingo Walter, *Universal Banking in the United States—What Could We Gain? What Could We Lose? The Nature of Universal Banking*, Oxford University Press, 1994.

2. Basle Committee on Banking Supervision, *Compendium of Documents Produced by the Basle Committee on Banking Supervision*, Volume one-four, May 2001.

3. BIS, “International Banking an Financial Market Developments”, *BIS Quarterly Review*,

August, 1999.

4. BIS, Basle Committee on Banking Supervision, Supervisory Guidance on Dealing with Weak Banks—Report of the Task Force on Dealing with Weak Banks, March 2002.

5. Canals, Jordi, *Universal Banking: International Comparisions and Theoretical Perspectives*, Oxford, Clarendon Press, 1997.

6. Centor for European Policy Studies, *Challenges to the Structure of Financial Supervision in the EU*, July 2000.

7. CIOCCA, "Supervision: One or more Institutions?" *BIS Review* 39/2001.

8. Claude E. Barfield, *International Financial Markets—Harmonization versus Competition*, The AET Press, 1996.

9. Davies, H., *The Regulatory Environment for a Changing World*, Swiss Bankers Associations, 2000.

10. Economists, *The World Economy Monetary Metamorphosis*, Sep 23rd, 1999.

11. Ellinger E. P., *Modern Banking Law*, Clarendon Press, 1987.

12. Frederic S. Mishkin, Stanley G. Eakins, *Financial Markets And Institutions*, Addison, Wesley Longman, 1999.

13. Gar, Alan, *Regulation, Deregulation, Regulation: the Future of the Banking, Insurance and Securities Industries*, John Wiley & Sons, Inc., 1995.

14. Goeran P., T. Haegg, An Institutional Analysis of Insurance Regulation, The Case of Sweden, Summary by Newsletter of Geneva Association, 1999.

15. Goodfriend, M. and J. Lacker, "Limited Commitment and Central Bank Lending", Economic Quarterly_Federal Reserve Bank of Richmond, Fall, 1999.

16. Goodhart, et al., *Financial Regulation: Why, How and Where Now?* Bank of England, Routledge, 1998.

17. Henry Cavanna, *Financial Innovation*, Routledge Press, 1992.

18. Jenny Hamilton, The duty of disclosure in insurance law—the impact of legislative intervention upon the practices of Australian insurers, lessons for the United Kingdom, *Consum. L. J.* 3, 1995.

19. Joseph Jude Norton, *Devising International Bank Supervisory Standards*, Martinus Nijhoft Publishers, 1995.

20. Kirsch, Clifford, *The Financial Services Regulation: Understanding the Changing Role of Banks, Mutual Funds, and Insurance Companies*, Ivwin Professional Publishing, 1997.

21. Klein, Robert W.: Martin F. Grace, Harold D. Skipper, *Restructuring Regulation for Developing Insurance Market*, Center for Risk Management and Insurance Research, GSU.

22. Koch, T. W., and MacDonald, S. S., *Bank Management*, Fourth Edition, The Dryden Press, 2000.

23. Lovett, William A., *Banking and Financial Institution Law*, West Publishing Co.,1992.

24. Manus Egan, Jusin RushbroRe, Nicholas Lockett, *EC Financial Services Regulation*, Chancely Law Publishing Ltd., 1994.

25. Michael Pawley, *Fiancial Innovation and Monetary Policy*, Routledge Press,1995.

26. Miltoni Robert Rock, Martin Sikora, *The Mergers Acquisitions Handbook*, second edition, Mcgraw-Hill Inc.,1994.

27. Perry, James, *The Financial Services and Markets Act: A Practical Legal Guide*, Sweet and Maxwell Ltd., 2001.

28. Roy E. Allen, *Financial Crises and Recession in the Global Economy*, Edward Elgar Publishing Limited,1994.

29. Sawamoto, Kuniho, *Financial Stability in a Changing Enviroment*, St. Martin's Press, 1995.

30. Susan brings, "Daunting obstacles confront insurers in China", *Best Review Life Health Insurance Edition*, Sep. 1996.

31. Taylor, M. and Fleming, "Integrated Financial Supervision: Lessons of Scandinavian Experience", *Finance and Development*, Washington,12, 1999.

32. WTO Council For Trade in Services, Background Note by the Secretariat, in *Financial Services*, 2 Dec. 1998.

33. 陈安:《国际经济法概论》,北京:北京大学出版社 2001 年版。

34. 陈朝璧:《罗马法原理》,北京:法律出版社 2006 年版。

35. 蔡奕:《跨国银行监管的主要法律问题研究》,厦门:厦门大学出版社 2004 年版。

36. 崔顺伟、张沛东、李慧:《西方经济学说史教程》,天津:天津人民出版社 2008 年版。

37. 樊亢、宋则行:《外国经济史》第 3 册,北京:人民出版社 1980 年版。

38. 费尔南多·维加-雷东多:《经济学与博弈理论》,毛亮、叶敏等译,上海:世纪出版集团上海人民出版社 2006 年版。

39. 弗朗索瓦·沙奈:《金融全球化》,北京:中央编译出版社 2001 年版。

40. 豪尔森:《博弈论:矛盾冲突分析》,于寅等译,北京:中国经济出版社 2001 年版。

41. 贺小勇:《金融全球化趋势下金融监管的法律问题》,北京:法律出版社 2002 年版。

42. 黄运成等:《证券市场监管:理论、实践与创新》,北京:中国金融出版社 2001 年版。

43. 霍华德·戴维斯、大卫·格林:《全球金融监管》,北京:中国金融出版社 2009 年版。

44. 奎奈:《奎奈经济著作选集》,吴斐丹、张草纫选译,北京:商务印书馆 1979 年版。

45. 吉田和男:《金融改革与日本经济》,东京:生产性出版社 1998 年版。

46. 伽达默尔:《真理与方法——哲学诠释学的基本特征》,洪汉鼎译,上海:上海译文出版社 2004 年版。

47. 蒋立峰:《21 世纪日本沉浮辨》,北京:中国社会科学出版社 2000 年版。

48. 杰克逊、西蒙斯:《金融监管》,吴志攀等译,北京:中国政法大学出版社 2003 年版。

49. 李斯特:《政治经济学的国民体系》,陈万煦译,北京:商务印书馆 1997 年版。

50. 李玉书、吴慎之:《中央银行概论》,北京:中央广播电视大学出版社 1990 年版。

51. 李早航:《现代金融监管》,北京:中国金融出版社 1999 年版,第 189—202 页。

52. 立胁和夫:《修正日本银行法》,东京:东洋经济新报社 1998 年版。

53. 梁宝柱:《金融监管论》,成都:西南财经大学出版社 1999 年版。

54. 刘蔚华:《方法学原理》,济南:山东人民出版社 1993 年版。

55. 罗伯特·吉本斯:《博弈论基础》,北京:中国社会科学出版社 1999 年版。

56. 马红霞等:《美国的金融创新与金融监管》,武汉:武汉大学出版社 1998 年版。

57. 马万华:《WTO 与中国金融监管法律制度研究》,北京:中国人民大学出版社 2002 年版。

58. 彭梵得:《罗马法教科书》,北京:中国政法大学出版社 1992 年版。

59. 桑巴特:《现代资本主义》,李季译,北京:商务印书馆 1958 年版。

60. 申曙光:《保险监管》,广州:中山大学出版社 2007 年版。

61. 史尚宽:《民法总论》,台北:台湾正大印书馆 1980 年版。

62. 王文宇:《控股公司与金融控股公司》,北京:中国政法大学出版社 2003 年版。

63. 王子先:《论金融全球化》,北京:经济科学出版社 2000 年版。

64. 夏尔·季德、夏尔·利斯特:《经济学说史》(上),徐卓英等译,北京:商务印书馆 1986 年版。

65. 谢识予:《经济博弈论》,上海:复旦大学出版社 1997 年版。

66. 熊彼特:《经济发展理论——对于利润、资本、信贷、利息和经济周期的考察》,北京:商务印书馆 1990 年版。

67. 徐孟洲:《金融监管法研究》,北京:中国法制出版社 2008 年版。

68. 亚当·斯密:《国富论》(上下卷),郭大力、王亚南译,北京:商务印书馆 1972 年版。

69. 严骏伟:《国际监管:跨国银行的金融规范. 上海》,上海:上海社会科学院出版社 2001

年版。

70. 姚开建:《经济学说史》,北京:中国人民大学出版社 2003 年版。

71. 约瑟夫 · E. 斯蒂格利茨:《社会主义向何处去——经济转型的理论与证据》,长春:吉林人民出版社 1998 年版。

72. 曾筱清:《金融全球化与金融监管立法研究》,北京:北京大学出版社 2005 年版。

73. 张荔:《发达国家金融监管比较研究》,北京:中国金融出版社 2003 年版。

74. 张蕴岭:《东亚经济社会发展的稳定与安全》,北京:中国社会科学出版社 2001 年版。

75. 朱 · 弗登伯格、让 · 梯若尔:《博弈论》,黄涛、王一鸣等译,北京:中国人民大学出版社 2002 年版。

76. 周英:《金融监管论》,北京:中国金融出版社 2002 年版。

三、学位论文

1. 丁茗:"金融监管制度博弈分析",河海大学 2005 年博士论文。

2. 巫文勇:"中国金融业监管制度改革研究——基于金融混业经营视角的思索",武汉理工大学 2009 年博士论文。

3. 张宇:"跨国银行监管中的属地管辖原则研究",复旦大学 2008 年硕士论文。

后　记

本书是在我博士论文的基础上修订而成。因此,本后记是记述这篇论文从2004年选题开始到2007年完成论文(博士论文网上可查阅),并以该论文取得博士学历和学位期间对国际金融发生剧变时所观察和思考的心路历程,也是对未来金融监管理论创新、加强金融风险防范的探索过程。

为何确定该选题?

2003年至2004年间,由于美国的利率创下了历史最低点,致使房地产异常火爆——零首付、阶梯利息,甚至是免收入证明等自由宽松监管的市场使美国经济呈现出一派繁荣的景象。还未等我来得及欣赏美国华尔街之杰作的辉煌,另一股未被预期的惶恐却骤然袭来!我惶恐什么呢?是惶恐于美国宽松金融监管使我内心莫名地对未来金融市场的潜意识下的担忧?还是惶恐于美国无序的信贷高楼必将是“海市蜃楼”?出于对金融全球化以来金融创新浪潮以及博弈论研究方法的浓厚兴趣,我一直在思考着,一定是美国这次金融创新与金融监管之间的某种博弈已经严重失衡了。似乎意识到,美国“发明”的这种疏于监管的购房抵押贷款所产生的泡沫在众投资银行的助推下被催生得越来越大,一旦泡沫破裂,金融危机必然发生。而根据中心国家和外围国家理论(“中心—外围”理论)关系,这场金融危机一旦爆发,势必要波及全球。因此,不能不说确定该论文的选题与研究方向是源自对美联储急于刺激美国经济的观察、思考与惶恐。

带着这样的观察和思考,于2004下半年,亦即适逢我确定博士论文选题之际。选题的最终敲定和一个来自大洋彼岸的故事不无关系。2004年秋,一个“说谎人的贷款”和金融大鳄索罗斯讲述的“狼来了”的故事,更加勾起我对美国房贷金融和房贷市场风起云涌之势的深深担忧与研究兴趣,于是,我最终将“金融全球化背景下金融监管立法的博弈分析”确定为我博士论文的选题,也伴随着美国接下来三年之间金融市场戏剧般的“魔变”,开始了我历时三年的博士课题研究。来自大洋彼岸的故事、世界金融风暴乍起与对金融监管理论的探索,着实让我在学术研究中伴随着下面“美国梦”的故事收获了享受与成果。

故事讲述的是20世纪90年代末到美国定居的人，辛苦多年后终于倾其积蓄付了首付，贷款买下一栋房子，而此后每月需要支付房贷。这就意味着他再也没有能力获得其他消费信贷，而他也非常需要为太太再购买第一辆车接送孩子。2004年的一天，一个来自某银行的信贷电话让他的“非分之想”成为现实。该信贷员向他介绍了一个他闻所未闻的“妙计”——银行将对他的房产重新评估，用房产的升值部分作为新的抵押品，这样他就能取得新的车贷甚至房贷。会有这样的美事吗？带着疑惑的他向周边美国居民咨询，果不其然，那些原本连一套房的信贷要求都绝无可能达到的人不仅买了房，甚至还买了二套房、三套房。对于习惯“先消费，后还贷”的美国人来说，这样的财务计划简直是完美无缺，而且，在2007年以前，有房产的美国人，随着房价的不断上涨都成了富翁。仿佛一夜之间，“美国梦”成为所有美国人的现实！

美国究竟是怎么了？

是什么让美国人一夜之间圆了“美国梦”？于是我在思考，这是幸运还是孕育着一场灾难？当时罗杰斯说：“人们可以不付任何定金和头款，甚至在实际上没有钱的情况下买房子，这在世界历史上是唯一的一次。”“美国梦”还在繁荣的表面火爆地上演着，但厄运却在“美梦”的底层悄悄地演变着。2004年下半年，由于油价开始上涨，通货膨胀的压力已经显现，迫使美联储开始了长达两年共17次的加息。2006年，加息效应开始显现，美国房地产价格渐现回落，其间所购买的房产价值在渐渐缩水，而贷款利息却一天一天地调高，使越来越多的购房者还不起贷款。这时，次贷危机已悄然降临。

然而，面对风险，华尔街不是出于对风险的控制缩减贷款规模，而是设法进行风险转嫁。于是，一种基于贷款保险的“信用违约互换”的金融衍生产品被“发明”出来。银行和AIG双方签订一个信用违约互换合同，银行给AIG一定的保费，风险由AIG来承担，将“有毒”资产的风险转嫁给AIG。更为创新的是，AIG将信用违约互换这个“有毒”资产“打包”后在市场上进行交易，比如说卖给贝尔斯登，就这样，几万亿，甚至几十万亿美元的信用违约互换的金融衍生产品在市场上频繁地买卖，催生的泡沫越来越大。如果美国媒体嘲笑这样的金融衍生产品是“一锅糊涂的字母汤”，那么，美国把全球几乎所有的金融机构都做了“汤料”。

罗杰斯把这次从次贷到次债的转变看成“是我们住房市场中有过的最坏的

泡沫,也是我们需要清理的最坏的泡沫”。

2007 年 1 月,次贷危机开始逐步爆发,美国政府支持的房贷机构——房利美和房地美爆出丑闻,它们本来不该降低对贷款的评级标准,但两家公司受市场的诱惑违规持有大量的次级贷款,结果,这些坏账压垮房利美和房地美就只是时间的事了。2007 年 4 月 2 日,美国第二大次级贷款发行商新世纪金融公司申请破产保护。这些丑闻爆出后,市场信心大降,次贷危机引发的第一波金融海啸正式登场,金融大鳄索罗斯一直在讲述的“狼”真的来了。

伴随着这样三年金融危机演变的过程,我完成了关于金融监管的博士论文。

此刻,不禁徐徐敞开心存感恩之窗。特别感谢法学泰斗江平教授为我作序,并给予如此高的评价,他的评价饱含着对吾辈的关怀和对未来的期望。感谢著名经济学家、北京大学校长助理、博士生导师(我的硕士老师)黄桂田教授和江老一起为我作序,并给予了我学术研究的认同和极高的评价。更让我感动的是序的结尾——“忠亮教授的这种孜孜以求的治学精神至少是值得我学习的!”这句谦逊和激励的话语,会相似星辰中美妙的乐音时而激荡于我的耳畔,催我自新,激发我自信,并鼓舞我在学术研究上做出更大成就。感谢著名经济学家、北京大学副校长、我的博士后导师刘伟教授和赵威教授,他们以渊博的学识、高屋建瓴的姿态激发了我将博弈论之轮扬帆于法律之洋的新奇构思,并一直鼓励我沿着这条并不平坦的创新之路骈手砥足,筚路蓝缕,勇敢前行。但是理论之创新研究往往难免一叶障目,落入自我建造的圈套之中而无以自拔。在我深深地苦闷于我的理论进路之时,拓宽的学术领域使我得以一点点地走出自己研究框架的井底,而得览无垠之广阔天地。中国政法大学国际法学院院长、博士生导师莫世健教授始终关注着我的研究与写作,莫先生对我耳提面命,谆谆教诲,不仅使我有醍醐灌顶之感,而且更增我披荆斩棘、开拓前行的勇气。中国人民大学博士生导师杨健教授,在繁忙的工作之余很关心我的研究情况,并给予我理论和博弈建模的建议。国务院发展研究中心的徐东华教授为我提供了许多关于国家宏观调控方面的最新意见和理论动态。多少个无眠的夜晚,我的师弟最高人民法院的江显和博士、仲伟珩博士、邓宇博士,最高人民法院的张军博士,中央财经大学的王克玉博士和我促膝而谈,就我理论的种种可行性进行探讨。在我的理论难以步入澄明之径的时候,北京市社科院法学所副所长张真理博士是我良好的商谈对象,他言简意赅的陈述、明确有力的观点往往使我思路顿开。还有在与彭瑞金博士、高向武博士、刘晓东博士以及国务院国家行政学院的温观音博士(后)、中国人民大学的邓建中博士(后)的交流中,他们睿智的思想都使我获益良多……我也最留恋和这些师弟们朝夕相处的日子,这也是我今生最快意的人生旅程,我为有这些优秀的师弟感到荣幸、骄傲和自豪。在此,我还要对那些没有提及的对本书做出贡献的同侪真诚地说:谢谢你们!

危机的发生及危机后金融监管的相应调整可以由本书的研究结果给出解释。研究认为,既有的创新与监管之间的均衡一经打破,就有爆发危机的可能。创新与监管之间的错位越大,爆发危机的可能性越大,危机的程度也越深。2007年美国爆发次贷危机,正是美国过度的金融衍生产品创新打破了与监管体制之间的既有均衡,而监管体系却没有及时做出相应调整以建立新的博弈均衡的必然结果。因此,求解创新与监管的博弈均衡是促进金融体系健康发展的必由之路。2010年7月21日美国总统奥巴马签署金融监管改革法案,一改过去30年放松管制的金融监管基调,正是为了寻求金融监管与创新的再平衡。这预示着后危机时代金融创新与监管博弈的一个新起点,而中国,也必将在这新一轮浪潮中继续着不同于全球又越来越依赖于全球的探索之路。

我相信,只要坚持"事前研究的事前有效"的监管理念,金融创新与监管所构成的这对"非对称博弈",在以鼓励、支持和保护金融创新理念为指导的适时监管下,达致一种妥适的、趋于"对称"的博弈,一定会使中国的金融之车健康前行,社会更加和谐、进步。

有人说,本书的"前向"研究适逢其时!其为作者所盼!

韩忠亮

于北京大学未名湖畔